A happy man has:
an US salary
" UK cartel
a Japanese wife
a Chinese ..

not steat the
other way round!

EHV, 24.8.78

Wilhelm + Anne

Alfons Clary-Aldringen
Geschichten eines alten Österreichers

Alfons Clary-Aldringen

Geschichten
eines alten Österreichers

Mit einem Vorwort von
Golo Mann

Ullstein

Für meine Frau,
meine Kinder und Enkel

Inhalt

Vorwort

Schreiber dieser Zeilen gehört zu den Wenigen – gar nicht so sehr Wenigen, denn in die enge Wohnung in Venedig kommen viele Gäste –, die oft das Glück hatten, Fürst Alfons Clary erzählen zu hören. Er ist ein begnadeter Erzähler, nicht nur von Anekdoten und novellenartigen Begebenheiten, die er erlebte; auch Schilderer von Menschen, Situationen, Landschaften. Der Wunsch, von seinen Verehrern oft geäußert, das im engen Umkreis Verschwendete möchte doch auch einem weiteren Publikum zugänglich gemacht werden, ist nun in Erfüllung gegangen. Sicher, das geschriebene Wort ist etwas anderes als das gesprochene; die lachenden Augen des Erzählers, die Bewegungen seiner Hände, mitunter sein sich Erheben und eine ganze Szene Mimen – das können wir beim Lesen nicht sehen. Und doch ist seine Persönlichkeit ganz und gar in dem, was er, in so hohem Alter, niedergeschrieben hat: Menschenliebe, der alle Menschenkenntnis nicht beikommen, Humor, den kummervolle Erfahrungen nicht bezwingen konnten, Bescheidenheit trotz des Ranges, den er in einer untergegangenen Welt einmal einnahm, Diskretion und das allernatürlichste Schriftstellertalent. Daß solches ihm eignet, hat er erst in seinem neunzigsten Lebensjahr entdeckt.

Einer der Familien angehörend, die bis 1918 sich in die Regierung oder oberste Verwaltung der Habsburger Monarchie teilten, also unbestreitbar von bevorrechtigter Geburt, hat Clary es doch nicht jederzeit leicht gehabt; in der Jugend nicht als Sohn eines jüngeren Sohnes, für den es vermutlich nichts zu erben gab, der also in großer Welt sich mit wenig Geld in der Tasche bewegte, nicht als Soldat im Ersten Weltkrieg; und je weiter man lesend in der Zeit vordringt, desto deutlicher wird der Eindruck: schwierig war es eigentlich fast immer. Völlig ungetrübt erscheint nur die Kindheit; und es mag sein, daß ihr Glück, später verdoppelt durch eine überaus glückliche Ehe, das ganze spätere Leben hat erleuchten helfen.

Was sein Österreich betrifft – einige Leser könnten ihm vorwerfen, daß er es idealisiert. Solchem Tadel könnte ich mich nicht anschließen. Über die sozialen Dunkelheiten des Donau-Reiches, des alten Europa überhaupt, weiß er durchaus Bescheid; zu seiner Zeit interessierte er sich mehr dafür, als es seine Standesgenossen im Durchschnitt taten. Weil aber das alte Österreich von der Publizistik der zwanziger und dreißiger Jahre mit so verblendeter Ungerechtigkeit behandelt wurde und vielfach heute noch wird – »Völkergefängnis« haben gerade jene die Stirn, es zu nennen, die selber buchstäbliche Völkergefängnisse erbauten, spotten ihrer selbst und wissen nicht wie –, so interessiert er sich mehr für das, was gut war am Reiche Franz Josephs; und daß eine Menge Gutes daran war, hat ja begonnen, sich herumzusprechen.

Alfons Clary hat noch seinen Großvater gekannt, der Goethe im Teplitzer Schloß sah, in Wien zusammen mit Napoleons Sohn Reitstunden nahm. Eine Schwester seines Großvaters, Mathilde Radziwill, Urenkelin des Fürsten de Ligne, konnte ihm vom Wiener Kongreß erzählen, den sie als Kind erlebt hatte. Solche indirekten Erinnerungen sind in seinem Geist so präsent wie das, was er selber erlebte: Kämmerer des Kaisers Franz Joseph, Gast in Konopiste bei dem Erzherzog Thronfolger, Gast im alten England, im alten habsburgischen Polen; Offizier im Ersten Weltkrieg, unfreiwilliger, jedoch bereiter Bürger der Ersten Tschechoslowakischen Republik, als solcher vergeblich versuchend, zwischen deutschen und tschechischen Böhmen vermitteln zu helfen. Präsident Masaryk hat ihm immerhin interessiert zugehört. Präsident Beneš leider ohne jedes Verständnis. Praktisch ausgebildet – unter anderem im Hamburger Bankhaus Warburg –, nicht ohne administrative Erfahrung in Prag, konnte Clary ein Erbe, das er schwer belastet angetreten hatte, unter schwierigsten Umständen wieder in die Höhe bringen. Seine liebsten Interessen sind die kunsthistorischen und historischen überhaupt, die er heute noch pflegt. Er ist einer der letzten Überlebenden des Vielvölkerstaates, der alten Habsburger Monarchie, aus Studium und Erfahrung einer ihrer gründlichsten Kenner. Darin, vor allem, liegt der Reiz seiner Erinnerungen.

Er liegt auch in der Persönlichkeit des Autors, der das Gedächtnis eines Jünglings mit der abgeklärten Weisheit des Alters verbindet, der, neunzigjährig, an den Ereignissen seiner Umwelt noch so regen Anteil nimmt, wie er es vor siebzig, vor achtzig Jahren tat.

GOLO MANN

Teplitz

Jetzt, da ich im Alter kein Vaterland und keine Heimat mehr habe, ja eigentlich keinem Volk mehr so recht zugehöre, bin ich das geworden, wozu ich wohl von Anfang an angelegt gewesen war, ein Europäer, und fühle mich in den meisten Ländern unseres Kontinents zu Hause, so wie früher in allen Teilen der alten k.u.k. Monarchie – diesem Vorläufer eines gesamteuropäischen Gemeinwesens, wenn ein solches je entstehen sollte. Als Diplomatenkind nahm ich immer etwas von den Ländern auf, in denen mein Vater auf Posten war, am meisten wohl von England – unsere »Miss« hatte da durch ihre Erziehungskünste brav vorgearbeitet. Sehr hing ich an Wien, der Kaiserstadt, und später, seit meiner Studentenzeit, auch an Prag; am allermeisten aber doch an Teplitz, wo meine Familie seit dem Dreißigjährigen Krieg beheimatet war. Wir liebten das Schloß, die Landschaft, die Wälder, das Erzgebirge, auch die Luft trotz des leichten Kohlendunstes. Nicht lange vor ihrem Tod, im Jahre 1954, war meine ältere Schwester, Elisalex de Baillet Latour, bei uns in Venedig; es war im Sommer und sie saß am offenen Fenster, ein leichter Wind blies von den Fabriken in Mestre herüber, da sagte sie: »Wie köstlich, es riecht ja wie in Teplitz!«

Kein Wunder, daß wir von der Stadt soviel erfahren wollten, wie nur möglich war. Sicher gab es in Böhmen viele größere und schönere, auch in schönerer Lage befindliche Schlösser, aber irgendwie hatte Teplitz einen besonderen Charme, den auch unsere Gäste aus nahen und fernen Ländern spürten. Wir haben uns gefragt, worin dieser Zauber bestand. Man sagt manchmal, daß Gutes und Böses in einem Haus weiterleben; mag sein, daß dies zutrifft, in Teplitz hatten zehn Generationen

13

meiner Familie gelebt, und ich glaube, daß sie glücklich waren; keine Gewaltmenschen, sondern gute und fröhliche Leute, eifrige Jäger, auch den Künsten, der Musik zugetan. Dann war da noch etwas anderes: die heißen, heilenden Quellen hatten immer schon Fremde angezogen, die mit ihren Eigenheiten, Talenten und Kenntnissen auf die Einwohner wirkten, so daß Teplitz auch in kultureller Hinsicht ein Anziehungspunkt wurde.

Man weiß, daß vor 2000 Jahren die Ebene zwischen dem Erzgebirge und dem Böhmischen Mittelgebirge von Kelten bewohnt war. Das Gebiet lag außerhalb des »limes«, doch bestanden rege Handelsbeziehungen zwischen Kelten und Römern. Bei Arbeiten in den Teplitzer Thermen wurden 1879 römische Münzen aus der frühen Kaiserzeit gefunden, wohl eine Opfergabe für die Quellnymphe. In unserem Besitz befanden sich auch zwei römische Bronzegefäße, die unter Mauerresten entdeckt worden waren, eine kleine Kanne und eine größere Kasserolle mit langem Griff, auf dem die Namen des Herstellers sowie des Händlers eingraviert waren. Mommsen hat über die beiden Gegenstände geschrieben, die wohl zu Kultzwecken dienten, denn genau die gleichen zwei Gefäße wurden auch in Mecklenburg nebeneinander gefunden. Während der Völkerwanderung wurden die Kelten von den Markomannen verdrängt, denen Slawen folgten; darauf deutet der Name Teplitz hin (tepl = heiß). Um das Jahr 1000 begannen die ersten deutschen Städtegründungen in unserem Gebiet. Als Folge der Heiraten böhmischer Herzoge und Könige mit deutschen Fürstentöchtern verbreitete sich auch deutsche Kultur im Lande. Judith, die Tochter des Landgrafen Ludwig III. von Thüringen, war mit Wladislav, dem ersten König von Böhmen, vermählt. Um 1156 gründete sie in Teplitz ein Benediktinerinnenkloster, das in der Gründungsurkunde »ad acquas calidas« genannt wird und dem heiligen Johannes dem Täufer geweiht war. Als Witwe lebte Judith eben dort, und sie ist auch dort begraben.

Das Kloster war sehr reich, auch an Grundbesitz. Mit den Hussitenkriegen brach eine böse Zeit über Teplitz herein. Nach der Schlacht von Aussig im Jahre 1426, in der das Heer Kaiser Sigmunds von den Hussiten besiegt wurde, drangen die Sieger in Teplitz ein und zerstörten das Kloster. Was mit den Nonnen und den Bewohnern der Stadt geschah, weiß man nicht so genau. Wie ich höre, werden jetzt Ausgrabungen gemacht, und es sind Reste des Klosters gefunden worden.

Die Stadt und der Besitz gelangten in die Hände mächtiger tschechischer Familien und schließlich durch Erbschaft an die Wřešovic und Kinsky.

Wie bekannt, hat Böhmen im Dreißigjährigen Krieg Furchtbares erlebt. Es heißt, bei Kriegsende sei nur noch ein Viertel der Bevölkerung übriggeblieben. Ärger noch als die eigentlichen Kriegshandlungen waren die Überwinterungen der Heere, gleichgültig, ob es die Kaiserlichen, die Schweden oder die Sachsen waren; das Vieh wurde geschlachtet und das Saatgut zum Brotbacken verwendet. Die unglücklichen Bauern versuchten, wo sie es konnten, ihr Vieh in den Wäldern zu verstekken, noch günstiger waren Höhlen – in unseren Wäldern in der Böhmischen Schweiz hießen solche noch zu meiner Zeit »der Kuhstall«. Auch in der Sächsischen Schweiz gab es einen »Kuhstall«, eine besondere Attraktion für Touristen. Lang vor dem Ersten Weltkrieg gab es dort ein Buch, in dem sich Besucher eintragen konnten. Ein besonders begeisterter Naturfreund schrieb:

> »Ich hab ihn gesehen, ich hab ihn gesehen,
> Ich habe den göttlichen Kuhstall gesehen!«

Ein anderer Ausflügler schrieb darunter:

> »Ich hab es gelesen, ich hab es gelesen,
> Ein Ochs ist im Kuhstall gewesen!«

Nach der Ermordung Wallensteins in Eger, bei welcher Gelegenheit auch der Besitzer von Teplitz, Graf Wilhelm Kinsky, ums Leben kam, wurden dessen Güter konfisziert und verkauft. Feldmarschall Aldringen erwarb außer anderen Herrschaften auch Teplitz und Binsdorf. Er erfreute sich nur ganz kurz des Besitzes, denn er fiel noch im gleichen Jahr, 1634, in der Schlacht bei Landshut. Eine Kanonenkugel riß ihm den Kopf ab – seinen großen braunen Filzhut habe ich oft im Wiener Heeresmuseum angeschaut! Seine Gattin, eine Gräfin Arco aus Südtirol, war kurz vorher bei der Geburt ihres ersten Kindes gestorben; da auch das Kind nicht lebte, wurden die Geschwister des Feldmarschalls seine Erben. Anna Aldringen vermählte sich als Witwe mit dem Grafen Hieronymus Clary, und von da an blieb die Herrschaft Teplitz bis 1945 in unserem Besitz.

Aldringen, der Stifter unseres Teplitzer Glücks, war sicher ein hervorragender Soldat und Administrator; leider nur war auch sein Gewissen so weit, wie man es von anderen Heerführern seines Zeitalters kennt. Ich erfuhr es, als meine Frau und ich in den dreißiger Jahren die Stadt Mantua besuchten. Es hatte nämlich Aldringen während des »Mantuanischen Erbfolgekrieges« die Stadt erobert und gründlich ausgeplündert, besonders den mit Kunstschätzen reich gefüllten herzoglichen Palast. Als wir nun den Palast besichtigten, gab unser historisch bewanderter Führer uns Erklärungen nicht nur über das, was da war, auch über das, was unwiederbringlich *fehlte*; wobei er mehrfach den Namen des »maledetto Aldringen« ausstieß und dem seit dreihundert Jahren Toten gleichsam mit der Faust drohte. Dasselbe geschah uns im städtischen Museum! Wenn wir vorgehabt hatten, in Mantua zu übernachten, so zogen wir nun doch vor, die Stadt eilends zu verlassen, denn der Name Aldringen stand ja in unseren Pässen!

Auch Teplitz bot am Ende des Dreißigjährigen Krieges einen erbärmlichen Anblick, ein großer Teil lag in Schutt und Asche; 1650 lebten nur zwei Drittel der früheren Einwohner, und es sollen nur 66 bewohnbare Häuser übriggeblieben sein.

Aber Böhmen war, seiner Natur nach, ein reiches Land, und seine Bewohner beider Landessprachen müssen auch damals so fähig und arbeitsam gewesen sein, wie sie es später waren und heute noch sind – oder sein könnten. Das Land hat sich erstaunlich schnell von den Greueln des langen Krieges erholt.

Von den Kriegen Friedrich des Großen blieb Teplitz verschont. Die kriegführenden Parteien hatten heimlich ein recht vernünftiges Abkommen getroffen, wonach die Stadt nicht militärisch besetzt werden sollte, so daß Offiziere beider Heere dort ungestört die Kur gebrauchen und Linderung ihrer Leiden finden sollten. 1778 kam es über die bayerische Erbfolge fast wieder zu einem Krieg, zum Glück brachte der Vertrag von Teschen eine Lösung ohne kriegerische Handlungen. Jedoch hatten die Preußen ohne Kriegserklärung ein Stück von Nordböhmen besetzt, darunter auch Teplitz. Die Soldaten waren unbeschäftigt, so gruben sie die Kartoffeln aus den Feldern und pflückten das Obst von den Bäumen, daher der vom Volk gegebene Name »Kartoffeln- und Zwetschkenkrieg«. Vor dem Abzug der Preußen wurde dann noch tüchtig geplündert, und dabei erging es unserem Schloß schlecht.

Schon sehr früh gab es in Teplitz Kurlisten, und die Namen, die man da fand, waren für uns von größtem Interesse.

Als ich ein Kind war, war es nicht Sitte, an den Eltern Kritik zu üben, die, in meinem Fall, zu Kritik auch wirklich keinen Anlaß gaben. Über Verwandte, über Onkel und Tanten durfte man lachen, aber der Spott war ein freundlicher, zumal, wenn es sich um solche handelte, die ihrerseits lieb zu uns waren. Wie oft hörten wir sie sagen, »man müßte oder man sollte« dies oder jenes tun – aber dann geschah meistens nichts. So war es mit dem Klavier, auf dem Chopin und Liszt gespielt hatten. Es war in Herrnskretschen an der Elbe in dem Haus gelandet, in dem die Familie alljährlich die Zeit der Hirschbrunft verbrachte, vielleicht, weil das Klavier aus hellem Kirschholz zu anderen Biedermeiermöbeln dort paßte. Immer wieder hieß es, daß man es nach Teplitz zurückbringen »sollte« – es blieb aber, wo es war. Erst nach dem Tod meines Onkels brachte ich es wirklich zurück, es bekam einen Ehrenplatz in einem Gartensalon mit Empire-Möbeln, und die eingerahmte Kopie eines Briefes von Chopin wurde darauf gestellt; in dem Brief hatte er seinen Aufenthalt in der Badestadt und einen Abend im Schloß der Clary beschrieben. Ich ließ auch noch ein Täfelchen anbringen mit dem Datum dieses Ereignisses und einem Vermerk, daß Liszt ebenfalls auf diesem Klavier gespielt habe. Dank dem Täfelchen ist nichts verlorengegangen, und noch heute steht das Klavier im Musikzimmer des Schloßmuseums.

Ein anderer berühmter Kurgast in Teplitz war Beethoven, doch ist er nie ins Schloß gekommen, da er wegen seiner Schwerhörigkeit oft übler Laune war und keinerlei Einladungen annahm. Er ging aber gern mit Goethe im Schloßgarten spazieren. Die in einem Gemälde von Röhling verewigte Szene ist ja bekannt: die beiden begegnen der Kaiserin Maria Ludovica mit Gefolge; Goethe tritt beiseite und lüftet den Hut, während Beethoven, das Verhalten des Dichterfürsten für unwürdig erachtend, mit zorniger Miene und verschränkten Armen durch die Gruppe marschiert. Das mag sich wirklich so zugetragen haben oder auch nicht.

Richard Wagner weilte 1834 und später noch zweimal zur Kur in Teplitz, von wo er seiner Schwester begeisterte Briefe schrieb; er machte auch Ausflüge in die Böhmisch-Sächsische Schweiz, und man sagt, er habe an dieser herrlichen Gegend einen solchen Gefallen gefunden, daß die Ausstattung einiger seiner Opern nicht unbeeinflußt davon blieb. Leider hat aber meine Familie ihn in Teplitz nicht kennengelernt. In einem Brief aus dem Jahre 1834 erwähnt er, daß ihm das »heimische Bier« trefflich munde, Bier, das aus unserer Brauerei in Turn bei Teplitz kam. In Böhmen gab es viele Brauereien, von denen manche sich ständig vergrößerten, so daß erbitterte Konkurrenzkämpfe entstanden. Das letztere hatte auch seine gute Seite, denn die Brauereien wurden gezwungen, nur allerbestes Bier zu produzieren. Entsprechend nahm freilich auch die Notwendigkeit einer wirksamen Reklame zu. 1934 waren einige benachbarte Großbrauereien mit neuen Reklamen herausgekommen, die auch in den Kinos von Teplitz und Umgebung gezeigt wurden. Unser Brauereidirektor suchte nach einem »Schlager«. Da verfiel ich auf die Idee, den Brief Wagners zu verwenden. Nun erschien in denselben Kinos folgende Anzeige: »Schon vor hundert Jahren lobte Richard Wagner das heimische Turner Bier«, welcher Text den Kopf des Meisters umrahmte. Der Erfolg war beträchtlich, allerdings erhielt ich auch viele grobe Briefe von empörten Wagnerianern, die mich beschuldigten, »das Haupt des hehren Meisters durch eine Bierreklame zu schänden«. Ich bildete mir ein, daß Wagner nur darüber gelacht hätte; ungefähr so wie ich über jene Briefe lachte!

Goethe war 1810, 1812 und 1813 in Teplitz zur Kur. In letzterem Jahr blieb er dreieinhalb Monate dort und verbrachte viel Zeit im Kreis des Fürsten Johann Clary, seiner Gattin Christine und ihres Vaters, des Maréchal Fürsten de Ligne. Auch die junge Kaiserin Maria Ludovica sah er viel, wie auch deren Hofdame Gräfin Josephine O'Donell, Friedrich von Gentz,

Varnhagen von Ense, Rachel Levin, die Brüder Humboldt, den Rechtsgelehrten Savigny und Wilhelm Grimm. Er befreundete sich auch mit der Nichte der Fürstin Clary, Titine de Ligne, und schrieb für sie eine hübsche Strophe auf dem Revers eines Wiener Zweigulden-Bankozettels, den ihm Titine am 2. September 1812 bei einem Pferderennen in Dux abgewonnen hatte:
»Ein klein Papier hast Du mir abgewonnen,
Ich war auf Größeres gefaßt,
Denn viel gewinnst Du wohl, worauf Du nicht gesonnen,
Worum Du nicht gewettet hast.«

In einem Flügel des Schlosses war ein Theater im Jahr 1753 errichtet worden, das für Amateuraufführungen verwendet wurde. Später hat man es während der Sommersaison für einen Gulden »Anerkennungszins« an Direktoren vermietet, die mit ihrer Truppe aus Dresden oder Prag kamen. Die Aufführungen scheinen auf beachtlicher Höhe gestanden zu haben, Goethe besuchte sie gern; er hatte im Parkett seinen Stammplatz, einen sogenannten Sperrsitz, das heißt, einen Sitz, der zugeklappt wurde und nur mit einem Schlüssel herabgelassen werden konnte.

Mit der Zeit genügte das kleine Theater aber nicht mehr und so baute die Stadt ein großes, im Jahre 1876 feierlich eröffnetes. Im September 1919 brannte dieses gute alte Theater, welches die Teplitzer und wir mit ihnen sehr gern gehabt hatten, leider ab; an seiner Stelle wurde ein Monumentalbau errichtet, in dem sich ein großer und ein kleiner Theatersaal, ein Kino, ein Kaffeehaus und ein »Ratskeller« befanden. Dieser überaus stattliche Bau wurde erst 1924 fertig; hatte man daran gedacht, in der Zwischenzeit das uralte Schloßtheater wieder zu benützen, so erwies sich dies als unmöglich, das Theater war im Inneren gar zu baufällig geworden, und eine Wiederherstellung hätte gar zuviel Geld gekostet. So entstanden aus dem Zuschauerraum und der Bühne zwei größere Bibliotheken, in denen unsere zahlreichen, von Generationen gesammelten Bücher untergebracht werden konnten. Goethes Sperrsitz durfte aber doch nicht der Spitzhacke zum Opfer fallen, er wurde zur Gänze entfernt, und ich stiftete ihn dem städtischen Museum.

Im Jahre 1932 wollte die Stadt zur Erinnerung an Goethe ein

Denkmal errichten. Da der Dichter so oft im Schloßgarten spazieren gegangen war, sollte es dort aufgestellt werden, wozu ich meine freudige Zustimmung gab und das Denkmal damit unter meinen Schutz nahm. Die Enthüllung war feierlich, eine Reihe prominenter Persönlichkeiten fand sich ein, die Rektoren der Universitäten von Prag und Leipzig, mehrere Herren aus Weimar, ein Herr von Vulpius, Nachkomme von Goethes Schwager, des Verfassers von »Rinaldo Rinaldini«, auch Schriftsteller, darunter Johannes Urzidil. Diese Herren hielten von Geist und Gelehrsamkeit funkelnde Reden, so daß es für mich, der als Letzter an die Reihe kam, recht schwer wurde, überhaupt noch etwas zu sagen. Ich konnte nur mit einigen kleinen Geschichten aufwarten, die Goethe mit der Familie Clary verbanden und die zum Teil später in dem trefflichen Werk Urzidils »Goethe in Böhmen« erwähnt wurden. Nach der Feier hatten wir das Vergnügen, viele der Herren als Gäste zum Mittagessen zu haben. Da konnte ich ihnen die Zimmer zeigen, in denen er der Kaiserin Maria Ludovica vorgelesen oder sich mit dem Maréchal de Ligne unterhalten hatte, auch das Teleskop auf dem Schloßturm, neben dem der alte Herr der jungen Titine de Ligne heimlich ein Küßchen gegeben hatte. Wir aßen von Porzellan, welches schon zu Goethes Zeiten benutzt worden war. So genossen die Gäste den Reiz, vielleicht von denselben Tellern zu speisen wie einst der Dichterfürst.

Familie

Genealogen werden von den Historikern wohl geringgeschätzt, wenn nicht geradezu verachtet. Ich glaube zu Unrecht, denn ohne genealogische Zusammenhänge zu kennen, kann man die Geschichte des alten Europa schwer verstehen.

Die Ahnen

Unter meinen Ahnen gab es solche, die ich besonders gern hatte, sei es, daß ihre Bilder mir gefielen, sei es, daß sie etwas Besonderes geleistet hatten, oder auch nur, weil ich lustige Geschichten von ihnen wußte. Beliebt waren natürlich der Feldmarschall Aldringen, der Feldmarschall Fürst Charles de Ligne, der Oberstjägermeister Fürst Franz Wenzel Clary und mein Urgroßvater Fürst Carl Clary. Er war ein Enkel des Oberstjägermeisters und ein Sohn von Johann Nepomuk, von dem wir hauptsächlich wußten, daß er General-Hofbaudirektor gewesen war, und selber sehr baufreudig. Wenn mein Onkel Carlos Clary sich wieder einmal von der Bauwut wie besessen zeigte, so hieß es in der Familie: »Ja, das kommt vom Fürsten Johann.«

Der Letztere hatte Pech und Glück zugleich, denn als zur Zeit der Schlacht von Kulm, 1813, russische Truppen in die Umgebung von Teplitz kamen, trieben sie auch auf der Claryschen Herrschaft ihr Unwesen, raubten und zerstörten so manches, obwohl sie unsere Verbündeten waren. Kaiser Alexander I. von Rußland, der zugleich mit Kaiser Franz von Österreich und König Friedrich Wilhelm III. von Preußen sein Hauptquartier in Teplitz hatte, war peinlich berührt, als er von dem angerichteten Schaden hörte, und verpflichtete sich sofort, für alles aufzukommen. Meinem Ururgroßvater war das angenehm, denn mit der Entschädigungssumme konnte er Meierhöfe aufbauen, beschädigte Kurhäuser erneuern und manches Gute schaffen. Er hatte Marie Christine, die Tochter des Feldmarschalls de Ligne, geheiratet, die wie ihr berühmter Vater sehr geistreich war, aber nicht immer ganz bequem. Sie hatten zwei Söhne, von denen der jüngere 1805 bei Ulm schwer verwundet in französische Gefangenschaft geriet; er erholte sich nie von seiner Verwundung und starb noch jung als kaiserlicher Oberst. Der ältere Sohn, Carl, hatte von seinem Großvater Prince de Ligne Geist und Witz geerbt und war der Liebling seiner Mutter. Er besaß ein ausgesprochenes Schriftsteller-Talent, in unserem Archiv in Teplitz gab es einen reichen Schatz von Briefen und Tagebüchern aus seiner Feder.

Im Jahre 1912 wurde ein Teil der Briefe unter dem Titel »Trois Mois à Paris« herausgegeben. Die Heirat der Erzherzogin Marie Louise mit Napoleon fand per Procura in der Augustinerkirche in Wien, 1810, statt; Erzherzog Carl vertrat den französischen Kaiser. Sobald die Ja-Worte gewechselt waren und die Ehe als gültig betrachtet werden konnte, verließ Carl Clary in allerhöchstem Auftrag die Kirche und eilte nach Paris, um Napoleon einen Brief seines neuen Schwiegervaters, Kaiser Franz, zu überbringen. Der Brief enthielt die Nachricht von der vollzogenen Eheschließung. Carl Clary blieb drei Monate in Paris und schrieb von dort sehr informative und unterhaltende Briefe an seine Frau und an seine Mutter. Er war auch ein begabter Zeichner und illustrierte unter anderem die »Udine« von De La Motte Fouqué. Die Originale dieser Illustrationen befanden sich auch in Teplitz.

Carl Clary starb schon bald nach seinem 54. Geburtstag. Seine Kinder liebten ihn, und seine Tochter Mathilde Radziwill erzählte uns oft von ihm. Was sie aber nicht erzählte und was wir erst viel später erfuhren, war ein trauriger Roman aus seiner Jugend.

Seine Mutter hatte für ihn große Ambitionen und wollte ihn gern gut verheiraten. Im Jahre 1801 erschien in Dresden Fürst Michael Radziwill mit seiner Frau, seinen Kindern und einem großen Gefolge. Fürst Michael besaß ungeheure Ländereien in Russisch-Polen, es sollen zwei Millionen Hektar gewesen sein. Wenn auch ein großer Teil davon aus Urwäldern und Sümpfen bestand, handelte es sich doch um ein riesiges Vermögen, das dem Fürsten große Macht im Land verlieh. Nun war aber der Besitz kurz vorher von Petersburg aus unter Zwangsverwaltung gestellt worden, und die Radziwills lebten in Dresden im Exil, von ihren Einkünften abgeschnitten.

Im Sommer 1801 kamen sie in Teplitz an, wo der Fürst die Kur gebrauchen sollte, und verkehrten natürlich im Claryschen Schloß. Wie nicht anders zu erwarten, verliebte sich Carl Clary in die schöne Prinzessin Angélique, was seine Mutter mit Angst und Schrecken erfüllte; sie sah voraus, daß die früher so reichen, nun verarmten Radziwills sich in Teplitz niederlassen und wie die Heuschrecken das Clarysche Vermögen auffressen würden. Unter irgendeinem Vorwand schickte sie darum ihren verliebten Sohn nach Weltrus zu seinen Verwandten Chotek, dem böhmischen Hofkanzler Grafen Rudolf und seiner Frau Maria Sidonia Clary, der Schwester von Carls Vater, und gab ihm einen Brief mit, in dem Maria Sidonia gebeten wurde, den jungen Neffen möglichst lange dazubehalten, um eine drohende Verlobung zu verhindern.

Die Choteks nahmen den Briefinhalt doch gar zu wörtlich, besonders die älteste Tochter des Hauses, Luise, gleich alt mit Carl, die noch keinen Mann gefunden hatte. Das Kesseltreiben begann, und bald konnte nach Teplitz berichtet werden, daß eine Verlobung Carls mit Luise bevorstehe. Diese war eine sehr energische Dame, die ihre Beute nicht wieder loslassen würde. Als Carls Mutter die Nachricht erhielt, war sie außer sich; nicht nur mißbilligte sie eine Ehe zwischen so nahen Verwandten, sie hatte auch diese Nichte besonders ungern. Es war aber nichts mehr zu ändern. Und dann geschah noch das Ärgste: Kaiser Alexander hob die Zwangsverwaltung wieder auf, und die Radziwills konnten zu ihren zwei Millionen Hektar zurückkehren. Angélique heiratete bald darauf einen Fürsten Czartoryski, starb aber schon nach sechs Jahren. Romantiker behaupteten, sie sei aus Liebeskummer gestorben, ein weniger romantischer Onkel meinte, Schwindsucht sei wohl die wahre Ursache gewesen. Für diesmal war die Verbindung Radziwill-Clary traurig gescheitert, in der folgenden Generation gab es dafür einen reichlichen Ersatz.

Carl und Luise heirateten 1802, seine Mutter weigerte sich, bei der Hochzeit zugegen zu sein, und soll noch durch sieben Jahre nie ein Wort an ihre Schwiegertochter gerichtet haben. Diese muß eine recht willensstarke Persönlichkeit gewesen sein. Als ihr Gatte 1831 starb, übernahm sie die Leitung des Vermögens für ihren achtzehnjährigen Sohn, meinen Großvater, und gab sie auch nicht auf, als er schon längst großjährig geworden war. Selbst nach seiner Heirat, 1841, dachte sie nicht daran, die Zügel der Regierung aus der Hand zu geben oder ihrer Schwiegertochter den Platz als Hausfrau zu überlassen. Ich habe den Verdacht, daß mein Großvater seiner Mutter gegenüber viel zu schwach war. Es kommt bei Ehen unter nahen Verwandten manchmal vor, daß den Töchtern Kraft und Energie erhalten bleiben, während sie bei den Söhnen verlorengehen.

Viele Ahnenbilder fehlten im Teplitzer Schloß. Das begriff ich später, und zwar mit Hilfe alter Inventare. Da der ganze Teplitzer Besitz ein Majorat war, so daß nichts verkauft und den Erben vorenthalten werden durfte, wurden periodisch Inventare alles dessen gemacht, was da war. Wir besaßen ein genaues Inventar aus dem Jahre 1702 und ein anderes, ebenso genaues, aus dem Jahre 1750 oder darum herum. Jeder einzelne Gegenstand wurde nicht nur aufgezählt, sondern auch beschrieben. Welche Sessel oder Sesselüberzüge waren von Motten zerfressen, welche nicht und ähnliches. Etwa 200 Bilder fehlten, darunter die allermeisten, die aus der Zeit vor dem Jahre 1778 stammten. In diesem Jahr hatte nämlich der schon oben erwähnte Zwetschkenkrieg stattgefunden. Und bei dieser Gelegenheit wurde unser Schloß gründlich von den Preußen ausgeplündert. Es gibt einen Brief der Kaiserin Maria Theresia an ihren Sohn, den Erzherzog Ferdinand von Modena, in dem sie schreibt: »enfin les armées du Roi de Prusse ont quitté la Bohème en deux colonnes, après avoir cruellement pillé le château du pauvre Clary.« Was die preußischen Soldaten eigentlich mit diesen Bildern dann anfangen konnten, weiß ich nicht. Glückli-

cherweise gab es noch Ahnenbilder in einem anderen Schlößchen, das nicht geplündert wurde, und von dort stammten die
wenigen alten Gemälde, die wir noch besaßen. – Diese Kriegs-
und Plündergeschichte hatte ein merkwürdiges Nachspiel zu
meiner eigenen Zeit.

Es gab eine große Scheune, in der das »Deputat-Brennholz«
unserer Beamten aufgehoben wurde. Eines Tages im Jahre
1938 wurde mir mitgeteilt, das Dach der Scheune sei schadhaft.
Bei der Besichtigung des Schadens bemerkte ich, daß der obere
Teil der Scheune eingedeckt war und sich dort eine Art von sehr
flachem Dachboden befand. Ich kroch hinauf und fand eine
Masse von uraltem Unrat; offenbar war da seit Jahrhunderten
deponiert worden, was so aus den Kanzleien ausgemistet worden war. Bevor man das Dach reparierte, sollte das alles herun-
tergenommen werden. Nun entdeckte man, daß ein Teil des
Dachbodens mit Brettern vernagelt war. Ich wollte dabeisein,
als diese Bretter entfernt wurden, und was fanden wir dahinter?
Etwa 40 Bilder, auf den ersten Blick in einem schauderhaften
Zustand; vermutlich hatte es während hundert Jahren oder
mehr darauf geregnet. Teilweise waren sie eingerollt oder zu-
sammengefaltet oder gar wie ein Sacktuch zusammengepreßt.
Man hatte also während der Plünderung des Jahres 1778 den
Versuch gemacht, einiges in aller Eile zu verstecken; wie es
aber möglich war, das zu vergessen, ist mir noch heute ein Rätsel. Jetzt, nach 160 Jahren, wurden sie abgewaschen und mit
Hilfe des alten Inventars auch teilweise identifiziert. Dann kam
ein Restaurator aus Prag, der durch seine Kunst rettete, was zu
retten war; wodurch sich die Zahl der Teplitzer Ahnenbilder
doch beachtlich vermehrte.

Die Radziwills

Als Majorat gehörte die Herrschaft Teplitz dem älteren Bruder
meines Vaters, so daß wir also, meine Eltern wie ihre Kinder, in
meiner Jugend eigentlich nur Gäste dort waren, wenn auch sehr
häufige. Aber über die Vorfahren, deren Portraits an den Wänden hingen, wußte nicht mein Onkel, sondern dessen Frau, eine
geborene Radziwill, am besten Bescheid. Mit den Radziwills

waren wir so vielfach verwandt, daß einem fast schwindlig dabei werden könnte. Es hatten nämlich zwei Schwestern meines Großvaters Clary im Jahre 1832 zwei Brüder Radziwill geheiratet, Söhne des Fürsten Anton (1775/1833). Wilhelm (1797/1870) vermählte sich mit Tante Mathilde (1806/1896), Boguslaw (1809/1873) mit Tante Leontine (1811/1890). Jede dieser Schwestern hatte acht Kinder, von denen wir viele kannten. Fürst Anton, für uns etwas wie ein Stammvater, war Besitzer der in Posen gelegenen Güter und heiratete im Jahre 1790 die Prinzessin Luise von Preußen. So wurden die Radziwills in Berlin beinahe als Mitglieder des Königshauses betrachtet, sie ließen sich auch in der preußischen Hauptstadt nieder, wo die Familie das Palais in der Wilhelmstraße erwarb, das nach 1870 verkauft und bald darauf die Reichskanzlei wurde. Der spätere Kaiser Wilhelm I. liebte als junger Prinz eine Tochter des Fürsten Anton, also eine Schwester der mir angeheirateten Großonkel, durfte sie aber nicht heiraten, weil sie doch nicht als ganz »ebenbürtig« anerkannt wurde; worüber zu seiner Zeit viel Tränenseliges geschrieben wurde. Ehe ich aber mit der Beschreibung der Familie Radziwill fortfahre, muß ich von Herrn Podlewski berichten. Auch er war ein Vermittler zwischen den beiden Familien, war er doch Hofmeister der beiden Onkel Radziwill gewesen, hatte er doch auch den Tanten später polnische Stunden gegeben. Herr Podlewski war klein und dick und sonderbar altmodisch gekleidet; uns Kinder erinnerte er an Bilder aus einem Buch »Herrn Petermanns Jagdbuch«, in dem merkwürdige Gestalten aus den 1850er Jahren vorkamen. Ich glaube, daß er schlecht sah, denn er trug Brillen mit dicken Linsen, durch welche er meine Schwester Elisalex und mich freundlich, aber ernst musterte. Er kam jeden Sommer zur Kur nach Teplitz und wohnte im Schloß, begleitet von einem Mops, den wir sehr liebten. Auch der Mops, Nelly genannt, war dick, dazu unbändig gefräßig, er oder sie wurde von uns mit Biskotten gefüttert. Wenn sie solche haben wollte, stieß sie uns so lange, leise kläffend, an die Beine, bis sie das Gewünschte erhielt. Nun war aber eine lange Prozedur nötig, um zu den Biskotten zu gelangen; sie wurden in der großen Küche von einer »Mehlspeisköchin« gemacht, uns Kindern aber war das Betreten der Kü-

26

che von unserer »Miss« strengstens untersagt worden. Jedoch befand sich ein Vorrat des ersehnten Gebäcks unter Verschluß in der Anrichte, betreut von einem Diener namens Kurek, dessen Sohn mein Spielgefährte war. Da er sehr auf seine Würde hielt, konnte ich Biskotten nur bekommen, wenn ich mit einem Bückling höflich darum bat. Von dem Besitzer des Mopses, Herrn Podlewski, hieß es, »er geht mit dem Jahrhundert«. Es dauerte eine Weile bis wir verstanden, was dieser Ausdruck bedeutete: er war im Jahre 1800 geboren! Natürlicherweise wünschten wir uns, daß er 100 Jahre alt werden sollte; leider aber starb er mit 99. Einmal war davon die Rede, daß er den Kaiser Napoleon gesehen habe, was mich lebhaft interessierte, denn es wurde in der Familie von dem großen Mann oft gesprochen, aber noch nie hatte ich jemanden getroffen, der den vor so langer Zeit gestorbenen Kaiser wirklich gesehen hatte. So bat ich Herrn Podlewski, uns davon zu erzählen, wozu er gerne bereit war. Es war 1812, als Napoleon gegen die Russen zog und viele Polen ihn als Befreier begrüßten, da kam er auch durch Wilna. Herr Podlewski, nicht ohne Stolz: »Ich war der Beste meiner Klasse im Französischen, so wurde ich ausgewählt, dem großen Kaiser ein Gedicht aufzusagen.« Und als wir ihn fragten, ob er sich denn an dies Gedicht noch erinnerte, stand er feierlich auf, machte eine Verbeugung, und deklamierte es uns vor. – Im Jahre 1977 bin ich wohl der letzte, der jemanden sah und sprach, der vor Napoleon I. ein Gedicht aufsagte und dann uns noch einmal dasselbe Gedicht! Übrigens dürfte Herr Podlewski auch der gewesen sein, der meinen beiden Tanten ihren starken polnischen Patriotismus einpflanzte.

Zurück zu den Radziwills. Fürst Anton, für mich der Urvater, war ein Mäzen der Kunst und der Musik, sein Haus ein wahrer Musenhof, Chopin oft sein Gast; auch war er ein Freund Goethes und komponierte als Erster eine musikalische Begleitung für »Faust«. Das Haupt des Hauses war zu seiner Zeit sein Vetter Dominik, Besitzer unermeßlicher Güter in Polen. Bei uns zu Hause hieß es, wenn in Böhmen von Großgrundbesitz geredet werde, so handle es sich um Tausende von Hektaren, in Polen aber um Hunderttausende. Dominik war in die polnische Legion eingetreten, die Napoleon diente, und fiel als Oberst

1813 bei Hanau, in dem letzten Gefecht Napoleons auf deutschem Boden. Nach den Teilungen Polens war er de jure russischer Untertan. Der Kaiser Alexander von Rußland fand es unstatthaft, daß er unter Napoleon gegen sein eigenes Reich gekämpft hatte, und sein gesamter Besitz wurde enteignet. Natürlich versuchte die Familie, dieses große Vermögen zu retten, und so wurden schon während des Wiener Kongresses alle Hebel in Bewegung gesetzt. Die Heirat von Anton mit der Nichte des Königs von Preußen erwies sich da als sehr nützlich. Dominik hatte einen außerehelich geborenen Sohn, der nicht in Betracht kam, aber eine eheliche Tochter Stephanie, die Erbin des nicht gebundenen Vermögens. Alexander erkannte ihre Erbrechte an, falls sie einen Russen heiratete. 1828 vermählte sie sich mit dem Prinzen Ludwig Sayn-Wittgenstein, dem Sohn des russischen Feldmarschalls gleichen Namens. Für das gebundene Vermögen, die Herzogtümer Nieswiez und Olyka, wurde dann Fürst Anton vom Zaren als Besitzer anerkannt und so das Vermögen für die Familie gerettet.

Von den beiden Großtanten Radziwill war uns Kindern Mathilde (1806–1896) die liebere, sie war immer gütig und versuchte nicht, uns zu erziehen. In ihrer eigenen Kindheit war sie die Lieblings-Urenkelin des alten Feldmarschalls, des Prince de Ligne gewesen, und wie staunten wir, wenn sie uns vom Wiener Kongreß erzählte, wie der Zar Alexander immer so sonderbar steif zur Tür hereingekommen sei, und vom Staatskanzler Metternich, mit dessen Kindern aus erster Ehe sie als junges Mädchen befreundet gewesen war; sie sah den großen Mann durchaus mit den Augen seiner ihn liebenden Kinder. Sie war sieben Jahre älter als ihr Bruder, mein Großvater Edmund, und neunzehn Jahre älter als meine Großmutter, die mit sechzehn Jahren und drei Wochen geheiratet hatte. Die Autorität der älteren Schwester blieb ihr auch in vorgerückten Jahren. Gefiel ihr eine Unterhaltung nicht, so klopfte sie auf den Tisch und äußerte: »Ich bitt' um einen anderen Diskurs!« Auch konnte sie ihren Bruder anreden: »Das verstehst du noch nicht, du Tschapperl.« Worüber mein Großvater nur lachte, er war dergleichen von ihr gewöhnt. Meine Mutter, die sehr wenig aß, war immer erstaunt darüber, wieviel die Tante Mathilde bei Tisch zu vertilgen imstande war; dabei blieb sie immer spindeldürr, und ohne je sich Bewegung zu machen, wurde sie neunzig Jahre alt.

Die 16 Kinder der beiden Paare Radziwill-Clary wuchsen in Berlin und in Teplitz auf, denn die Mütter, die an das Leben in Wien und Böhmen, später auch in Berlin gewohnt waren, scheuten die Reisen nach Rußland; nur auf das in Posen gelegene Schloß Antonin zogen sie im Herbst. Fürst Wilhelm, der eine meiner Großonkel, wurde preußischer General und Militärgouverneur von Brandenburg, sein Sohn Anton Generaladjutant Kaiser Wilhelm I., Fürst Boguslaw, mein anderer Großonkel, Mitglied des preußischen Herrenhauses. Die Großonkel und ihre Söhne bereisten jedes Jahr ihre Güter in Russisch Polen; mit den Schlössern stand es freilich recht ungut, da sowohl Nieswiez wie Olyka 1830 von den Russen noch gründlicher ausgeplündert worden waren als Teplitz im Jahre 1778 von den Preußen. Obwohl die 16 Radziwill-Clary-Kinder also in Deutschland oder in Teplitz lebten, welch letzteren Ort ihre Mütter mit der ganzen Schar im Sommer aufzusuchen pflegten, blieb ihr polnisches Nationalgefühl immer erhalten, auch bei den Söhnen, die im preußischen Heer dienten. Da dürften Herr Podlewski und andere Lehrer mit im Spiel gewesen sein. Selbst die kleinen Mädchen pflegten ihr polnisches Fühlen; die Töchter von Boguslaw, Felicie und Elisabeth, schworen vor einem Bild der Madonna von Czenstochau, daß sie untereinander nie eine andere Sprache als polnisch reden würden. Wie sie, besonders aber Felicie, ihren Schwur hielten, davon gleich.

Das Zusammenleben der beiden Familien verlief reibungslos im Palais der Wilhelmstraße, bis die Söhne eigene Familien gründeten, die Schwiegertöchter rebellierten bald. Der älteste Sohn von Wilhelm heiratete Marie de Castellane, Tochter der Pauline de Talleyrand, die offiziell die Nichte des berühmten Talleyrand war, in Wirklichkeit wohl sicher seine Tochter. Marie war eine hervorragend kluge und energische Dame, die als Erbgut ihrer Familie ein starkes Interesse und echtes Verständnis für die Politik besaß. Ihre Briefe an einen italienischen Militär-Attaché, die nach ihrem Tode veröffentlicht wurden, geben davon Zeugnis. Ihr Salon am Pariser Platz in Berlin war ein Treffpunkt von Diplomaten und Politikern. Sie sagte unverblümt ihre Meinung, derart, daß sie in der Familie mehr bewundert und gefürchtet als geliebt wurde. Bis zu ihrem Tod blieb sie Französin, hatte aber starke Sympathien für Polen. Vermutlich durch das Zusammenleben mit der ganzen Familie Radziwill in den ersten Jahren ihrer Ehe, war sie in einen Kampf mit ihrer Schwiegermutter geraten und haßte oder verachtete alles, was Clary hieß oder mit Teplitz zu tun hatte. Ich kannte sie, wich ihr aber aus, da sie mir stets unangenehme Bemerkungen über Österreich machte, wenn sie mich nicht gänzlich übersah, was meistens der Fall war. In der Zeit der Balkankrise, 1912/13, war sie zu Besuch bei ihrer Tochter Betka Potocka in Lancut, zugleich mit mir. Ich hörte ihren anti-österreichischen Tiraden geduldig zu, wenn auch innerlich vor Wut kochend, zumal meine Vettern Potocki, um mich zu reizen, ihr recht gaben. Endlich konnte ich mich nicht mehr zurückhalten und widersprach energisch, zum Entsetzen ihrer Enkel. Sie war zuerst erstaunt, dann ungehalten und würdigte mich keines Blicks. Am nächsten Tage aber sagte sie mir freundlich, daß ich recht gehabt hätte, für mein Vaterland zu sprechen; von da an war sie entschieden gnädiger mit mir. Nach dem Tod der beiden Großonkel Wilhelm und Boguslaw, 1870 und 1873, bezogen die Witwen Wohnungen in Berlin, die jungen Frauen drängten ihre Männer, die Schlösser in Nieswiez und Olyka wiederherzustellen, und so wurden aus den arg vernachlässigten riesigen Häusern mit der Zeit noch einmal prunkvolle Residenzen.

Grundbesitzer, deren Güter in zwei Staaten lagen, konnten auch Bürger beider Staaten sein, man nannte sie »sujets mixtes«. Nach den Teilungen Polens waren viele Polen in dieser Lage; sie wurde schwierig, wenn sie das Privileg der doppelten Staatsbürgerschaft verloren. Ein noch ernsteres Ärgernis tauchte auf, als durch einen Ukas des Zaren Ausländern verboten wurde, in den westlichen Gouvernements des russischen Reiches Land zu besitzen. Da hieß es, entweder schleunigst die russische Staatsbürgerschaft zu erwerben oder aber den Landbesitz zu verkaufen. Dank guter Beziehungen zum russischen Hof und allerlei Interventionen konnten alle jungen Radziwills das Ziel erreichen. Noch erinnere ich mich sehr genau an die Gespräche darüber in Teplitz und Wien.

Wir lasen damals mit Passion die Bücher der Madame de Ségur, »les Bibliothèques Roses«. Besonders stark wurden wir beeindruckt durch ein Buch über Rußland, das »Le Général Dourakine« hieß und in dem ein Bild eines in Ketten nach Sibirien deportierten polnischen Fürsten zu sehen war. So ungefähr stellten wir uns damals die polnischen Verwandten vor. Madame de Ségur war die Tochter des für den Brand von Moskau verantwortlichen Grafen Rostopchine, sie vermochte russische Zustände ausgezeichnet zu schildern. Uns Kindern kam es recht sonderbar vor, daß der Zar die Macht hatte, eine Familie um ihren Besitz zu bringen. Viel später sollten wir am eigenen Leib verspüren, daß es auch für Menschen, die keine Zaren sind, höchst einfach sein kann, Enteignungen, dazu viel gründlichere, zu verordnen. Die nun russisch gewordenen Radziwills lebten vor allem auf ihren in Russisch Polen gelegenen Herrschaften, die sie mustergültig bewirtschafteten und modernisierten, zu ihrem eigenen Vorteil wie auch zu dem des Landes und Volkes. Im Jahre 1931 war ich als Gast für Saujagden bei meinem Vetter Janusz Radziwill in Olyka und war tief beeindruckt von seiner Verwaltung des riesigen Besitzes, wobei hervorragende Fachleute ihm Hilfe leisteten. Nach dem Wiedererstehen eines selbstständigen polnischen Staates, 1918, waren die meisten meiner Verwandten auch politisch tätig, so daß unser Leben nun auf verschiedenen Bahnen verlief; aber unsere Gefühle der Verwandtschaft und Freundschaft blieben erhalten. Wenn sie zu uns nach Teplitz kamen, so war das Haus für sie kein fremdes, selbst 100 Jahre nach den Heiraten meiner beiden Großtanten.

Ja, und da war dann die schon erwähnte Félicie, die ihren Vetter heiratete, den älteren Bruder meines Vaters. Diese Heirat war, biologisch oder familienmäßig gesehen, so glücklich nicht, denn die beiden Kinder, die ihr entsprossen, ein Sohn, eine Tochter, entwickelten sich zu etwas unseligen Originalen. Der Sohn war gänzlich seiner Schwäche für Damen untertan, die man damals Kurtisanen nannte. Von ihnen wurde er auf das erbarmungsloseste ausgeplündert, und als er gar noch eine, wie soll ich sagen, nicht entsprechende Ehe einging, war es so weit, daß er, durch gütlichen Ausgleich mit seinem Vater, auf die

Nachfolge im Majorat verzichtete. Er selber wollte von einem solchen Besitz gar nichts mehr wissen. So kam es dazu, daß ich als der Sohn des zweiten Bruders das Teplitzer Erbe nach dem Tod meines Onkels antrat. Was Félicie Clary-Radziwill betraf, so war sie eine der originellsten Personen, denen ich im Leben begegnet bin. Ihren in der Kindheit geleisteten Schwur hielt sie bis zu ihrem Ende; wollte auch nur eine polnische Jungfer, einen polnischen Diener um sich leiden. Was nicht hinderte, daß sie deutsch so gut sprach wie polnisch und Gedichte nicht nur in diesen beiden Sprachen, sondern auch auf englisch, französisch und italienisch verfaßte. Im hohen Alter noch lernte sie altgriechisch, weil sie Homer in der Ursprache zu lesen wünschte. Kleiden tat sie sich recht merkwürdig. Bei einer Weltausstellung in Paris der siebziger Jahre hatte sie sich einen Hut gekauft, der ausschaute wie etwa eine Melone mit Straußenfedern. Der Hut gefiel ihr so, daß sie ihn immer wieder kopieren ließ, für den Winter in Filz, für den Sommer in Stroh. So ging es bis 1914, hutlich gesprochen. Mit dem Hause Hohenzollern stand sie an sich nicht schlecht, war ja ein Bruder ihres Vaters Generaladjutant Kaiser Wilhelms I. gewesen. Weniger freundlich war sie auf Wilhelm II. zu sprechen, den sie recht gut kannte, und zwar wegen seiner Polenpolitik. Besonders empörte sie eine Rede, die Wilhelm in Marienburg hielt, und in der er leider von »Barbaren« sprach. Daraufhin verfaßte sie ein Gedicht, in dem sie die preußische Kultur mit der polnischen wirksam und bitterbös kontrastierte. Sie brachte auch den deutschen Botschafter in Wien, Eulenburg, dazu, das Gedicht dem Kaiser in einem verschlossenen Couvert zu überreichen; was in dem Couvert war, wußte der gute Diplomat nicht. Wilhelm las das Gedicht, schüttelte den Kopf und bemerkte nur: »Ja, es wundert mich nicht, daß diese Dame so dichtet, ich kenne sie doch von Kindheit an . . .«Ein paar Jahrzehnte früher spielt eine andere Geschichte. Der damalige Botschafter des Deutschen Reiches in Wien, ein Prinz Reuss, gab ein Essen zu Ehren des Geburtstags von Wilhelm I. In seiner Tischrede bemerkte er, es sei besonders erfreulich, daß heute abend zwei österreichische Damen anwesend seien, und zwar geborene Preußinnen. Mit der einen dieser Damen war meine Tante gemeint. Sie unterbrach die Rede und rief laut: »Sie irren sich, Herr Botschafter! Ich bin preußische Untertanin gewesen, aber ich bin Polin!« . . . Für ihren Gatten, meinen Vorgänger im Teplitzer Majorat, waren solche Ausbrüche natürlich einigermaßen peinlich. Mit dem jüngsten Bruder meines Vaters hatte sie gerne Diskussionen, die dann auch in Streit auszuarten pflegten. Wie immer nahm sie schroff einen national-polnischen Standpunkt ein, während mein Onkel, Statthalter seiner Majestät in der Steiermark, nicht anders konnte als die Streitfragen mit den Augen eines gesamtösterreichischen Staatsmannes zu sehen. Meine Tante hielt sich eine polnische Zeitung, aus Krakau, jedoch auch die Wiener Neue Freie Presse. Einmal wurde sie über einen Artikel des alten Redakteurs Benedict so wütend, daß sie alsbald anspannen ließ, zu der Redaktion fuhr, um Benedict die Leviten zu lesen; sie widerlegte ihm seinen Artikel Punkt für Punkt. Er soll nachher gesagt haben, so was sei ihm seit seiner frühesten Kindheit nicht vorgekommen. Sie war eine eifrige und waidgerechte, wenn auch nicht immer erfolgreiche Jägerin. Alles in allem war sie eine imposante und herzlich gute Frau, obgleich sie ihrem Gatten das Leben manchmal etwas erschwerte. Ich gedenke ihrer in besonderer Liebe und Verehrung, ich habe von ihr seit der Kindheit immer nur Gutes erfahren, und sie war beispielgebend für mich durch ihren Sinn für Gerechtigkeit, ihre Wahrheitsliebe und ihren furchtlosen Einsatz für ihre Grundsätze.

La Tante Catherine

Ich habe sie nie gesehen und doch spielte sie seit meiner frühesten Kindheit eine Rolle im Leben der Familie. Im Speisezimmer meiner Eltern, wo immer sie wohnten, in Wien, London, Stuttgart, Dresden, Brüssel, stand ein großes silbernes Teeservice. In der Mitte ein prächtiger Samowar, der unser Interesse besonders erweckte, denn so etwas gab es nirgendwo sonst. Das Silber war verschieden von dem Gewohnten, matt, aber innen reich vergoldet; ob es schön oder nur fremd war, kann ich nicht sagen – wir bewunderten es jedenfalls sehr. Wir wußten auch, daß die Eltern es 1885 zu ihrer Hochzeit von der Tante erhalten hatten, und daß es aus Rußland kam, aus einem Land, das wir zwar nicht kannten, das uns aber trotzdem nicht fremd war und mit dem wir uns in Gedanken oft beschäftigten. Mein Vater war vor seiner Heirat einige Zeit als Sekretär an der Österreichisch-Ungarischen Botschaft in Petersburg gewesen. Er erzählte von den Jagden auf Bären, Wölfe und Elche – in seinem Arbeitszimmer lag am Boden ein Wolfsfell, auf dem wir sitzen durften, er erzählte von der grausigen Kälte, und wir bestaunten seine Fotografie, auf der man ihn in Pelz gehüllt sehen konnte. In diesen Erzählungen tauchte auch immer wieder der Name der Tante auf, die im »Winterpalais« eine große Wohnung gehabt hatte und »Dame du Portrait« dreier russischer Kaiserinnen gewesen war. Wir wußten, daß die Tante auch ein schönes Haus in der Krim besaß, in einer Gegend also, die in allen uns zugänglichen Schilderungen als märchenhaft beschrieben wurde. Und mit unersättlicher Neugier hörten wir von der unendlichen Weite Rußlands. Dann sprach mein Vater auch manchmal von unseren russischen Verwandten, von unserem Ahnherrn, dem Feldmarschall Kutusow. Aber erst später, als ich »Krieg und Frieden« las, verstand ich, warum meine Familie auf diesen Vorfahren stolz war! Manchmal durften wir mit schwarzen Lackschachteln spielen, auf denen bunte Gestalten von Bauern und Soldaten abgebildet waren – auch dies waren Geschenke der Tante. Das Kinderbuch der Comtesse de Ségur, »Le Général Dourakine« machte uns noch mehr mit Rußland vertraut, fast fanden wir es merkwürdig, daß die Tante in dem Buch nicht erwähnt wurde. Wenn über den Schmuck, den meine Mutter und ihre Schwägerinnen bei großen Gelegenheiten trugen, Bemerkungen gemacht wurden, hieß es immer: »Ja, das kommt auch von der Tante Catherine.«

Als Kinder stellten wir uns die Tante als eine sehr alte Dame vor und waren erstaunt, einmal ein Aquarell-Bild zu sehen, auf dem sie mit ihrer Schwester, meiner Urgroßmutter Ficquelmont, abgebildet war, eine hochgewachsene, sehr schlanke junge Dame mit einem reizenden Gesicht. Begreiflicherweise wollten wir auch etwas von ihrem Leben wissen, doch wich mein Vater solchen Fragen aus, so daß ihre Person etwas Geheimnisvolles bekam. Viel später entdeckte ich ihre Geschichte. Feldmarschall Kutusow hatte nur Töchter; eine dieser Töchter, Elisabeth, hatte einen Graf Ferdinand Tiesenhausen geheiratet, der aus einer baltischen Familie stammte, die militärische Laufbahn beschritt und Adjutant Kaiser Alexander I. wurde. Er fand in der Schlacht von Austerlitz den Heldentod, als er, mit der Fahne in der Hand, sein zögerndes Bataillon zum Angriff führte. Diese Begebenheit war Tolstoi wohl bekannt und diente ihm als Modell für seinen Helden, den Fürsten André und dessen Verwundung bei Austerlitz.

Graf Tiesenhausen hinterließ zwei Töchter in zartem Alter, Dorothé, Dolly genannt, und Catherine. Zar Alexander nahm die verwaisten Kinder unter seinen besonderen Schutz. Dolly heiratete den Österreichischen Gesandten in Florenz und Neapel und späteren Botschafter in Petersburg, Graf Carl Ludwig Ficquelmont, der mein Urgroßvater wurde; Catherine kam als Hoffräulein zu der Gattin des Großfürsten, später Kaiser Nikolaus I. Sie muß entzückend gewesen sein und erfreute sich großer Beliebtheit am Hof. Die Großfürstin war eine geborene Prinzessin Charlotte von Preußen, Tochter König Friedrich Wilhelms III. Ob nun deren Vater, der König, oder ihr Bruder Prinz Karl das Hoffräulein verführte, ist nicht sicher, denn begreiflicherweise wurde das bedauerliche Vorkommnis nach Möglichkeit vertuscht. Die gütige Großfürstin machte ihrem Hoffräulein keine Vorwürfe, sondern behielt sie bei sich. Und als Catherine einen Sohn gebar, wurde der Großfürst sogar sein Taufpate; das Kind erhielt den Namen Felix Nikolajewitsch, sein Familienname wurde Elston, was später Geborenen zu Scherzen Anlaß gab. (»Elle s'étonne d'avoir un fils sans être mariée« . . .) Felix heiratete die letzte Gräfin Sumarokow, seine Kinder hießen Grafen Sumarokow-Elston. Einer seiner Söhne, Felix Felixowitch, heiratete die reichste Erbin Rußlands, die Fürstin Zenaide Youssoupow und wurde Fürst Youssoupow; sein Sohn, auch dieser Felix genannt, ist als einer der Mörder Rasputins berühmt geworden und erst vor wenigen Jahren gestorben.

Die Tante starb Ende der achtziger Jahre, doch wurde weiter oft von ihr gesprochen, jedesmal wenn die Rede auf den schönen Schmuck kam, den sie ihren Großneffen und ihrer Großnichte Clary vermacht hatte. Ihre Villa auf der Krim und ihr sonstiges Vermögen gingen an die Sumarokow. Zu dem Schmuck gehörten auch sehr schöne Perlen, die von Kutusow stammten; eine Verwandte, die den Schmuck nach Wien brachte, behielt jedoch die Perlen für sich und behauptete, die Tante habe sie ihr noch zu Lebzeiten geschenkt. Eine Neuigkeit, welche die Freundschaft mit dieser Verwandten stark abkühlte.

Im Jahre 1913 erhielt der älteste Bruder meines Vaters, Carlos, einen Brief aus Kiew, in welchem ein Rechtsanwalt namens Schochor die Mitteilung machte, daß ihm vermögensrechtliche Ansprüche meines Onkels und seiner Geschwister bekanntgeworden seien; zu weiteren Mitteilungen sei er bereit, wenn die vier Geschwister ihm ein Fünftel der mit seiner Hilfe erlangten Vermögensrechte zusicherten.

Mein Onkel Carlos hatte viele treffliche Eigenschaften, er war ein gütiger, edler Mensch, kunstsinnig und sehr gebildet und ein großer Bauherr. Leider fehlte ihm jeder geschäftliche Sinn; von der Verwaltung eines großen Besitzes hatte er keine Ahnung, er verstand es, Geld auszugeben, aber ganz und gar nicht, auch welches zu erwerben. Glücklicherweise war der Familienbesitz ein Fideikommiss, so konnte er darüber nicht frei verfügen, andernfalls wäre wenig übriggeblieben. Auch die Beantwortung von Briefen war nicht seine starke Seite. Es hat mich immer unterhalten, zu sehen, wie er auf seinen Reisen zwischen Teplitz, Wien, Venedig einen großen Koffer voll unbeantworteter Briefe mitschleppte, Briefe, die wohl niemals beantwortet wurden. Genau dies Schicksal ereilte auch den Brief aus Kiew. Als mein Onkel sich später in Venedig aufhielt und seine um vier Jahre ältere Schwester Edmée Robilant bei ihm zu Besuch war, erhielt er einen zweiten Brief des Anwalts, den er der Familie vorlas; Herr Schochor aus Kiew mahnte zur Eile, da die Ansprüche befristet seien und der Ablauf der Frist bevorstehe. Nicht ohne Grund war meine Tante Edmée entrüstet davon, daß Carlos seinen doch mitberechtigten Geschwistern nie von dem ersten Brief erzählt hatte. Nun also war Feuer im Dach; seine Geschwister, seine Gattin schalteten sich ein, und dem Rechtsanwalt wurde sofort die Zusicherung der vier Geschwister zugesandt. Daraufhin teilte er mit, um was es sich handelte. Mehrfach hatte Schochor im Amtsblatt des Gouvernements Jaroslaw gelesen, daß die Intestaterben einer Gräfin Catherine Tiesenhausen gesucht würden; sie habe im Testament wohl über das meiste Barvermögen verfügt, jedoch nicht über ein schönes Gut in der Nähe von Jaroslaw und über wertvolle Schurfrechte im Ural.

Ich und mit mir alle Vettern und Cousinen verteilten, als wir von der unerwarteten Erbschaft hörten, alsbald die Bärenhaut und machten, jeder für sich, die schönsten Pläne, über das, was wir mit unserem Anteil tun würden!

Da Felix Elston nicht legitim war, kamen tatsächlich nur die vier Geschwister Clary als Intestaterben in Betracht; man ging auch sofort an die Beschaffung der vielen Dokumente, die notwendig waren. Es handelte sich um Trauscheine, Taufscheine, Totenscheine usw., die alle ins Russische übersetzt werden mußten, auch waren diplomatische Beglaubigungen vorgeschrieben. Im Sommer 1914 war alles beisammen und konnte nach Kiew geschickt werden. Im Sommer 1914 . . .

Im Frühjahr 1918 kam das k.u.k. Ulanenregiment, in dem ich diente, als Besatzungstruppe in die Ukraine, ein Land, das im Friedensvertrag von Brest-Litowsk von Rußland abgetrennt und selbständig wurde. Regiert wurde es von einem früheren russischen General, dem Hetman Skoropadsky, zu dessen Unterstützung deutsche wie auch österreichisch-ungarische Truppen in der Ukraine blieben, darunter auch mein Regiment. Im Sommer 1918 erhielt ich einen kurzen Urlaub und reiste über Kiew nach Hause. Ich benutzte die Gelegenheit, um den sagenhaften Rechtsanwalt Schochor zu besuchen. Eine Vollmacht meiner Familie, mit ihm zu verhandeln, hatte ich. Der Anwalt konnte sich gar nicht genug tun mit Jammern darüber, daß mein Onkel so viele kostbare Zeit verloren hatte, nun sei vorderhand offenbar nichts zu machen, man könne nur abwarten und hoffen. Was ihn besonders interessierte, war die Frage, wie die Tante zu so kostbaren Schurfrechten im Ural gekommen sei, noch dazu lägen sie mitten unter den kaiserlichen. Was den Bolschewismus betraf, so wünschte und glaubte er, daß er sich nicht lange werde halten können.

Es ging dann anders aus. Der Traum einer freien Ukraine ist

zerronnen, aus der Erbschaft ist nichts geworden, und auch die Erinnerung an die Tante Catherine schien erloschen. Der Samowar unserer Kindheit ist in Böhmen geblieben, der Schmuck verteilt, verkauft, gestohlen, und die im Jahre 1911 erschienenen »Lettres du Comte et de la Comtesse de Ficquelmont à la Comtesse Tiesenhausen« wurden von niemandem mehr gelesen.

Jetzt aber, in den 1970er Jahren, taucht die Tante Catherine in Publikationen wieder auf; manchmal in Darstellungen, in denen wenig zutrifft, zum Beispiel in den Memoiren des verstorbenen Fürsten Felix Youssoupow. Oder auch in Büchern, die jetzt in Rußland über den Dichter Puschkin erscheinen, der ein Freund der Ficquelmonts in Petersburg gewesen war. In unserem enteigneten Familienarchiv in Teplitz befinden sich die Tagebücher meiner Urgroßmutter Dolly Ficquelmont und der Briefwechsel mit ihrer Schwester, die jetzt von russischen Schriftstellern studiert und benützt werden.

Fast kommt es mir vor wie eine Auferstehung der Tante Catherine, die schon tot war, als wir Kinder waren, von der wir in unserer Kindheit soviel hörten und die dann in Vergessenheit geriet.

Der Großvater

Meinen Großvater Edmund kannte ich noch gut – wir hatten den gebührenden Respekt vor ihm, vielleicht weil er besonders laut sprach, infolge seiner Taubheit. Wir hörten, daß er als Knabe, ja noch als junger Mensch Goethe gekannt hatte, der im Haus seiner Eltern aus und ein ging, und daß er zusammen mit Napoleons Sohn, dem Herzog von Reichsstadt, Reitstunden genommen hatte. Als wir noch recht klein waren, nahm der beinahe Achtzigjährige meine Schwester und mich auf seine Schultern und galoppierte auf dem gewichsten Parkett des Wiener Hauses mit uns herum, sehr zur Sorge meiner Mutter, die einen Sturz voraussah – doch ging es immer gut aus. Besonders genau erinnere ich mich an sein weißes, schön gewelltes Haar. Er war erst 19 Jahre alt, als er den Claryschen Familienbesitz erbte, der bis zu seiner Großjährigkeit von seiner Mutter verwaltet wurde, wahrscheinlich gut, denn sie war eine kluge und energische Dame. Auch später gab sie die Verwaltung nie ganz aus der Hand. In unserer Familie war Diskretion oberstes Gesetz; so hörte ich kaum je irgendeine Kritik an den Großeltern oder Urgroßeltern. Erst viel später erzählte mir meine Großmutter Kinsky, der Großvater Edmund sei von seiner Mutter und seinen vier ebenso energischen Schwestern recht unterdrückt worden.

Wie auch sein Vater Carl reiste der Großvater gern und viel; er kannte Deutschland, Italien und Frankreich gut, war in Rußland, Griechenland, der Türkei und Ägypten gewesen, hatte von überall etwas zurückgebracht – einigen dieser Sachen trauere ich noch nach. Er war klug und gebildet, liberal im Politischen, menschenfreundlich auch, zum Beispiel hatte er schon vor der Befreiung der Bauern vom Robot diese auf seinem Besitz freiwillig durchgeführt. So gewährte er auch vor der gesetzlichen Aufhebung aller Erbuntertänigkeit der Stadt- und Landbevölkerung der Bürgerschaft von Teplitz in einem Handschreiben vom 24. April 1848 ihren Wunsch, eine »freie Stadt« zu heißen, von »ganzem Herzen«. Bei Herrnskretschen an der Elbe öffnete er die Edmundsklamm, später die Wilde Klamm, für die Touristik, eine kostspielige Sache, dies zu einer Zeit, in der die meisten Großgrundbesitzer mit allen Mitteln versuchten, die Touristen von ihren Wäldern fernzuhalten. Er wollte allen die Möglichkeit geben, die Schönheit der Natur und der Wälder zu genießen, so war auch der größte Teil des Teplitzer Schloßgartens tagsüber für alle geöffnet. In meiner Jugend erzählten mir alte Leute, daß er um solcher Taten willen in Teplitz sehr beliebt und geachtet gewesen sei. Seinerseits liebte er die Stadt und förderte während seiner langen Regierungszeit den Kurort mit allen Kräften. Alle Möglichkeiten, die sich in der Gründerzeit boten, mag er nicht ausgenützt haben, aber sicher war er ein guter Verwalter des Vermögens. Er verkaufte einen Besitz bei Bensen und das Clarysche Palais in Prag, welches einst dem Graf Terzky, dem Schwager Wallensteins, gehört hatte, um notwendige Neubauten und Verbesserungen der Betriebe in Teplitz durchführen zu können. Er war genau und ordnungsliebend, in der Verwaltung des Besitzes kannte er sich gut aus. Ob er ein glücklicher Mensch war, weiß ich nicht. Einmal, in der Jugend, hatte er in Wien ein starkes Liebeserlebnis gehabt, Gegenstand war eine Gräfin Julie Potocka. In der Familie war von ihr nie die Rede, erst viel später fand ich in unserem Archiv die Tagebücher seiner Schwester Félicie, mit dem Altgrafen Robert Salm verheiratet, die in hohem Alter kinderlos starb. Sie schildert die Freude ihres Bruders, als er bei der Mutter des jungen Mädchens angehalten und eine bejahende Antwort erhalten hatte. Nicht lange danach ergab es sich, daß er zum erstenmal allein mit seiner Braut reden konnte; da bat sie ihn inständig, ihr das Ja-Wort zurückzugeben, sie liebe einen anderen. Natürlich erfüllte er ihren Wunsch, aber tieftraurig. Aus Gründen der Pietät waren die in Teplitz von meinem Großvater bewohnten Zimmer nie verändert worden. Erst 26 Jahre nach seinem Tod und nach dem meines Onkels Carlos wollte ich die Zimmer benützen und fing an, dort Ordnung zu machen. Nicht einmal der Schreibtisch war berührt worden; in einer seiner Schubladen fand ich eine schöne, nie vollendete Miniatur der Julie Potocka von Daffinger, der Braut also, die er nie vergessen hatte.

1841 verlobte er sich mit der Gräfin Elisalex Ficquelmont, die zwölf Jahre jünger war als er. Sie heirateten in Wien am 5. Dezember 1841. Die Braut, den 10. November 1825 geboren, war also erst knapp 16 Jahre alt. Ihr erstes Kind war die in Wien am 13. Oktober 1842 geborene Edmée, wenige Wochen ehe die Mutter 17 Jahre alt wurde, eine Tatsache, die in der Wiener Gesellschaft Aufsehen erregte. Als die Fürstin Melanie Metternich diese Nachricht ihrem Gatten, dem Staatskanzler, mitteilte, war der große Mann schlechter Laune und antwortete nur: »Das sie weder meine Frau noch meine Geliebte sein wird, ist es mir völlig gleichgültig!«

Seine junge Frau muß der Großvater zutiefst geliebt haben; sie galt als eine der schönsten Frauen ihrer Zeit, doch litt sie unter ihrer schwachen Gesundheit. Schlecht vertrug sie das rauhe böhmische Klima, ebenso das windige Wien und fühlte sich nur in der feuchten venezianischen Luft wohl; in Venedig hat sie die letzten 15 Jahre ihres Lebens verbracht, ohne sich vom Platze zu rühren; von ihren Kindern geliebt und von vielen Freunden bewundert. 53 Jahre alt, starb sie, eine Leere hinterlassend nicht nur in der Familie, sondern auch bei den vielen Armen, deren Wohltäterin sie gewesen war. In einer Kapelle der Kirche von San Trovaso in Venedig haben ihre Freunde zur Erinnerung ein schönes Epitaph anbringen lassen.

Ich glaube, daß mein Großvater den mangelnden Geschäftssinn seines ältesten Sohnes erkannt hatte, jedenfalls hielt er ihn von der Verwaltung fern. Aber vielleicht wäre es besser gewesen, wenn mein Onkel beizeiten etwas davon hätte lernen können! Nach Edmée hatten die Großeltern noch drei Söhne: Carlos, geboren 1844, Siegfried, geboren 1848 und Manfred, geboren 1852. Die Geschwister vertrugen sich ausgezeichnet, wie auch die nächste Generation es hielt.

Der Onkel Carlos

Meines Vaters älterer Bruder Carlos, seit 1894 Herr auf Teplitz, war seiner Güte wegen bei uns Kindern beliebt, auch allgemein geachtet als ein rechtlich und vornehm denkender Mensch, von manchen auch belächelt, weil er, bar jeder Menschenfurcht, sich nicht durch Konventionen gebunden fühlte. Wenn er im goldbestickten Geheimratsfrack oder in Uniform auftrat, sah er sehr gut aus, sonst kleidete er sich einfach, ohne sich um Mode oder Eleganz zu kümmern, wenn auch immer sauber. Das Unglück war, daß er keinen Geschäftssinn besaß und dadurch den Familienbesitz in eine böse Lage brachte. Dies besonders durch die Unsummen, welche seine Kirchenbauten verschlangen. Freilich, wenn ich das alles von heute aus sehe: für die Familie ist sowieso alles verlorengegangen, aber unversehrt blieb die Kirche in Eichwald, die vom kommunistischen Staat gepflegt und restauriert wird.

Die Geschichte dieser Kirche ist romantisch. Mein Onkel hatte seit jeher Venedig geliebt, wo er einen Teil seiner Jugend verbracht und wo seine Mutter viele Jahre bis zu ihrem 1878 erfolgten Tod gelebt hatte. Mit einem regen Sinn für die bildenden Künste und einem ausgesprochenen Zeichentalent begabt, machte er Pläne für Bauten. Solange sein Vater lebte, konnte er diese nicht ausführen, aber während seiner Reisen begann er

schon früh mit Ankäufen, die er später verwenden wollte. In
den achtziger Jahren war er in Venedig und machte mit Freunden eine Expedition nach Torcello, in Gondeln, denn damals
konnte man die in der Lagune liegende Insel nur auf diese
Weise erreichen. Beim Verlassen des Domes sah er am Seiten-
tor die dort hängende Zeichnung eines besonders schönen goti-
schen Bogens, mit Maßangabe und dem Vermerk, daß dieser
von der zerstörten Kirche der Insel San Giorgio in Alega stamme, und der Adresse des Steinmetzen, bei dem er zu erwerben
sei. Diese Insel kannte mein Onkel gut, denn sie war vom Fenster des Zimmers zu sehen, in dem er als Kind gewohnt hatte,
und er war auch oft im sandolo (ein leichtes Ruderboot) daran
vorbeigefahren. Am nächsten Tag schon suchte er den Steinmetzen auf, bei dem er den sehr gut erhaltenen Bogen aus Ve-
roneser Marmor fand; er war gerade noch rechtzeitig gekommen, denn der Steinmetz hatte bisher keinen Käufer gefunden
und wollte den Bogen stückweise für andere Arbeiten verwenden. Er teilte auch meinem Onkel mit, daß die zu dem Bogen
gehörenden Pfeiler noch eingemauert irgendwo auf der Insel
sein müßten. Aber nun begannen die Schwierigkeiten, denn die
Pfeiler waren zwar leicht gefunden, doch hatte man sie samt
dem Architrav beim Bau des auf der Insel befindlichen Pulver-
magazins zur Herstellung einer Tür verwendet. Nach vielen
Eingaben erhielt mein Onkel endlich die Erlaubnis, die antiken
Pfeiler zu entfernen und durch solche aus weißem Stein zu ersetzen, und auch die Bewilligung, sie nach Teplitz zu schicken,
wo sie jahrelang wohlverpackt lagerten. Mein Großvater wäre
zwar damit einverstanden gewesen, den Bogen in die Teplitzer
Gruftkapelle einbauen zu lassen, hätte aber kaum dem gran-
diosen Bau einer neuen Kirche in Eichwald zugestimmt. Nach
dem Tod seines Vaters 1894 sammelte mein Onkel emsig in
Venedig und Umgebung alte Marmorteile, die für den späteren
Kirchbau verwendet werden konnten. Als Vorbild für die Fas-
sade war die Kirche Madonna dell'Orto in Venedig gedacht,
und als Architekten hatte mein Onkel den Professor an der
Akademie der Bildenden Künste in Venedig, Piero Bigaglia,
erwählt; dieser erschien mit einer ganzen Schar von venezianischen Arbeitern, die jahrelang in Eichwald blieben. Der erste

Spatenstich erfolgte am 28. Juni 1897, die Grundsteinlegung am 5. Mai 1898, die feierliche Einweihung am 21. Oktober 1906.

Der Bau der Kirche muß große Summen verschlungen haben, aber es war ein anderer Kirchenbau, der meinen Onkel noch schwerer belastete. Man hatte geplant, zur Erinnerung an das sechzigjährige Regierungsjubiläum des Kaisers in einer der Vorstädte Wiens eine Kirche zu bauen. Es bildete sich ein Komitee unter dem Protektorat der Erzherzogin Maria Theresa, mein Onkel übernahm den Vorsitz; das Geld für den Bau sollte durch eine Sammlung beschafft werden. Er garantierte für das eventuelle Defizit in der Erwartung, die Sammlung werde erfolgreich sein. Leider blieb sie weit unter der erhofften Summe, dafür aber waren die Kosten viel höher, als man erwartet hatte, und so mußte mein Onkel tief in die Tasche greifen. Obendrein war er überaus wohltätig, er unterstützte in großzügiger Weise eine in Schwierigkeiten geratene katholische Zeitung, »Das Vaterland«, mehrere Vereine und auch in Not geratene Privatpersonen, unter denen sich gewiß auch Schwindler befanden.

Schlecht restaurierte Häuser störten den Onkel Carlos. Als er einmal in Teplitz den Umbau eines Hauses aus der Barockzeit beobachtete, sah er zu seinem Bedauern, daß ein häßliches modernes Dach vorgesehen war, wohl aus Sparsamkeit; sofort erklärte er sich bereit, für ein stilgerechtes Dach aufzukommen. Zehn Jahre nach dem Tod meines Großvaters waren die finanziellen Schwierigkeiten so groß geworden, daß ein Familienrat meinen Onkel bat, die Führung des Besitzes abzugeben. Ich glaube, er tat dies nur ungern, denn er hatte noch weitere grandiose Pläne im Kopf. Ein Freund der Familie, Graf Franz Czernin, übernahm es, die Sanierung durchzuführen; als erstes wurden radikale, wohl recht unangenehme Sparmaßnahmen durchgeführt. So gelang es, einen Teil der Schulden zu bezahlen; leicht war das nicht, denn inzwischen war meines Onkels einziger Sohn mit ganz großen Beträgen niedergebrochen! Über die von Czernin durchgeführten Ersparungen konnte man verschiedener Ansicht sein, dringend notwendige Investitionen wurden verschoben, aber allmählich kam doch wieder Ordnung in den Betrieb.

Als ich im Herbst 1918 nach Teplitz kam und zur Verfügung stand, wurde mir die Verwaltung des Vermögens übertragen, womit ein ganz neues Kapitel meines Lebens begann.

Der Vater

Es fällt mir rückblickend auf, wie nahe wir als Kinder der Generation meiner Eltern, ja sogar meiner Großeltern standen, wieviel wir mit den Alten zusammen waren. Es gab damals nicht die Trennung zwischen Jungen und Alten, so wie sie sich dann im 20. Jahrhundert entwickeln sollte. Es war uns einfach selbstverständlich, dabeizusitzen und zuzuhören, auch wenn wir nicht alles verstanden. Auch war die Konversation immer so, daß eine besondere Rücksicht auf die Kinder nicht genommen werden brauchte. Zum Beispiel würde mein Vater Klatschgeschichten nie geduldet haben, und noch viel weniger üble Nachrede. Es lag dies wohl mehr an seinem Charakter, als an seinem Beruf; es soll ja auch Diplomaten gegeben haben, die recht gerne klatschten.

Sein erster Posten – wie übrigens auch sein letzter – war Brüssel, dann war er jahrelang an der Botschaft in Paris und danach in St. Petersburg. Im Herbst 1884 lernte er meine Mutter in Teplitz kennen, wo ihr Vater die Kur gebrauchte. Nach ganz kurzer Zeit kam es zu ihrer Verlobung, eigentlich zur allgemeinen Überraschung, des großen Altersunterschieds wegen, er war 36, sie erst 17 Jahre alt. Auch war mein Vater als jüngerer Sohn keine »Partie«. Die Eltern des wunderschönen Mädchens mögen wohl an eine viel glänzendere Zukunft für sie gedacht haben. Die beiden liebten sich aber und ließen nicht locker, so daß bald die Verlobung gefeiert werden konnte. Durch 44 Jahre, gute wie traurige, war die Ehe meiner Eltern eine völlig glückliche. Der Vater war, glaube ich, so ziemlich der ideale Diplomat; ein Mensch von unfehlbarem Takt, seinen Partnern immer freundlich und höflich und verständnisvoll entgegenkommend, indem er gleichzeitig die Interessen und das Prestige seines Vaterlandes zu wahren wußte. Aber ein Staatsmann, wie sein jüngerer Bruder, war er nicht, viel eher ein musisch veranlagter Träumer, begeisterungsfähig, lebhaft interessiert für Musik, Malerei und Baukunst. Neben seiner Bewunderung für das Alte, war er auch für das Neueste aufgeschlossen, zum Beispiel sprach ihn der Jugendstil sehr an, zum Staunen der Familie. Er spielte gut Klavier, komponierte Lieder und Walzer und soll in seiner Jugend hübsch gesungen haben. Einfach und bescheiden für seine Person, war er nicht sparsam, wenn es sich darum handelte, meiner Mutter oder uns Kindern eine Freude zu machen. Auch konnte er nicht der Versuchung widerstehen, Geld, zuviel Geld auszugeben, wenn es sich um die Erwerbung von Kunstgegenständen oder anderen schönen Dingen handelte.

Graf Max Thun und der Affe

Für die mustergültige Haltung eines Diplomaten, die mein Vater auch in etwas sonderbaren Situationen bewahrte, möge folgende kleine Geschichte zum Beispiel dienen.

Ich habe mich immer gefreut, wenn ich unter meinen Freunden ein echtes Original finden konnte, denn solche sind leider recht selten. Zu ihnen gehörte Graf Max Thun, der zugleich mit mir an der Universität in Prag studierte. Er war eine sonderbare Mischung, manchmal sehr klug, dann wieder naiv, er konnte freundlich sein, aber auch sehr böse werden, man wußte nie recht, welche Reaktion eine Bemerkung auslösen würde.

Befreundet mit einem schönen Mädchen, deren Tugend zweifelhafter Natur war, glaubte er, ihre Ehre verteidigen zu müssen, als sie sich bei ihm über einen frechen Antrag beschwerte, den ein junger Mann ihr gemacht habe. So forderte er diesen und verkündete laut, er werde ihn durchlöchern oder zu Hackfleisch machen. Der Geforderte war Reserveoffizier, so konnte er die Forderung nicht ablehnen, da er sonst seine Offizierscharge verloren hätte; was ihn nicht hinderte, in die größte Angst zu geraten, denn man kannte Max Thun als einen ebenso guten Pistolenschützen wie Säbelfechter und als einen, der imstande war, seine Drohungen wahr zu machen. Die Duellzeugen und einige Freunde, zu denen ich gehörte, hatten die größte Mühe, einen Ausweg zu finden, der alle befriedigen würde – es gelang schließlich dank dem Eingreifen eines Onkels von Max.

45

1920 heiratete er Baronin Sidi Nadherny, die Freundin von Karl Kraus, sie trennten sich jedoch nach kurzer Zeit, und später erfolgte die Scheidung; es hieß, daß der sonst mit der Feder so mutige Karl Kraus vor Max Thun eine heillose Angst hatte. Thun besaß eine erstaunliche, fast unheimliche Macht über Tiere und behauptete, daß er Kämpfe zwischen Hunden sofort beendigen könne. Ich glaubte dies nicht, bis wir beide eines Tages bei Bekannten zum Mittagessen eingeladen waren. Die Hausfrau hatte einen Riesenschnauzer, der ein großer Raufer war. Max kam mit seinem ebenfalls bissigen Bulldog, der aber draußen angebunden wurde. Nach dem Essen führte er ihn in den Salon, worauf die beiden Hunde wütend übereinander herfielen. Erschreckte Gäste kletterten auf Tische und Stühle. Max sah die Hunde an, redete ihnen zu, streichelte sie, und sie gaben sofort das Raufen auf und benahmen sich wie Lämmchen.

Jahre vergingen, ich sah Max fast nie mehr, hörte aber sonderbare Geschichten. Er hatte Medizin studiert, praktizierte aber nicht, vielleicht zum Glück für die Patienten! Er hatte eine Theorie entwickelt, wonach die Menschen eigentlich Vierfüßler seien und das Gehen auf zwei Beinen die Gesundheit schädige. Auch meinte er, daß nichts leichter sei, als sich auf Händen und Füßen zu bewegen. Er besaß einen mittelgroßen dressierten Affen, mit dem er in Böhmen herumreiste und Vorführungen gab. Eines Tages erfuhr ich, daß eine solche in Teplitz stattfinden werde, und wollte sie mir natürlich ansehen. Ich erzählte meinem Vater davon; dessen prompte Reaktion war, man müsse Max für den nächsten Tag zum Mittagessen einladen. Meinen Einwand, daß er vielleicht doch etwas sonderbar geworden sei, lehnte mein Vater ab. Der Sohn seines alten Freundes, des früheren Kaiserlichen Oberstjägermeisters, müsse unbedingt im Schloß speisen. Die Vorführung, die ich besuchte, entbehrte nicht der Komik. Max, nur mit einer Badehose bekleidet, und der Affe sprangen vierfüßig über Hindernisse und schienen sich auf zwei und auf vier Beinen gleich wohl zu fühlen. Der Saal war dicht besetzt; der Name Thun hatte in Böhmen ja guten Klang, und die Leute wollten wohl sehen, was dieser Träger des Namens Neues zu bieten hätte. Danach richtete ich die Einladung aus, die gern angenommen wurde.

Am nächsten Tag warteten meine Eltern, meine Frau und ich und unsere zwei älteren Kinder auf den Gast, der denn auch von einem Diener angesagt wurde, der das Lachen nicht verbeißen konnte; denn Max trat herein mit dem Affen an der Hand.

Mein Vater nach der Begrüßung: »Wo wird das Tier sich während des Essens aufhalten?« – »Oh, er ißt immer mit, nur ist er gewohnt, neben mir zu sitzen!« Es erging der Auftrag an den Kammerdiener, vielleicht ein wenig mehr im Befehlston gegeben, als sonst meines Vaters Art war, für den Affen aufzudecken, natürlich zur größten Belustigung der Kinder. Man ging zu Tisch, der Stuhl des Affen erwies sich als zu niedrig, Kissen wurden gebracht, auf die er kletterte. Er benahm sich musterhaft und aß säuberlich mit dem Löffel, mit Messer und Gabel. Mein Vater beobachtete ihn und sagte plötzlich: »Das Tier fängt an, etwas unruhig zu werden!« Worauf die Antwort kam: »Er will auf die Seite gehen.« – »Dann wird man ihn in den Hof führen.« Der Vorschlag wurde abgelehnt; der Affe sei durchaus gewohnt, das im Zimmer zu besorgen. Dritter Auftrag an den Kammerdiener, immer im gleichen höflich-sachlichen Ton gegeben: Es möge ein Topf gebracht werden. Der wurde auch gebracht, gewiß zum erstenmal in das Speisezimmer des Teplitzer Schloßes! Der Affe kletterte von seinem Stuhl, tat aber nichts dergleichen. Natürlich nicht, erklärte Max Thun; er sei zu schamhaft, es bedürfe einer spanischen Wand dafür. Auch dieser vierte Auftrag wurde gegeben und erfüllt, die spanische Wand erschien, der Affe verschwand hinter ihr, um, wieder hervortretend, manierlich weiterzuspeisen.

Als Thun sich nach dem Essen verabschiedete, schüttelte der Affe meinem Vater die Hand; dieser erwiderte höflichst, als handelte es sich um die Hand eines Diplomaten aus einem vielleicht etwas fremden Lande.

Die Mutter

Ohne meine Mutter kann ich mir meine Kindheit gar nicht vorstellen, denn sie war es, die diese zu einer so glücklichen gemacht hat. Als Gattin eines Diplomaten hatte sie vielerlei gesellschaftliche Verpflichtungen, die sie gewissenhaft erfüllte. Später verstand ich, daß ihre Ruhe, ihr ausgeglichenes Wesen, ihr Verstehen menschlicher Schwächen aus einer gütigen Natur stammten und wohl auch daher, daß sie mit meinem Vater in einer glücklichen und harmonischen Ehe lebte. Im Zentrum ihres Lebens standen ihre Kinder, sie hegte und pflegte sie, solange sie klein waren, und betreute liebevoll die Heranwachsenden. Verwöhnt wurden wir aber nicht, Ungezogenheiten waren nicht gestattet, erst recht nicht ein freches Benehmen, was uns von ihr gesagt wurde, mußte befolgt werden. Auch Strafen gab es, aber nur solche, die wir als gerecht empfanden, nie zu harte. Lügen kamen überhaupt nicht in Betracht, sie galten bei uns als Schande, wie auch bei den meisten unserer Freunde, ebenso jegliche Anzeigerei. Ich glaube, daß die Erziehungsmethode meiner Mutter gut war und Wurzeln schlug. Ein Beispiel. Eine Tante war zu Besuch, sie hatte eine Büchse mit Lebkuchen mitgebracht, von denen wir auch manchmal etwas erhielten. Ich war wie besessen von diesen Lebkuchen, gerne hätte ich mehr davon gehabt. Am Tag ihrer Abreise ließ die Tante die Büchse für kurze Zeit im Salon stehen, ich blickte hinein, sie war noch fast voll, da packte mich die Versuchung, ich dachte jetzt oder nie, und nahm gleich drei Stück heraus, die ich, mit etwas schlechtem Gewissen, in meinem Nachttisch verbarg. Wer sie dort entdeckte und wie meine Mutter es erfuhr, weiß ich nicht. Ich wurde zu ihr gerufen, sie fragte mich, nicht streng aber doch ernst, ob ich die Lebkuchen aus der Büchse genommen hätte, ohne Erlaubnis? Ich gab zu, daß ich nicht hatte widerstehen können; sollte ich nun die Kuchen an die Tante senden? Meine Mutter meinte, es wäre wohl richtiger, ihr zu schreiben, um den Sachverhalt zu erklären. Sie sagte es, wie etwas ganz Selbstverständliches; die Tante hätte wahrscheinlich das Schwinden der Kuchen bemerkt und würde womöglich einen der Angestellten verdächtigen. Der Anstand gebiete es, ihr zu schreiben und sie um Verzeihung zu bitten. Nach fast 80 Jahren erinnere ich mich noch, wie peinlich und beschämend es für mich war, diesen Brief zu schreiben. Die Tante antwortete sofort in freundlicher Weise, ermahnte mich, nicht so genäschig zu sein; aber zum Geburtstag schickte sie mir Lebkuchen! Die

48

Lehre war gut, ich habe sie nie vergessen, mein ganzes Leben lang habe ich in anderer Leute Haus nie etwas Eßbares, Trinkbares oder Rauchbares genommen, ohne vorher zu fragen.

Meine Mutter war sehr schön, wir waren daran gewöhnt und fanden es ganz natürlich, daß sie schöner sei als die meisten anderen Damen, die wir kannten. Eigentlich war sie mehr als schön, sie war bezaubernd durch ihr Wesen und freundliches Entgegenkommen. Wann immer sie abends nach Hause kam, und war es noch so spät, so stieg sie ins Kinderzimmer hinauf – in Wien waren es viele Stufen vom Parterre zum dritten Stock! – um zu sehen, ob alles in Ordnung sei. Einmal wachte ich auf, da stand sie neben meinem Bettchen, in einem weißen Kleid und mit einem Diadem im Haar, ich glaubte, eine Fee zu sehen! Im April 1894 fand in der Hofreitschule in Wien, unter der Patronanz der Erzherzogin Marie Therese ein Carroussell statt; ausgedacht hatten es sich Prinzessin Rosa Croy und der Obersthofmeister Fürst Rudolf Liechtenstein, der Reinertrag war für den Fonds zur Gründung eines Tuberkulosenheims bestimmt. Die Vorgeschichte: Als Kaiser Karl VI. 1711 sein Königreich Spanien verließ, um nach Wien zurückzukehren, ließ er seine Gattin, die schöne zwanzigjährige Kaiserin Elisabeth Christine aus dem Hause Braunschweig als Staathalterin von Spanien in Barcelona zurück. Im September 1712 kam auch die Kaiserin wieder nach Wien. Für ihre Ankunft wurde, von anderen Festlichkeiten abgesehen, auch ein Carroussell aufgeführt, und dies sollte nun genau wiederholt werden: Einzug des Hofes, dann eine reitende Quadrille der Herolde, dann eine solche der Damen und Hofkavaliere, ein Herrenfahren, eine Caracole und ein Geschützfahren. Die Erzherzoge Franz Ferdinand, Otto, Wilhelm und Franz Salvator nahmen an dem Einzug und der Quadrille teil, sowie viele Damen und Herren der Hofgesellschaft und Offiziere der Militär-, Reit- und Fahrlehrerinstitute. Wegen ihrer Schönheit wurde meiner Mutter die Rolle der Kaiserin Elisabeth Christine zugedacht. Es fanden vier Vorstellungen statt, bei der ersten war der Kaiser anwesend, für die letzte hatte Feldmarschall Erzherzog Albrecht alle Sitze erworben und die Offiziere der Wiener Garnison als seine Gäste eingeladen. Am Tag nach dieser Vorstellung erhielt meine

Mutter einen riesigen Korb mit Blumen, auf der schwarz-gelben Schleife standen die Worte »In Bewunderung, die Garnison Wien«. Wir wußten genau von allen Vorbereitungen für dieses Fest und waren freudig erregt, als wir erfuhren, daß meine ältere Schwester und ich die Generalprobe sehen dürften, die nachmittags stattfand; die elfjährige Erzherzogin Elisabeth hatte von ihrem Großvater, dem Kaiser, die Erlaubnis erhalten, ihre Gespielinnen und einige andere Kinder zu sich in die Hofloge einzuladen. Wie gut erinnere ich mich an die herrliche Schau und an meine Begeisterung, als meine Mutter in einer von sechs Pferden gezogenen Galakarosse in die Reitschule einfuhr!

Nachdem meine Eltern zu Anfang des Krieges 1914 Brüssel hatten verlassen müssen, ließen sie sich in Teplitz nieder, zuerst als Gäste meines Onkels Carlos, nach dessen Tod, 1920, als Hausherren. Auch nach dem Tod meines Vaters, 1929, blieb meine Mutter in Teplitz; zusammen mit meiner jüngeren unverheirateten Schwester Sophie bewohnte sie einen Flügel des Schloßes und führte ihren eigenen Haushalt, so daß unser Zusammenleben in bester Harmonie verlief. Sie starb nach langer Krankheit 1943; ein gütiges Schicksal hat sie davor bewahrt, das Ende unseres Lebens in der Heimat mitmachen zu müssen. In zunehmendem Maß hing sie an Teplitz, es war für sie das geliebte Zuhause geworden.

Die Hochzeit meiner Eltern fand im Januar 1885 in Wien statt. Meine Mutter hatte sich sehr darauf gefreut, nun nach St. Petersburg zu ziehen. Weil sie aber gar so jung war und in der Familie mehrere Fälle von Lungenerkrankungen vorgekommen waren, fürchtete man die russische Winterkälte, und mein Vater kam zur k.u.k. Gesandtschaft nach München. Dort wurde meine ältere Schwester geboren. Bald wurde er nach Dresden versetzt, wo ich zur Welt kam. Dann ging es an die Botschaft nach Berlin, wo meine ersten Erinnerungen beginnen. Zum Beispiel sehe ich noch sehr deutlich die Totenfeier für den Feldmarschall Moltke im April 1891, weil der Zug durch die Alserstraße an unseren Fenstern vorbeizog – noch nie hatte ich so viele Pferde, Soldaten und Kanonen gesehen! Bei dieser Gelegenheit ergab sich ein Mißverständnis, das aber bald ohne ärgerliche Folgen aufgeklärt wurde. Graf Imre Széchenyi, damals k.u.k. Botschafter in Berlin, hatte es verstanden, mit dem Fürsten Bismarck auszukommen und wurde auch von Wilhelm II. hochgeachtet. Er hatte keine Einladung zu den Begräbnisfeierlichkeiten erhalten und nahm an, es sei überhaupt das diplomatische Korps nicht gebeten worden, weil es sich eben um eine rein militärische Feier handelte. So kam er zu meinen Eltern, um von unsern Fenstern aus das Schauspiel zu sehen. Plötzlich bemerkte er aber in dem Zug das ganze diplomatische Korps, in dem er fehlte. Es konnte so aussehen, als habe er eine Teilnahme vermieden, weil Moltke die Österreicher 1866 bei Königgrätz besiegt hatte! Es stellte sich zum Glück bald heraus, daß die für ihn bestimmte Einladung durch ein Versehen nicht ausgetragen worden war.

Im Winter 1891 gab die verwitwete Kaiserin Friedrich einen Kinderball für ihre Enkel, zu dem auch die Kinder einiger Diplomaten eingeladen wurden. Die Kaiserin war für meine Mutter besonders gnädig und ließ sie während des Balles neben sich sitzen. Meine Schwester war schon unter den Tanzenden, ich war noch viel zu klein, die Kaiserin hatte mich auf ihre Knie genommen, von wo aus ich interessiert zusah, denn die jungen Prinzen trugen schon Uniformen, um welche ich sie sehr beneidete; denn mir hatte man noch ein Röckchen angezogen, wie es damals für kleine Buben Mode war. Mehrmals schon hatte ich mich dagegen gewehrt, denn meine Altersgenossen, Söhne eines russischen Diplomaten, trugen schon richtige Hosen. Plötzlich kam einer der kleinen Prinzen zu seiner Großmutter und küßte meine Hand mit den beschämenden Worten: »Ach, was für ein nettes kleines Mädchen!« Ich brach in Tränen aus, worüber die Kaiserin lachte. Als ich nach Hause kam, riß ich mir das verhaßte Röckchen vom Leibe und erklärte, daß ich nie wieder eines tragen würde. Ich siegte und bekam die ersehnten Hosen!

Im Sommer 1891 wurde mein Vater ins Ministerium am Ballplatz versetzt, und wir blieben die nächsten vier Jahre in Wien.

Die Sommerferien verbrachten wir oft bei den Eltern meiner Mutter, den Kinskys, in Adlerkosteletz. Das war nun eine völlig tschechische, slawische Gegend, und die Atmosphäre sehr verschieden von der doch halb städtischen in Teplitz; eine geradzu tolstoianische Atmosphäre. Das zahlreiche Hausgesinde, Diener, Kutscher, Stallknechte und so weiter gingen recht herzhaft patriarchalisch mit uns Kindern um; deutsch konnten sie alle ein bißchen. Reiten und Jagd spielten eine gewaltige Rolle. Mein Großvater Kinsky hatte als Mitglied des Herrenhauses auch Politik betrieben, war aber nun durch Gicht derart gelähmt, daß er meistens im Rollstuhl sitzen mußte.

Für die Kinskys, die aus einer uralten böhmischen Familie stammten, waren die Familien, die erst im Dreißigjährigen Krieg nach Böhmen gekommen waren, noch immer »Neue«. Nicht weit von Adlerkosteletz war zum Beispiel das herrliche Schloß Opočno, das der Familie Colloredo gehörte. Ja, hieß es, die Colloredo, das sind eben Neue, die gehören eigentlich nicht zu den Richtigen. Das galt nun auch für die Clarys! Was die »Alten« betrifft, so fällt mir da eine Geschichte ein, die um 1930 ein Vetter von mir, Ulrich Kinsky, erlebte. Er war ein überaus sportlicher Mann, besonders ein verwegener Rennfahrer. Eines Tages erhielt er in Wien einen Brief von einem zwölfjährigen Buben, mit der Bitte, sein Firmpate zu sein. Der Brief war hübsch und sauber geschrieben und hatte auch inhaltlich Hand und Fuß: Er bewundere so sehr den Rennfahrer und den Polospieler; und außerdem heiße er selber auch Kinsky. Besonders das letztere bewog meinen Vetter, gerne zuzusagen. Es wurde also abgemacht, daß man sich am Tag der Firmung vor dem Stephansdom treffen sollte. In Wien gab es die alte Sitte, daß der Firmpate den Firmling nach der Feier in den Prater nahm, wo zu Mittag gegessen und auf dem Riesenrad gefahren wurde; bei dieser Gelegenheit wurde dann die goldene Uhr geschenkt – ein großes Ereignis. Das fand auch alles diesmal nach der Regel statt. Aus seinen Gesprächen mit dem Kind wurde meinem Vetter deutlich, daß es aus eher bescheidenen Verhältnissen kam. Er fuhr also seinen Firmling in seinem Wagen nach Haus und ging mit ihm hinauf, um auch den Vater kennenzulernen. Er fand einen liebenswürdigen Mann, der bei der Stadt als Schreiber oder etwas ähnliches angestellt war; die ganze Familie gefiel ihm. »Sie heißen ja auch Kinsky wie ich«, bemerkte er, »Sie stammen gewiß auch aus Böhmen?« Die Antwort war: Nein, nicht aus Böhmen, vielmehr sei der Großvater aus Holland nach Wien gekommen. – Bald darauf erzählte mir mein Vetter von dieser Begegnung. Er habe lange über sie nachgedacht. Sehr möglicher Weise seien diese Wiener Kinskys Nachkommen des Grafen Wilhelm Kinsky, der 1634 zuammen mit Wallenstein in Eger ermordet wurde! Denn die Witwe des Ermordeten ging, nachdem sie ihren Mann so grausam verloren hatte, mit ihren Kindern in die protestantischen Niederlande. Was dort aus dem Zweig der Familie wurde, ob die Kinder der verwitweten Gräfin ihrerseits Familien gründeten, davon hatten wir keine Ahnung. Aber es könnte doch sein; woher sollten denn holländische Kinskys eigentlich herkommen? Und wenn es so wäre, meinte mein Vetter, so wäre sein Firmling oder dessen Vater der rechtmäßige Erbe von Teplitz! Denn Teplitz war ja 1634 von Wilhelm Kinsky konfisziert worden, dann an den Feldmarschall Aldringen und von ihm an die Clarys übergegangen!

Eine ganze Reihe der Kinskyschen Verwandten, Brüder oder Vettern des Großvaters, waren Soldaten gewesen in den späteren Kriegen des 19. Jahrhunderts, ein Onkel trug noch die Narbe einer Wunde, die er sich 1866 zugezogen hatte. Kein Wunder, daß im Haus oft von diesen legendären Feldzügen die Rede war. Es war eine tief im eigenen Boden verwurzelte Familie und längst nicht so musisch wie die Clarys in Teplitz. Dafür gab es andere Tugenden: sportliche, soldatische, ländliche. So ist dieser Zweig der Familie auch in Böhmen geblieben als, 1948, aller Besitz an Land und Schlössern aufhörte, und lebt heute noch da.

Carl Kinsky

Besondere Bewunderung empfand ich für den ältesten Sohn des Fürsten Ferdinand Kinsky, Onkel Carl, einem Vetter meiner Mutter. Als Diplomat war er ungewöhnlich befähigt und angesehen. Dazu kam sein Ruhm in Sportkreisen; als Attaché an unserer Botschaft in London hatte er die Grand National Steeplechase auf eigenem Pferd gewonnen. Und dann war da sein Roman mit Lady Randolph Churchill, der aus Amerika stammenden Mutter Winston Churchills, über den Bücher geschrieben worden sind.

Wenn Kinder in einer Ecke des Zimmers spielen, so glauben die Erwachsenen meistens, daß sie das Gespräch weder hören noch verstehen. Seit jeher kannten wir den Spruch »Der Hörer an der Wand hört seine eigne Schand«, und so galt es bei uns als verächtlich, aus Neugierde zu horchen. Doch merkten wir sehr gut, daß immer, wenn von Onkel Carl die Rede war, auch der Name der Lady Randolph Churchill fiel. In dem Teil der Lebenserinnerungen Winston Churchills, der seine Jugend betrifft, spricht er natürlich viel von der Mutter, und da wird auch Carl Kinsky oft mit Bewunderung erwähnt.

Aber der Roman konnte kein gutes Ende nehmen. Lord Randolph Churchill, zu seiner Zeit ein berühmter liberaler Politiker, war noch am Leben und dachte nicht an Scheidung. Von seiner Familie gedrängt, heiratete Onkel Carl. Nur wenige Monate danach starb Lord Randolph – nun war es zu spät!

Onkel Carl verließ den diplomatischen Dienst, um sich, zumal nach dem Tod seines Vaters, der Verwaltung des Familienbesitzes zu widmen. Auf einer Reise nach Ägypten, 1909, starb seine Frau. Wieder zu spät, denn Lady Randolph hatte noch einmal geheiratet!

Im Herbst 1908 war ich bei Onkel Carl zu Gast in Heřmanmestec; er fragte mich, warum ich die Absicht hätte, die Universität in Graz zu verlassen und in Prag zu studieren? Meine Antwort, ich gehörte doch eigentlich nach Böhmen, gefiel ihm; nun wollte er wissen, wo ich wohnen würde. Warum nicht als sein Gast in zwei Zimmern des Palais Kinsky am Altstädter Ring? Das Angebot war mir sehr willkommen, zumal es eine beträchtliche Ersparnis bedeuten würde. Während der Prager Zeit konnte ich Onkel Carl oft sehen, ebenso in Wien und in London. Manchmal durfte ich seine Pferde bei den Reitjagden in Pardubitz benützen.

Als 1914 der Krieg ausbrach, meldete er sich, ein sechzigjähriger Major, zum Kriegsdienst und wurde als reitender Ordonnanzoffizier einem Armeekommando zugeteilt. Dies Einrücken von »alten Herren« wurde von uns jungen Leuten kritisiert, von manchen sogar belächelt, weil man glaubte, daß sie zu nichts mehr gut sein würden. Wir hatten unrecht. Von ganz Wenigen abgesehen, versahen sie ihren Dienst vorzüglich, wenn auch nicht an der vordersten Front, sondern meistens als Ordonnanzoffiziere, trugen die Befehle bei Nacht und Kälte in langen Ritten von einem Kommando zum anderen, ohne je zu jammern oder gar sich zu brüsten. Diese Geheimen Räte, Ritter des Goldenen Vlieses und früheren Statthalter, gaben durch ihr Pflichtgefühl ein Beispiel.

Onkel Carl war einer der letzten echten Kosmopoliten, zugleich und vor allem aber ein schwarz-gelber Österreicher. In London fühlte er sich zu Hause, hatte Freunde in Rom, Paris und Petersburg; so konnte er den Krieg vom ersten Tag an nicht anders als beklagen und empfand keine Feindschaft, viel weniger Haß für die Gegner. Aber daß Österreich-Ungarn den Krieg nicht verlieren werde, das hoffte er inständig.

Im Sommer 1915, während unserer Offensive in Russisch Polen, sollte ich einen Befehl beim Armeekommando einholen. Ich wußte, daß Onkel Carl sich dort aufhielt, und da ich Zeit hatte, wollte ich ihn besuchen. Ich fand ihn denn auch, im Garten sitzend, in die Londoner »Times« vertieft. Als er mich sah, teilte er mir als erstes sehr belustigt mit, daß unser gemeinsamer Freund, der Herzog von Portland, sich in einem Brief an die Times gegen das Abhalten von Rennen während des Kriegs ausgesprochen habe.

Nach der Schlacht von Gorlice begann der Rückzug des russischen Heeres aus Galizien und Kongreßpolen. Die Russen ließen bei Rückzügen Kosaken hinter der gegnerischen Front, die als Bauern verkleidet einzelne Soldaten und auch kleinere Nachschubtransporte überfielen. Daher erging vom Oberkommando der Befehl, daß solche gut zu sichern seien und auch Ordonnanzoffiziere ihreBefehle nie ohneEskorte überbringen sollten. Eines Nachts war ich schon stundenlang geritten, die Pferde waren müde und gingen im Schritt durch den Sand eines

Waldwegs. Plötzlich sahen wir, gar nicht weit, ein Feldfeuer, um das Gestalten saßen und hörten russische Laute. Still wie die Indianer ritten wir weiter, hoffend, daß man uns nicht bemerkte, da fing eines unserer Pferde zu wiehern an. Schon erlosch das Feuer und verstummten die Männer. Wir eilten weiter, von einigen fehlgehenden Kugeln begleitet. Meine Eskorte, zwei polnische Legionäre, hätten mir übrigens nicht viel helfen können, denn nachher entdeckte ich, daß der eine nur eine Pistole ohne Hahn besaß, der andere einen Karabiner mit Munition, die nicht dazu paßte. Etwas später, als wir noch viel weiter nach Osten vorgedrungen waren, wartete ich am Rand eines Dörfchens, in dem das Korpskommando lag, auf einen Ordonnanzoffizier, der vom Armeekommando kommen sollte. Er kam dann auch, ein einsamer Reiter von weitem; als er sich näherte, erkannte ich Carl Kinsky. Erstaunt fragte ich ihn nach seiner Eskorte. Er habe sie beim Kommando gelassen, antwortete er, vor den Kosaken habe er nicht die geringste Angst, er könne ja gut russisch, noch von der Petersburger Zeit her, und wisse genau, wie man mit Kosaken umzugehen habe. Nicht lange danach stieß er tatsächlich bei einem seiner Ritte auf drei Kosaken, die ihn stellten. Der alte Herr zog seine Pistole und donnerte sie so auf russisch an, daß sie sich ergaben, und er sie als Gefangene beim Armeekommando abliefern konnte.

Das Ende der Österreichisch-Ungarischen Monarchie hat Carl Kinsky schwer getroffen; er überlebte sie nicht lange.

Sein Erbe wurde sein Neffe Ulrich Kinsky, mein lieber und treuer Freund. Er war auch ein Nachbar, denn die Wälder seines Böhmisch-Kamnitzer Besitzes stießen an die unseren von Hohenleipe an. So wie wir liebte er das schöne Elbsandstein-Gebirge, die sogenannte »Böhmische Schweiz« und besaß dort ein Jagdhaus, die »Balzhütte«. Als wir einmal zu Besuch dort waren, führte er mich in das Zimmer, das Onkel Carl zu bewohnen pflegte. Dort hing das Bild einer wunderschönen Frau, und Ulrich fragte mich, ob ich wüßte, wer sie sei. Das konnte ich ihm sagen, Lady Randolph hatte ich sofort erkannt.

Als meine Eltern 1895 nach London an die Botschaft kamen, wurde meine Mutter Lady Randolph Churchill vorgestellt, die gleich besonders freundlich zu ihr war – vielleicht wegen des

Namens Kinsky. Im Sommer darauf machte meine Mutter bei ihr einen Besuch, und da es ein sehr schönerTag war, durften meine Schwester Elisalex und ich sie begleiten, mußten aber im Wagen sitzen bleiben. Lady Randolph sah uns und ließ uns gleich holen. Noch erinnere ich mich genau an ihre Schönheit, vor allem an ihre Augen. Fünfzehn Jahre später sah ich sie in London wieder, und ihre Liebenswürdigkeit war unverändert; leider aber ihre Schönheit ganz und gar nicht, was mich melancholisch stimmte. Auch war sie etwas schwer geworden, tanzte aber noch immer gern, und öfters mußte ich ihr Partner sein, vom tänzerischen Standpunkt aus keine reine Freude, wenn sie auch ihren Charme nicht verloren hatte.

Ihren Sohn Winston habe ich bei ihr nie gesehen; traf ich ihn in London bei irgendwelchen gesellschaftlichen Anlässen, bei denen er mich natürlich nicht einmal bemerkte, erregte seine schon damals umstrittene Persönlichkeit mein Interesse, denn er hatte das Faszinierende eines Gewaltmenschen, und man spürte die ihm innewohnende Kraft. Nach dem Zweiten Weltkrieg, als er eine Zeitlang nicht Prime Minister war, kam er öfters mit seiner Frau nach Venedig, und wir befreundeten uns rasch mit ihr, so daß ich auch ihn bei verschiedenen Gelegenheiten sah. Einmal sprachen wir vom alten Österreich, und er machte kein Hehl daraus, daß dessen Zerstörung ein Unglück gewesen sei. Von diesem Augenblick an gab es eine persönliche Beziehung zwischen uns. Was er in »The Gathering Storm« schreibt, voll Zorn über die Friedensmacher von Paris, die ein Reich zerstört haben, »das einer großen Anzahl von Menschen ein gemeinsames Leben bot, mit Vorteilen im Handel und für ihre Sicherheit . . .« – ». . . Nicht eines der Völker und Länder, welche das Reich der Habsburger bildeten, denen die Erringung der Selbständigkeit nicht die Qualen gebracht hat, welche frühere Dichter und Theologen den Seelen der Verdammten zudachten« – das war alles seine tiefste Überzeugung. Auch über Kaiser Franz Joseph sprach er mir gegenüber mit größter Achtung. Das freute uns, und wir empfanden es auch als eine Ehre, als wir in den fünfziger Jahren – Churchill war nun wieder Prime Minister – zu einem Mittagessen in Downing Street eingeladen wurden. Während des Essens unterhielt sich Churchill mit mir über die Schwierigkeiten in der tschechoslowakischen Republik vor 1938. Er verblüffte mich durch seine klare und richtige Beurteilung einzelner Persönlichkeiten während der Krise vor dem Krieg. Zum Beispiel meinte er von Konrad Henlein, er habe es nicht bös gemeint, aber sei für die Rolle, welche der Weltlauf ihm zuspielte, zu schwach gewesen. – Damals habe ich mir gedacht, welches Unglück es doch sei, daß dieser kraftvolle und einsichtige Politiker nicht ein Verbündeter, sondern, wohl gegen seinen eigenen Willen, ein Gegner Österreich-Ungarns geworden war.

Die schlimme Tante

In den Jahren zwischen der Kindheit und Jugend befand ich mich meinen Vettern und Altersgenossen gegenüber oft in einer fatalen Lage. Manche schossen oder ritten besser als ich, oder sie waren »Älteste Söhne«, und ihre Väter besaßen Schlösser und Paläste, schöne Pferde und große Jagden, während mein Vater, als zweiter Sohn, nur eine Mietswohnung hatte. Wenn die anderen mit alledem manchmal zu sehr auftrumpften, dann kam ich aber mit einem Schlager heraus: »Ich habe etwas, was keiner von euch hat – ich habe eine Tante, die sitzt!«
Der polnischen Onkel und Tanten gab es eine Legion. Manche von ihnen liebten und bewunderten wir, andere waren uns gleichgültig, noch anderen suchten wir ihrer Langweiligkeit wegen zu entkommen. Ein Kritisieren von Onkel und Tanten gab es damals nicht, nur bei Onkel Wilhelm Radziwill war es uns gestattet, laut zu sagen, wie langweilig wir ihn fanden. Ich erinnere mich sehr genau aus der Kinderzeit in Teplitz, als es hieß, daß Onkel Wilhelm und Tante Kaśia kommen würden. Meine Schwester Elisalex und ich durften vor dem Abendessen in den Salon kommen, um den Erwachsenen gute Nacht zu sagen, und wenn diese dann in das Speisezimmer gingen, mußten wir verschwinden. Als Onkel Wilhelm und seine Frau erschienen, waren wir von ihr entzückt; sie sah so anders aus, trug ein Abendkleid aus knallrotem Atlas, von dem wir fanden, daß es besonders gut zu ihren pechschwarzen Haaren und der elfenbeinfarbenen Haut passe. Wir wurden auch von ihr sofort ge-

streichelt und geküßt, während andere Tanten mehr darauf bedacht waren, an uns herumzuerziehen. Als wir am nächsten Morgen zu unserer Mutter kamen und gleich unsere Begeisterung über Tante Kaśia äußerten, waren wir erstaunt, wie wenig sie unsere Gefühle zu teilen schien.

Erst viel später verstanden wir, warum.

Onkel Wilhelm heiratete im Jahre 1873, im Alter von 28 Jahren, die noch nicht sechzehnjährige Gräfin Catherine Rzewuska, welche, früh verwaist, von ihrer Tante Madame Hanska, der Witwe Balzacs, erzogen wurde. Wie die Ehe meines Onkels mit dem so viel jüngeren Mädchen zustande kam, bleibt mir ein Rätsel. Sie muß ein ausgesprochenes schriftstellerisches Talent besessen haben, aber in ihre neue Familie paßte sie in keiner Weise, vor allem vertrug sie sich gar nicht mit ihrer Schwägerin. Nebst einigen Memoiren wurden später Briefe der Fürstin Marie veröffentlicht, die eine wahre Fundgrube für Historiker sind. Infolge ihrer Heirat mit einem Radziwill verkehrte Tante Kaśia viel an den Höfen von Berlin, Petersburg und Wien; als wahres Genie der Konversation wurde sie in Berlin von der Kronprinzessin Friedrich als Freundin betrachtet, ebenso in Petersburg von Mitgliedern der Zarenfamilie. Mitte der neunziger Jahre erschienen plötzlich Bücher »La Cour de Berlin«, »La Cour de Vienne«, »La Cour de St. Petersbourg«, mit einem gewissen Grafen Vassily als Autor. Die Bücher waren ziemlich indiskret und konnten der reichen Detailkenntnisse wegen nur von jemandem geschrieben sein, der sich an den drei Höfen vorzüglich auskannte. Allen Nachforschungen zum Trotz konnte der Verfasser nicht gefunden werden – kein Mensch dachte daran, daß es sich ganz einfach um Tante Kaśia handelte! Erst als sie nach ihrer Scheidung ganz von den Radziwills getrennt war, kam die Wahrheit heraus.

Die Beziehungen zu ihrer Schwiegerfamilie wurden nicht dadurch gebessert, daß sie nicht nur ihr eigenes, sondern auch das ganze Vermögen ihres Mannes verschwendete. Auch schrieb sie, diesmal unter ihrem eigenen Namen, einen Schlüsselroman, in dem verschiedene Radziwills nur zu deutlich zu erkennen waren, darunter besonders einer, der Jesuit geworden war und versucht hatte, die leichtsinnige Heldin des Romans zu bekehren. Nach der Geburt von vier Kindern, um die sie sich aber recht wenig kümmerte, mietete Tante Kaśia trotz des bekannten Geldmangels in Petersburg ein Haus, in dem sie rauschende Feste gab. Dort fand auch die Hochzeit ihrer achtzehnjährigen Tochter Wanda mit dem einundvierzig Jahre älteren Fürsten Blücher statt. Ein peinliches Ereignis zwang sie aber dann zu rascher Abreise: im Keller ihres Hauses wurde eine Falschmünzerbande entdeckt. Der obenerwähnte Besuch in Teplitz fand anschließend daran statt, und so war es nicht verwunderlich, daß meine Mutter unsere Begeisterung nicht teilte. Der langweilige Onkel hatte schon vieles geduldig ertragen, nun kam es aber doch zur Trennung, später zur Scheidung seiner Ehe. Danach ging Tante Kaśia ihre eigenen Wege und machte sich durch die Veröffentlichung weiterer Indiskretionen noch unbeliebter.

In den neunziger Jahren fuhr sie nach Südafrika – zufällig oder auch nicht so zufällig auf demselben Schiff mit dem großen Cecil Rhodes, den sie so zu betören wußte, daß er ihr das Geld zur Gründung einer Zeitung in Kapstadt stiftete. Nach einiger Zeit dürfte aber das Defizit allzu groß geworden sein, so daß auch diese Freundschaft ein Ende fand. Eines Tages wurde Rhodes vom Direktor einer Bank um seinen Besuch gebeten, um sich einen zugunsten von Tante Kaśia ausgestellten Scheck anzusehen: ob die Unterschrift wirklich die seine sei? Cecil Rhodes bejahte es lächelnd, suchte aber alsbald die Dame auf, um ihr zu sagen, daß er die Fälschung ignoriert habe, dies aber kein zweites Mal tun würde. Vergebens, Tante Kaśia versuchte es wieder, und so hatte ich also jetzt eine Tante, die »saß«. Gelegentlich der Krönung König Eduard VII. gab es eine Amnestie auch in der Kolonie Südafrika, die Tante wurde aus dem Gefängnis entlassen und verschwand.

Man wußte, daß sie in den Vereinigten Staaten noch einmal oder ein drittes Mal geheiratet habe, aber nichts weiteres.

Um das Jahr 1930 kam eine ihrer Nichten nach New York. Da es sich um eine in der europäischen Gesellschaft bekannte Persönlichkeit handelte, war ihre Ankunft in den Zeitungen erwähnt worden. Eines Tages wurde ihr vom Portier des Hotels der Besuch einer Mrs. Kolb gemeldet. Da ihr der Name nichts sagte, wollte sie erst telephonisch mit der Besucherin sprechen. Zu ihrem größten Erstaunen gab sich die Dame als Tante Kaśia zu erkennen, worauf sie natürlich empfangen wurde. Wie mir meine Cousine später erzählte, trat eine würdevolle kleine Dame mit schneeweißem Haar ein; gefragt, wie es ihr denn gehe, antwortete sie: »Oh, ganz gut, ich habe ein Unternehmen, in dem ich Verkäufern und Verkäuferinnen gute Manieren beibringe – das wird reichlich bezahlt!«

83 Jahre alt, starb Tante Kaśia, Madame de Balzacs Pflegetochter, in New York.

Wien der Kindheit

Für einen Mann ist es kaum möglich, über eine Frau zu schreiben, die er liebt, da er diese Gefühle nur ihr gegenüber ausdrücken kann. So geht es mir mit Wien, denn seit unserer Ankunft dort, im Jahre 1891, liebe ich diese Stadt. Stets gibt es mir einen Stich, wenn ich von Fremden abfällige Bemerkungen über Wien höre – es sei vernachlässigt, schäbig oder provinziell geworden, oder wenn Einheimische von seiner »Verlinzerung« sprechen. In meiner Erinnerung ist die alte Kaiserstadt immer dieselbe geblieben, und ich schäme mich nicht, es zu sagen, wenn ich die alten Lieder höre, die ihre Schönheit preisen, so freue ich mich. Vielleicht denken nur noch ganz alte Leute so? Ich hatte eine Verwandte, die ich wohl schon in einem Kapitel erwähnte, Gräfin Elisabeth Potocka, eine der letzten wirklich kosmopolitischen Damen aus der Glanzzeit des alten Europa vor dessen Selbstmord im Jahr 1914. Tochter des Fürsten Anton Radziwill, Generaladjutanten Kaiser Wilhelm I., und von Marie de Castellane, war sie 1861 in Berlin geboren, in der späteren Reichskanzlei, welche damals das Palais Radziwill war. Sie verbrachte ihre Kindheit in Berlin und Paris, nach ihrer Heirat mit Roman Potocki lebte sie als Herrin von Lancut in Galizien oder in Wien, war aber auch oft in London, Paris oder Rom. Mit fast 90 Jahren starb sie in der Schweiz, wo ich sie besuchte; ich fragte sie, was denn ihre schönste Erinnerung sei – ohne lange nachzudenken, sagte sie: »Der Mai in Wien!«

Meine Mutter war glücklich bei dem Gedanken, nach Wien zu übersiedeln; ihre Freude übertrug sich auf uns Kinder, wir erwarteten viel und wurden nicht enttäuscht. Es war auch das erste Mal, daß wir alle zusammen in einem der Familie gehö-

62

renden Haus wohnten, und daß in mir, dem Bübchen von viereinhalb Jahren, das Gefühl erwachte, nicht nur zu den Eltern,
sondern zu einer ganzen großen Familie zu gehören – ich war
aus einem Alphy zu einem Alphy Clary geworden!

Das Haus in der Herrengasse 9 (jetzt das Landesmuseum)
war Anfang des 18. Jahrhunderts von einem Ahnen erworben
worden, und von da an verbrachte die Familie den Winter dort.
1891 lebte mein 1813 geborener Großvater Edmund noch,
eben der, der Goethe noch gekannt hatte; seit 1878 war er ver-
witwet. Nun war er stocktaub, hatte eine Art Horn, das er sich
ins Ohr steckte, und konnte so zur Not hören, was wir sprachen.
Er war sehr freundlich, beschenkte uns oft, doch war seine
überlaute Stimme uns etwas unheimlich. Im Frühjahr 1894
wurde er schwer krank; an Sonntagen durften wir die Messe
anhören, die in seinem Schlafzimmer an einem Tisch gelesen
wurde. Er war Ritter des Goldenen Vlieses, dieses höchsten
und ehrwürdigsten Ordens, dessen Mitglieder das Privileg genossen, daß in ihrem Zimmer die Messe auf einem Tisch gelesen werden konnte, auf welchem die Ordens-Insignien lagen.

Das Haus hatte drei Stockwerke. Ebenerdig wohnte der Portier, der, wenn die Familie in Wien war, tagsüber in der offenen
Einfahrt stand, kaum als Wache, eine solche war damals nicht
notwendig, vielmehr, um das Ein- und Ausfahren der Wagen zu
leiten und Besuche durch Glockenzeichen zu melden. Er imponierte uns Kindern sehr durch sein würdevolles Auftreten und
seine prächtige Bekleidung; über der Livrée oder dem Winter-
mantel trug er ein mit einem schweren Wappen aus Silber ge-
schmücktes Bandelier, auf dem Kopf einen Zweispitz, und in
der Hand hielt er einen hohen Stock mit silbernem Knauf. Das
Haus hatte zwei Höfe, im rückwärtigen befanden sich die Stallungen und die Wagenremisen sowie die Wohnungen der Kutscher. In einem Raum stand allein für sich der Galawagen, der
in London für die Feierlichkeiten anläßlich der Hochzeit Kaiser
Franz Josephs gebaut worden war; er wurde nur bei besonderen Gelegenheiten benützt, so während der Kar-Tage, wenn
die Geheimen Räte Dienst taten. Es war natürlich verboten, in
diesem Raum zu spielen, ich durfte aber manchmal in den Galawagen klettern, in dem es stark nach Kampfer roch.

Große Unterhaltung war es, wenn die Fuhren mit Heu und Stroh kamen, das Stroh wurde neben den Stallungen verstaut, das Heu mittels einer Winde unter das Hausdach befördert. Nachträglich erscheint mir das letztere sehr feuergefährlich! Die Gassen in der inneren Stadt waren damals mit Holz gepflastert, so war der Lärm der rasch fahrenden Wagen sehr laut. Als mein Großvater krank wurde, belegte man die Straße vor dem Palais dick mit Stroh, das öfters gewechselt werden mußte. Ich erinnere mich noch: von weitem hörte man das Trappen der Pferde, dann wurde es ganz still, dann kam das Trappen wieder.

Im ersten Stock, in den vorne gelegenen Zimmern, wohnten meine Eltern, mein Onkel Manfred und seine Familie hatten im rückwärtigen Teil des Hauses ein Absteigquartier; er war damals Bezirkshauptmann in Wiener-Neustadt und kam nur für kurze Zeit nach Wien. Im zweiten Stock wohnte mein Großvater in einem der vorderen Zimmer, daneben lag das Speisezimmer; so mußte man, um von diesem in den Salon zu gelangen, durch das Vorzimmer gehen, was mir jetzt recht unpraktisch vorkommt. Mein Onkel Carlos, seine Frau und seine Tochter wohnten in den übrigen Räumen dieses Stockwerks. Unsere Zimmer waren im dritten Stock, ebenso die des noch nicht erwachsenen Sohnes von Onkel Carlos. Wir hatten diesen Vetter, Johannes, sehr gern, da er immer lustig und zu Streichen aufgelegt war. Ein sehr eifriger oder gelehriger Schüler mag er nicht gewesen sein, denn aus den Zimmern tönten oft die zornigen Rufe seines Lehrers und wenig freundliche Bemerkungen wie »dumm geboren und nichts dazu gelernt!« oder »Graf reimt sich eben mit Schaf!« . . . Und dann gab es in allen Stockwerken noch unzählige Zimmer und Kammern für Diener und Jungfern.

Das mag heute alles sehr üppig klingen, aber in mancher Hinsicht war es sehr primitiv. Für einige Zimmer des zweiten Stockes gab es eine Luftheizung: aus Löchern in der Wand kam heiße Luft heraus. Sonst hatten wir nichts als die guten Kachelöfen, die mit Holz geheizt wurden, und in den Empfangsräumen offene Kamine. Gänge und Stiegen waren eiskalt. Zur Beleuchtung dienten nur Petroleumlampen und Kerzen, Bäder gab es keine, aber doch schon Wasserleitungen, ja, in der Nähe unserer Kinderzimmer sogar ein WC, das einzige im Stockwerk. In den kleinen Blechwannen, die in der Früh in die Zimmer gebracht wurden, dazu heißes Wasser in Kannen, konnte man sich gut säubern. Das Essen war für uns Kinder reichlich aber einfach, zum Frühstück gab es Kaffee und Milch – Malzkaffee, kein Bohnenkaffee! – Brot und Butter, nur am Sonntag ein Stück Kuchen. Schokolade und andere Süßigkeiten bekam man nur zu Weihnachten, Ostern und zum Geburtstag. Jeglicher Luxus war verpönt – ich höre noch immer die Worte, wenn wir einen Extrawunsch hatten: »Kinder, das ist unnütz.«

Es war ein schönes Erlebnis für mich, nun so recht in der Familie aufzugehen, daneben aber freute ich mich besonders darüber, zum erstenmal Freundschaften mit Buben meines Alters zu haben; manche dieser Freundschaften haben mich durch das ganze Leben begleitet. Die meisten Bekannten und Verwandten wohnten nicht weit weg, in der Inneren Stadt, oder an der Ringstraße, fast als Nachbarn die Wilczeks, die zu meinen besten Freunden wurden. Bald begannen die Tanzstunden, die man damals für notwendig hielt; wir lernten freilich nicht nur Tanzen, sondern auch zu sitzen, sich zu verbeugen und so weiter, und den Mädchen wurde besonders das Knicksen beigebracht. Der freundliche aber strenge Leiter der Tanzstunden war der Ballettmeister der Hofoper. Die meisten seiner Schüler waren noch keine zehn Jahre alt, und doch entstanden bald kleine Pärchen, die sich ganz ernstlich als Verlobte betrachteten, manchmal gerieten die Buben deswegen aneinander.

Meine Mutter hielt sehr darauf, möglichst wenig von ihren Kindern getrennt zu sein; so durften wir die Mahlzeiten mit den Erwachsenen teilen, auch wenn Gäste anwesend waren, vorausgesetzt, daß es sich um gute Bekannte handelte. Wir hörten den Gesprächen zu, die nie derart waren, daß sie für Kinderohren ungeeignet gewesen wären. Von Politik war viel die Rede, da lernten wir bald, daß man verschiedener Ansicht sein, ja, daß es sogar heftige Auseinandersetzungen geben konnte, aber deswegen nie eine Feindschaft. Denn wenn die Gäste auch deutsch oder tschechisch, polnisch oder ungarisch fühlten, im Grunde waren sie ja alle gute Österreicher. Meine Mutter bemühte sich immer zu vermitteln, nicht nur, weil ihr jeder Streit zuwider war, sondern weil sie auch fürchtete, die Aufregung könnte den Beteiligten gesundheitlich schaden. Ebenso beruhigend wirkte ein von uns sehr geliebter Onkel Lato. Eigentlich hieß er Graf Ladislaus Pejacsevich. Einer kroatischen Familie entstammend, mit einer ungarischen Mutter – Esterhazy – und mit einer entschieden tschechisch fühlenden Czernin verheiratet, war er Besitzer beträchtlicher Güter in Slavonien, lebte aber meist in Wien oder in einer Villa in Hadersdorf bei Wien, als Oberhofmeister des Erzherzogs Carl Ludwig. 1894 und 1895 gab es heftige Streitigkeiten zwischen Deutschen und Slawen, die zu Krawallen im Parlament führten. Meine Tante Félicie – eine Polin – und mein Onkel Manfred waren da oft recht verschiedener Ansicht. Als sie während des Mittagessens – es hieß damals Gabelfrühstück, wohl noch von der Zeit her, wo die Hauptmahlzeit um fünf oder sechs Uhr nachmittags stattfand und man zu Mittag nur einen Imbiß zu sich nahm – wieder einmal aneinandergerieten, die Stimmen immer lauter, die Reden immer heftiger wurden, stand Onkel Lato auf und goß zu unserer großen Belustigung den beiden Wasser auf die Köpfe mit der Bemerkung, er wolle sein Essen in Ruhe und ohne solches Geschrei genießen. Da glätteten sich sofort die Wogen.

In den späten neunziger Jahren begannen in Wien die Umzüge der Arbeiter am 1. Mai. Da gab es große Aufregung, die absurdesten Gerüchte schwirrten umher, uns wurde verboten, nachmittags auszugehen. Ich erinnere mich, wie ein junger Diener zu uns hereinstürzte mit dem Schreckensruf: »Man schießt schon, es gibt Tote!« Unsere Miss, die alles mit britischem Phlegma nahm, meinte nur: »What an idiot!« Ausgerechnet am 1. Mai fanden Rennen in der Freudenau statt, zu denen meine Mutter mit einer ihrer Schwestern fahren wollte. Ängstlich war sie nur für ihre Kinder, für sich selbst und in allen schwierigen Lagen des Lebens war sie furchtlos, ein für uns bedeutendes Beispiel. So fuhr sie ganz ruhig mit der Schwester in der eleganten offenen Equipage los. Auf der Brücke über den Donaukanal geriet der Wagen in den Umzug – wehende rote Fahnen, Transparente mit allerhand Aufschriften wie etwa »Nieder mit die Umasunstfresser!« Der Wagen blieb stecken, die Pferde wurden unruhig, die Menschen fingen an zu murren. Da stürzt ein Ordner herbei und ruft: »Macht Platz, so schöne Damen muß man durchlassen!«

Meine Freunde und ich wußten gut, wer als Mitglied zum Kaiserlichen Haus gehörte; überhaupt galt diesem und allem, was mit dem Hof zu tun hatte, unser ständiges Interesse. Zum Beispiel waren da die Hofwagen, deren Räder verschieden waren, je nachdem, wer darin fuhr, darüber wußten wir genau Bescheid; waren die Räder dunkelgrün, so standen sie den Hofdamen und Hofherren zur Verfügung, ich glaube auch den Hofschauspielern; hatten die Räder einen goldenen Streifen auf den Speichen, so war es der Wagen eines Erzherzogs; der Wagen des Kaisers hatte ganz goldene Räder! Einmal kam der jüngere Sohn der Königin Victoria, der Herzog von Connaught, nach Wien zu Besuch, als Oberstinhaber des 4. Husaren-Regiments. Er wohnte als Gast des Kaisers in der Hofburg und benutzte daher die Kaiserlichen Equipagen. Eines Tages kam er zu meiner Mutter in die Herrengasse – und so stand, zu meiner größten Bewunderung und Freude, der Wagen mit den goldenen Rädern in unserem Hof!

Mein Urgroßvater und Taufpate Graf Alphons Mensdorff-Pouilly war der Sohn einer Coburg und dadurch ein Geschwisterkind der Königin Victoria. In deren recht einsamer Jugend waren die vier Brüder Mensdorff beliebte Spielgefährten gewesen, und sie hielt sehr darauf, daß ihre Söhne den Onkel in Wien besuchten. Es lebten damals mehrere Grafen Wallis dort, aus einer im Ursprung irischen Familie, deren Mitglieder durch zwei Jahrhunderte in der Kaiserlichen Armee gedient und sich besonders bewährt hatten, unter ihnen zwei Feldmarschälle und mehrere Ritter des Maria-Theresien Ordens. Mein Urgroßvater hatte einen alten Kammerdiener, der sich nie ein Blatt vor den Mund nahm. Einmal war der Prince of Wales in Wien und wollte meinen Urgroßvater besuchen; er kam unangemeldet, und der alte Herr hörte im Vorzimmer laute Stimmen: »Sie wollen den Excellenz Herrn besuchen? Wen soll ich anmelden?« – »Den Prince of Wales« – »Was? Ein Prinz Wallis? Erstens sind die Wallis nur Grafen und zweitens kenn' ich sie alle – ein Schwindler sind'S, schauen'S, daß Sie hinauskommen!« Glücklicherweise konnte mein Urgroßvater den englischen Thronfolger noch gerade vor einem Herausschmiß retten. Viele Jahre später erzählte dieser die Geschichte lachend meiner Mutter in London.

Ich bin meinen Eltern dankbar dafür, daß uns das Essen mit den »Großen« gestattet wurde, wir mußten natürlich mäuschenstill sein und nur reden, wenn wir gefragt wurden – hie und da ging mir aber doch die Zunge durch, meistens im falschen Moment. Meine sehr geliebte Tante Félicie hatte viele, oft etwas erstaunliche Interessen. So beklagte sie manchmal den Verlust der »Bundeslade«. Ich wußte, was sie damit meinte, denn ich kannte ja ein Bild der Bundeslade aus meiner biblischen Geschichte. Nun befand sich in der Kirche, in die wir meist geführt wurden, die Michaelerkirche, ein Hochaltar aus der Empirezeit; auf diesem knien zwei lebensgroße vergoldete Engel, und zwischen ihnen ist etwas, was ich für die Bundeslade hielt. Als die Tante wieder einmal über den Verlust klagte, rief ich aus: »Aber ich weiß doch, wo sie ist – in der Michaelerkirche!« Leider war gerade ein Onkel zu Gast, der uns gerne hänselte, so wurde diese Bemerkung noch oft vor mir erzählt.

Nicht selten wurde bei Tisch über die Verunstaltung Wiens gesprochen. In den neunziger Jahren gab es noch keine Gesetze zum Schutz wertvoller Baudenkmäler, so wurde erbarmungslos gewütet. Sicher ist viel Schönes und Nützliches in der zweiten Hälfte des vorigen Jahrhunderts geschaffen worden; ungefähr so wie in Paris, wo man ja das Werk des Baron Haussmann schwerlich kritisieren kann. Ein Gleiches gilt für die Entfernung der Mauern und Basteien, welche die Innere Stadt umgaben, die Schaffung der schönen Ringstraße; auch vom gesundheitlichen Standpunkt waren manche Änderungen unvermeidlich, es genügte eben nicht nur ein tüchtiger Wind, auf den man sich ehedem verlassen hatte, um die üblen Gerüche wegzublasen und die Bürger von Epidemien zu bewahren. Die Stiftung der 12 Uhr Messe in der Stephanskirche, in der um Wind gebetet wurde, stammt aus einer Zeit, in der wieder einmal die Pest ihre Opfer forderte. Tatsächlich war es in Wien immer windig, zum Ärger der Damen, denen die Hüte, und der Herren, denen die Zylinder vom Kopf geblasen wurden. Diese Sorge ist man heutzutage los, da ja niemand mehr einen Hut trägt. Immerhin, mein Vater und viele andere waren der Ansicht, daß man damals gut getan hätte, neue Ministerien, Verwaltungsgebäude, Banken und vor allem die Hotels außerhalb der Ringstraße zu bauen, anstatt Wertvolles niederzureißen. Der erste böse Fehler war, das sogenannte »Althann'sche Lustgebäude« in der Rossau zu zerstören, um 1869 Platz für den Franz-Joseph-Bahnhof zu machen. Fischer von Erlach wird sich damals wohl im Grab umgedreht haben! Besonders grausam wütete die Spitzhacke auf dem Mehlmarkt, auf dem einige herrliche Gebäude standen. Das von Fischer von Erlach erbaute Stadtpalais der Fürsten Schwarzenberg wurde verkauft und niedergerissen. Später (1896/97) wurde das Hotel Munsch abgerissen, die früheren »Mehlgruben«, nach Entwürfen von Fischer von Erlach, vielleicht von ihm selbst erbaut. Auf einer der Ansichten Wiens von Canaletto kann man es noch bewundern. Das Haus selbst war ein Festhaus der Stadt Wien, darunter waren große Keller, in denen die Mehlvorräte gelagert wurden, auf einem alten Stich sieht man das Hineintragen von Mehlsäcken. Mein Onkel Carlos war doppelt zornig, weil das wertvolle Gebäude einem modernen Hotel Platz machen mußte. Während der Demolierungsarbeiten hatten die Antiquare eine gute Zeit, da sie billig allerlei schöne Dinge erwerben konnten. Bei einem von ihnen fand mein Onkel die kostbarsten Gitter, welche die Balkons geschmückt hatten, mit dem kaiserlichen Doppeladler geziert; er erwarb sie – bis 1945 waren sie eine Verschönerung des Teplitzer Schloßgartens.

Zur Zeit des Wiener Kongresses war die Stadt besonders bemüht, den vielen Teilnehmern Unterhaltungen aller Art zu bieten. Da die Keller der »Mehlgruben« nicht mehr als Vorratskammer dienten, vermietete sie die Stadt an einen geschäftstüchtigen Gastwirt, der sie prächtig ausschmücken ließ und für Bankette und Bälle verwandte. Ganz heimlich fanden aber dort auch Bälle statt, zu denen die Tänzer und Tänzerinnen im Adam-und-Eva-Kostüm erscheinen durften. Der nicht mehr junge Graf X., der eine Hofcharge innehatte, wollte gar zu gerne ein solches Fest sehen und schlich sich dort ein. Als er am nächsten Tag in Audienz beim Kaiser war, um Befehle entgegenzunehmen, war er besorgt, daß dieser von seinem heimlichen Ausflug erfahren haben könnte; Berichte über gesellschaftliche Begebenheiten wurden ihm vorgelegt. Die Audienz verlief aber ohne die gefürchtete Bemerkung. Erst als Graf X. schon an der Tür war, rief ihm der Kaiser zu: »Sie, X., Sie müssen aber auch hübsch gewesen sein beim nacketen Ball!«

Auch in der Herrengasse wurden – aber erst nach 1900, glaube ich – zwei Liechtensteinpalais niedergerissen, um einem Hochhaus Platz zu machen. Das eine war kein künstlerisch sehr wertvoller Bau, aber Musikliebhaber trauerten ihm nach, denn der darin befindliche »Bösendorfer Saal« soll eine ungewöhnlich gute Akustik gehabt haben. Um das zweite Palais war es sehr schade; es stand gerade dem unseren gegenüber, war etwas niedriger, als Kinder konnten wir auf das Dach schauen und auf das darunter befindliche riesige Wappen, ein Jagdhorn, das mich entzückte, – ich denke, es war das Wappen von Jägerndorf, dessen Herzogtitel der Fürst führte; dann sah man noch das Goldene Vlies und ein Stück einer Inschrift: Aloysius Princeps ab . . .

Am ärgsten gesündigt wurde am Michaelerplatz. Zwischen dem Anfang von Herrengasse und Kohlmarkt stand ein gutes altes Haus, das »Zu den Drei Laufern« hieß, an der Ecke des Hauses hing eine große Tafel, auf der sie abgebildet waren. Die Laufer waren eine besondere Zunft, die Ende des 17. und zu Beginn des 18. Jahrhunderts prächtig gekleidet und mit einem langen Stock versehen vor den Wagen herliefen. Das jetzt am gleichen Platz stehende Haus »Goldmann und Salatsch« ist nicht gerade eine Zierde der Stadt! Am gegenüberliegenden Eck der Herrengasse stand ein altes Palais Herberstein, auch das wurde abgerissen, und der Besitzer ließ ein wirklich abscheuliches Haus an seiner Stelle errichten. Man könnte glauben, daß damals eine wahre Zerstörungsraserei unter den Menschen ausgebrochen war, der erst Halt geboten wurde, als eine neue Generation begriff, daß unersetzliche Kulturgüter vernichtet worden seien und daß man nun daran gehen müsse, die noch vorhandenen zu retten. Zu den vielen Verdiensten, die sich Erzherzog Franz Ferdinand erworben hat, gehört auch, daß er sich energisch, wo er nur konnte, für die Erhaltung wert-

70

voller Bauten einsetzte. Wenige Jahre vor dem ersten Krieg
wurde der Plan bekannt, eine Verbindungsstraße von der Herrengasse zum Minoritenplatz zu schaffen, da hätte auch unser
Haus daran glauben müssen; glücklicherweise gelang es, dieses
Unheil aufzuschieben, und jetzt sind die Menschen wohl ein-
sichtiger geworden.

Der Hofmeister

In meiner Kindheit, das ist nun sehr lange her, gab es noch
Hauslehrer einer besonderen Art, die »Hofmeister« genannt
wurden. Der Name kam aus dem 17. oder frühen 18. Jahrhundert; es gibt ja ein Schauspiel von Lenz, aus der Sturm- und
Drangzeit, das so heißt. Diese Hofmeister hatten Pädagogen im
ursprünglichen Sinn des Wortes zu sein. Sie mußten viel wissen
auf vielen Gebieten, denn sie waren die einzigen Lehrer des
Schülers, den man ihnen anvertraute und der nicht nur Schüler
war, sondern eben »Zögling«, Kind, das vom Lehrer für das
Leben vorbereitet wurde. Für den Charakter des Kindes, für
sein Wesen, mußten sie einen guten Blick haben, durch Begabung und durch Erfahrung. Für was war der Knabe am ehesten
bestimmt? Für die militärische Laufbahn? Für die Diplomatie?
Oder gar für die hohe Politik? Für die Kirche? War das Kloster
seine Zukunft, oder war es die Staatskanzlei? Oder auch »nur«
die Verwaltung seiner Güter, falls er solche einmal erben würde? Ein guter Hofmeister hatte dergleichen zu erraten. Ein guter Hofmeister war ein begnadeter Pädagoge. Ein paar Jahr
lang hatte ich das Glück, unter einem solchen zu lernen. Bis zu
meinem neunten Lebensjahr war ich, zusammen mit meinen
beiden Schwestern, von zwei Engländerinnen betreut worden,
einer Nichte und einer Tante. Die Tante hatte lange in Frankreich gelebt, sprach gut französisch und hatte es übernommen,
uns die französische Sprache beizubringen, von der Nichte lernten wir die englische. Es war ein bequemes Nest, in dem ich da
saß, zumal meine ältere Schwester – sie war nur um 15 Monate
älter als ich – für mich beinah eine Zwillingsschwester war. Aus
diesem von Frauen regierten, von Schwestern bevölkerten

Nest sollte der Knabe nun plötzlich heraus. Kein Wunder, daß ich zunächst ein bißchen verschreckt reagierte. Der Hofmeister traf ein, Herr Kerausch. Er kam mir häßlich vor, an einer Schnur trug er einen Zwicker, der ihm häufig von den Augen glitt. Es dauerte eine kleine Weile, dann hing ich an ihm mit soviel Zuneigung und Dankbarkeit, wie ich wohl je für einen Menschen empfunden habe. Natürlich dauerte es noch länger, bis ich ungefähr wußte, wer er war und woher er kam. Er war ein Tiroler von Haus, und durch und durch Österreicher, Alt- oder Gesamt-Österreicher, wie ich es später auch geworden bin. Er hatte an der Sorbonne studiert und sprach ich weiß nicht wie viele Sprachen; seine Interessen waren überaus vielseitig, seine Bildung die universale des vollkommenen Hofmeisters. Zu meinem Vater, als er k.u.k. Gesandter in Stuttgart war, bemerkte sein russischer Kollege voller Erstaunen: »Mais Monsieur Kerausch, c'est un puits de science!« Mir schien er wirklich *alles* zu wissen und alles, was er wußte, zu lieben. Sein erster Posten war in der Familie des Herzogs von Alençon aus dem Hause Orléans gewesen, wo er die Erziehung des Sohnes, späteren Duc de Vendôme übernahm. Davon hat er eigentlich wenig erzählt, überhaupt erzählte er wenig von seinen Schülern, ganz fremd war ihm die fatale Eigenart von Hauslehrern oder Gouvernanten, die ihren Zöglingen stets von den Vorzügen ihrer früheren zu berichten wußten. Der Herzog von Vendôme scheint ihm keine besondere Freude gemacht zu haben. Was er mir aber so mit der Zeit von der Familie Orléans erzählte, hat mich natürlich interessiert. Bald sah er, daß ich mich für Geschichte interessierte und auch für die Natur, und dann ein wenig für Literatur. Solche Interessen wußte er zu wecken und zu nähren. Teils im »Lernzimmer«, teils im Freien. Stuttgart, wo ich mit meinen Eltern ein paar Jahre lang lebte, war damals noch eine gemütliche kleine Residenzstadt. Es gab Weinberge mitten in der Stadt und Wälder ringsumher, und die Schwäbische Alb war nicht weit. Da wanderten mein Hofmeister und ich und fanden Versteinerungen, die er mir erklärte, und versteinerte menschliche Vergangenheit, Ruinen, die er mir auch erklärte. Einmal waren es die Überreste der Burg Hohenstaufen. Wie hat mein Hofmeister mir von diesem gewaltigen Geschlecht erzählt, die bunte Reihe der Herrscher mir lebendig gemacht! Als ich, viele Jahre später, nach Palermo kam und vor dem Grabmal Friedrich II. stand, da *wußte* ich, wer das gewesen war, wie ich es ohne Herrn Kerausch nie gewußt hätte. Mein Hofmeister, ich sagte es schon, war ein Österreicher alten Schlages, brachte aber, und ich glaube ganz mit Recht, das neue Reich der Habsburger mit dem alten Reich der Habsburger, und dann der Luxemburger und der Hohenstaufen, also mit dem »Römischen Reich« in genaue Verbindung – diese Gestalt Europas setzte sich in jener fort. – Was Herr Kerausch aus mir machen wollte, kann ich nicht sagen. Seine unmittelbare Aufgabe war, mich für das Gymnasium, das ich ja früher oder später zu besuchen haben würde, vorzubereiten. Übrigens waren wir Freunde. Er hat soviel in mir wachgerufen, als in mir war; wieviel das war, darf ich nicht entscheiden. Und so hätte es gehen sollen, etwa zehn Jahre lang. Es kam aber anders.

Eines Tages am Ende der großen Ferien im Jahre 1899 rief mich mein Vater und sagte mir, er hätte mit mir zu reden. Das war mir unheimlich; denn es war nicht meines Vaters Art, mich in so ernsthaftem Ton in sein Zimmer zu bitten. Er habe, fing er an, mir eine traurige Mitteilung zu machen. Herr Kerausch, der gerade auf Urlaub war, werde wohl noch einmal zurückkehren, aber nur um seine Sachen zu packen und Abschied zu nehmen . . . Die Nachricht gab mir wirklich das Gefühl, wie vor einem Abgrund zu stehen. Soviel begriff ich gleich, daß ich fortan ohne Herrn Kerausch würde leben müssen; aber wie, begriff ich nicht. Mein Vater, der gewiß erriet, was in meinem Kopf vorging, begann mir den Grund meines Verlustes auf das freundlichste zu erklären. »Du mußt das verstehen. Er hat eine wunderbare neue Aufgabe erhalten.« Die Königin Amelie von Portugal, Gattin des Königs Carlos I., hatte zwei Söhne. Der ältere, Don Luis, war ein in jeder Beziehung hervorragend begabtes Kind, ein kleines lumen coeli. Nun wollte die Königin diesem Knaben den besten Pädagogen geben, der irgend zu finden war. In der Zeit, als Herr Kerausch im Haus Alençon tätig war, hatte sie ihn kennen– und schätzengelernt. So kam ihr die Idee, ihm die Erziehung ihres Sohnes zu übertragen. »Eine solche Einladung kann ein Mann wie Herr Kerausch einfach nicht ableh-

74

nen. Ich habe ihm auch zugeredet; ich *mußte* ihm zureden.« –
Ja, soviel verstand ich wohl auch. Die Stunde des Abschieds
kam, und dann die Stunde, als ein anderer Hofmeister eintraf,
aber das war kein rechter mehr, sondern ein Hauslehrer wie
andere auch, und später kam noch mal ein neuer, und so sehr
froh war ich unter ihrer Fuchtel nicht und war ganz zufrieden,
als ich dann in das Schottengymnasium in Wien eintrat.

Herr Kerausch also lebte nun in Lissabon. Zweifelsohne
wirkte er auf den Prinzen Luis ebenso wohltätig, wie er auf mich
gewirkt hatte; nur, daß die Aufgabe eine mit so weitem Abstand lohnendere war. Wer kann sagen, welchen Fortgang die
Geschichte Portugals genommen hätte, hätte Don Luis gelebt?
Im Jahre 1908 wurde er zusammen mit König Carlos I. ermordet, als Vater und Sohn durch die Straßen Lissabons fuhren.
Sein jüngerer Bruder, mit Namen Manuel, bestieg dann wohl
noch den Thron, aber er war ein Fürst ohne jede Bedeutung;
zwei Jahre später wurde er durch eine Revolution vertrieben
und ging nach London. Herr Kerausch folgte der Familie.

In London habe ich ihn noch besucht und fand einen traurigen alten Mann; freundlich wie immer wohl, aber tief traurig.
Neun Jahre lang hatte er für nichts anderes gelebt als für die Erziehung dieses hoffnungsvollen Knaben, der einmal hohe Verantwortung tragen sollte, und als er erwachsen war und das
Versprechen sich zu erfüllen begann, war er ermordet worden.
»Es war alles umsonst« sagte mir Herr Kerausch; er interes-
siere sich für nichts mehr. – Da er im Leben keinen Sinn mehr
fand, so ist er auch bald gestorben.

Später habe ich manches versucht, was mir auch zu gelingen
schien, wovon aber, so wie die Zeitläufe nun einmal waren, gar
nichts übrigblieb; so hat das »alles umsonst« auch in meinem
Leben eine Rolle gespielt. Wenn ich mich aber an Herrn Kerausch dankbar erinnere, so ist es nicht darum, sondern wegen
des Weltverständnisses, zu dem er mich geführt, wegen der Interessen, die er in mir erweckt hat; vielleicht hätte ich ohne ihn
spätere harte Prüfungen so nicht bestehen können. – Vor ein
paar Jahren kannte ich in Portugal noch ein paar alte Leute, die
mit dem kleinen Prinzen Luis gespielt hatten und an Herrn Kerausch sich gut erinnerten. Jetzt sind auch sie verschwunden.

London

Im Jahre 1895 wurde mein Vater als Botschaftsrat nach London versetzt. Von den englischen Erzieherinnen wohl vorbereitet, sahen wir dem Aufenthalt dort mit den höchsten Erwartungen entgegen. Im November brachen wir von Teplitz mit unserer Mutter und dem »Gubernium« – so nannten wir die Erzieherinnen und Herrn Kerausch – auf und bestiegen in Ostende das Schiff, das uns nach Dover bringen sollte. Es war dies ein Raddampfer, wie man sie jetzt nur noch auf Flüssen sieht; diese Schiffe waren wohl sicher, aber bei stürmischem Wetter ein Spielball der Wellen, und aus einem mir noch heute unerklärlichen Grund schwer in den Hafen von Dover zu manövrieren. Und dieser Novembertag war äußerst stürmisch, so tanzten wir stundenlang vor dem Hafeneingang hin und her; wir wurden fürchterlich seekrank, und in unserer Verzweiflung beteten wir, daß das Schiff endlich untergehen möge, damit wir von unseren Qualen erlöst wären! Schließlich lief unser Boot aber doch in den Hafen ein.

Schon gleich nach der Landung erschien mir alles ganz anders als zu Hause. Nur, wenn ich an diese Zeiten vor achtzig Jahren zurückdenke, wird mir klar, wie England und der Kontinent seitdem einander näher gerückt sind, viel näher, als manche ultrakonservative Engländer wahrhaben wollen. Die Europäer werden sich rapid ähnlicher, was sonderbar klingt, wenn man bedenkt, daß gerade jetzt Teile uralter Staatsgebilde sich selbständig machen wollen;von Iren oderBasken zu schweigen, fordern in unseren Tagen sogar Menschen in der Bretagne und in Korsika staatliche Unabhängigkeit, ja sogar in Schottland! Dabei sind die Flugplätze überall dieselben, in den Kaufhäusern wird überall dasselbe angeboten, auch in ihrer äußeren Aufmachung sind sich die Menschen Westeuropas erstaunlich ähnlich geworden. Vor fünfzig Jahren noch konnte man hier in Venedig erkennen, aus welchem Land die Touristen kamen, nicht nur ihrer Bekleidung und ihrem Gehaben nach, auch nach dem Typus. Damals verkaufte ein alter Mann auf der Piazza San Marco Zeitungen, er eilte von einem Café zum andern, ein Blick genügte ihm, um zu wissen, ob er einem Fremden die Times, die Neue Freie Presse, den Figaro, den Corriere della Sera oder die Frankfurter Zeitung anbieten sollte; nur einmal sah ich ihn sich irren, als er einem meiner Wiener Vettern den Corriere anbot – aber die Großmutter dieses Vetters war eine Prinzessin aus dem Hause Neapel! Jetzt sehen die Touristen alle gleich aus, es wäre denn, daß sie aus Rußland oder den »Ostblockstaaten« kommen; diese treten in Herden auf, sind weniger schmutzig als die westlichen Hippies, aber so jammervoll farblos, während die westliche Jugend sich farbenfreudig gibt.

Mein Vater hatte ein möbliertes Haus in Lowndes Square gemietet, das aussah wie hunderttausend andere Londoner Häuser, schmal und hoch; es hatte nur drei Fenster gegen den Square, daher in jedem Stockwerk nur wenige Zimmer. Halb unter dem Straßenniveau, im »basement«, befanden sich die Küche mit Nebenräumen und die Zimmer für die Diener; im Erdgeschoß war das zweifenstrige Speisezimmer und das nach rückwärts gelegene Zimmer meines Hofmeisters, eigentlich das Rauchzimmer. Im ersten Stock waren zwei Salons, im zweiten die Schlafzimmer meiner Eltern und das Badezimmer – das einzige im Haus –, im dritten wohnten wir Kinder und die Erzieherinnen, im vierten die »housemaids«. Wenn eines der Geschwister meiner Mutter zu Gast kam, übersiedelte ich in den vierten Stock. Wir froren erbärmlich – ohne Zentralheizung, ohne die guten heimischen Kachelöfen, es gab nur offene Kamine für Kohle, die aber nachts in unseren Schlafzimmern nicht brennen durften. Ich hatte ein kleines Blechschaffel, in dem ich mich waschen sollte, das heiße Wasser war aber immer nur lau, so daß ich mich sehr eilig säuberte. Die Lernstunden fanden im Zimmer von Herrn Kerausch statt, das ganz schön warm war, dort konnte ich auch meine Aufgaben machen. Was muß in dem vierstöckigen Haus das Schleppen von Kohle, Wasser und anderen Dingen mühsam gewesen sein und Personal erfordert haben! Meine Mutter hatte ihre alte Kammerjungfer Johanna mitgenommen, die schon vor der Heirat bei ihr gewesen war, eine Iglauerin, die wir sehr liebten, denn sie wußte uns so schöne Märchen zu erzählen, wenn wir krank waren. Während der Wiener Zeit kam in den Sommermonaten eine ihrer Nichten, um uns Stunden zu geben, sie hieß Fräulein Mitzi und war Volksschullehrerin. Ein Neffe von Johanna war Hauptmann im Generalstab und imponierte uns sehr, wenn er in Wien seine Tante besuchen kam.

Mein Vater hatte einen jungen Diener aus Teplitz mitgebracht, der aber bald nach Hause geschickt werden mußte, ich glaube, er war den englischen Dienern nicht fein genug, bereit, wie er war, jede sich bietende Arbeit zu tun. In der ersten Zeit läutete meine Mutter einmal und bat den englischen Diener, Feuer im Kamin zu machen, worauf er höflich erwiderte, daß er das zweite Hausmädchen schicken werde – mit dem Kamin hatte er nichts zu tun! Zu Hause waren wir gewohnt, die Diener als zur Familie gehörend zu betrachten, in London war dies nicht Sitte, vielleicht nur darum, weil die Engländer uns eben als Fremde betrachteten. Unser Kindermädchen fanden wir höchst elegant, wenn sie am Sonntag in einem schönen Mantel, mit schwarzem Samthut und weißen Glacéhandschuhen ausging. Freundlich war sie wohl, aber auf einen vertrauten Fuß mit ihr sind wir nie gekommen.

Eine unangenehme Überraschung war der Nebel, der jetzt fast verschwunden ist, seitdem in London nicht mehr mit Kohle oder Öl geheizt werden darf. Es gab den grauen, den gelben und den schwarzen Nebel, der letztere war so arg, daß man nicht einen Schritt weit sah – an solchen Tagen wurde uns das Ausgehen verboten. Die Engländer nahmen diese Schwierigkeiten nicht tragisch, manchmal schien es fast, als freuten sie sich darüber, weil sie dann ihre Tatkraft und ihren Siegeswillen beweisen konnten; solche Menschen hat es wohl gebraucht, um ein Weltreich zu erbauen und so lange zu erhalten!

Ich hatte erwartet, Buben meines Alters als Freunde zu finden, doch wurde ich da sehr enttäuscht, denn die acht- bis zehnjährigen Söhne der Bekannten meiner Eltern waren schon in Internaten, und die Kinder einiger Kollegen meines Vaters langweilten mich. Nur der Botschafter, Graf Franz Deym, hatte einen Sohn, der sechs Jahre älter war als ich; unsere Hofmeister waren befreundet, so wurden wir »Spaziergeh-Freunde«. Durch ihn habe ich dann einige größere Jungen kennengelernt, und wir besuchten dieselbe Turnstunde, wo er meist nur zusah, während ich mit Passion turnte. Nur an den Boxstunden hatte ich wenig Freude, es machte mir keinen Spaß, einen andern ins Gesicht zu hauen oder selber einen Hieb ins Gesicht zu bekommen. So spezialisierte ich mich auf andere Turnübungen.

An die Wiener Fiaker gewöhnt, sah ich in den Straßen mit Staunen die zweirädrigen »hansom-cabs«, so benannt nach ihrem Erbauer, J. A. Hansom (1834); sie waren einspännig, für zwei Personen berechnet, der Kutscher saß rückwärts außen auf einem Sitz in Dachhöhe, von wo aus er auch den Mechanismus zum Öffnen der niedrigen Türen betätigen konnte. Diese merkwürdigen Fuhrwerke waren sehr stabil, ließen sich leicht lenken und wurden erst durch das Aufkommen der Auto-Taxis verdrängt.

Wie in allen Londoner Squares lag auch in der Mitte des unsrigen ein eingezäunter Garten, den nur die Bewohner der umliegenden Häuser benützen durften und zu dessen Türen sie Schlüssel besaßen. Dort traf ich im Frühjahr einige Buben und Mädchen, die Kricket spielten und es mich lehrten. Ich war begeistert davon und erbat mir als Geschenk die notwendigen Utensilien in Kindergröße. Ich freute mich darauf, den Freunden zu Hause das Spiel beizubringen; sie fanden es aber höchst langweilig und lachten mich nur aus.

In der Ferienzeit kam ich dann auch mit englischen Buben zusammen. Was mir an diesen Altersgenossen auffiel, war ihre viel größere Selbständigkeit, verglichen mit dem, was wir von zu Hause gewöhnt waren. Nie beschwerten sie sich; erst viel später fand ich heraus, daß einige von ihnen in ihren Internaten sehr unglücklich waren und oft von größeren Kameraden gequält wurden. Auf diese Weise begegneten sie den Härten des Lebens früher als unsereiner. Von der Geographie des Kontinents oder gar von der Geschichte seiner Länder wußten sie

79

sehr wenig. Sicher aber lernten sie eines: man muß versuchen, was immer man tut, wirklich gut zu tun. Indem sie das lernten, bildeten sie die Elite, von welcher England noch regiert wurde. Man sandte die besten jungen Leute in die Kolonien, nicht etwa solche, die zu Hause nichts taugten und die man loswerden wollte. Von Ausländern wurde oft kritisiert oder belacht, daß man in den englischen Schulen so großen Wert auf Sport und Spiele legte. Aber auch das gehörte ja zu den während Jahrhunderten bewährten Prinzipien englischer Erziehung. Sport stählte den Körper, und bei den Spielen lernte man das »fair play«. Bekannt ist das Wort des Herzogs von Wellington, die Schlacht von Waterloo sei auf den Spielgründen von Eton gewonnen worden.

In den Jahren oder Jahrzehnten vor 1914 gewann ich während häufiger langer Aufenthalte in England viele Freunde, die es mir ihr Leben lang blieben. Es waren wirklich prachtvolle junge Leute, hervorragend nicht nur im Sport, sondern auch in der Bildung ihres Geistes und Herzens. Leider sind nur allzu viele von ihnen in den beiden Kriegen zugrunde gegangen.

Die Engländer sind treue Freunde. Ist man einmal von ihnen akzeptiert, dann ist man es für immer, es komme was da mag. So waren meine Eltern mit dem Herzog von Portland befreundet gewesen, und dies Verhältnis wurde auf mich übertragen; der Herzog blieb mein Freund und Gönner, bis er, nun schon vor langen Jahren, gestorben ist. In seinem Haus in London hatte ich ein ständiges Zimmer; uneingeladen, brauchte ich mich nur bei der Hausdame anmelden, um es zu beziehen. Und noch in den sechziger Jahren habe ich jedes Jahr im Sommer ein paar Wochen mich bei der Tochter des Herzogs aufgehalten, die in Schottland verheiratet war. Die beiden Weltkriege konnten an dieser Beziehung nichts ändern, höchstens sie unterbrechen. Der Erste Weltkrieg, genaugenommen, nicht einmal das. Meine Schwester, die einen Belgier geheiratet hatte, hielt sich während des Sommers 1914 mit ihren Kindern in der Nähe von Antwerpen auf, wo ihr Gatte ein Sommerhaus besaß. Dieser befand sich als Diplomat im Haag; als nun die deutschen Truppen sich Antwerpen näherten – die Stadt war eine Festung – entschied sich meine Schwester im letzten Moment, mit ihren

Kindern nach England überzusiedeln. Die Portlands nahmen sie auf, sie hat diese ganzen vier Jahre mit ihren Kindern bei der befreundeten englischen Familie verbringen dürfen. Belgische Staatsangehörige war sie; aber daß sie im Herzen »schwarz-gelb« war, eine treue Österreicherin, wußten ihre Gastgeber sehr gut. Nie hat man sie das fühlen lassen, der Herzenstakt, mit dem man sie behandelte, war ein vollkommener. Und ich, österreichischer Offizier an der russischen, später an der rumänischen Front, konnte während des ganzen Krieges mit meiner Schwester korrespondieren. Der regelmäßige Briefwechsel ging über Holland, wo wir Freunde hatten. Nach etwa sechs Wochen erhielt ich im Schützengraben den Brief, den meine Schwester mir von einer der Besitzungen der Portlands geschrieben hatte. Ja, sogar ihr kleiner Sohn, mein Neffe, schrieb mir Briefe aus Eton, wo er zur Schule ging; in seiner Ahnungslosigkeit auch Briefe mit militärischen Nachrichten. Ganz ungeniert teilte er mir mit, in welchen Regimentern die Bekannten seiner Mutter, die Bekannten der Portlands dienten, und wo diese Regimenter gerade standen, zum Beispiel bei den Dardanellen! Und sogar diese Briefe gingen unbehelligt durch die Militärzensuren, die englische und die unsere. Trotz allen Hasses, der zwischen den Völkern künstlich aufgepeitscht wurde, waren die Verhältnisse eben doch immer noch etwas humaner als später. Das galt für England, und das galt für Österreich auch. Engländer oder Engländerinnen, die in Wien lebten, blieben während des Ersten Krieges völlig frei, nicht nur Gouvernanten, auch Geschäftsleute, die ruhig in unserer Hauptstadt ihre Geschäfte weiter betreiben konnten. Es gab da an der Kärntnerstraße ein prachtvolles Geschäft, das ursprünglich Jagdpferde importiert hatte, später aber auch englische Lederwaren und ähnliches anbot, mit Namen Stone & Blyth. Mr. Stone war gestorben, Mr. Blyth führte das Geschäft ungestört zwei Jahre lang weiter. Dann gab es einen Anstand. Noch immer wurden die eleganten Lederwaren in der Auslage mit »all British make« bezeichnet. Das wurde beanstandet; aber nicht etwa wegen der englischen Sprache, sondern darum, weil es im dritten Kriegsjahr englische Waren in Wien doch eigentlich nicht mehr geben konnte! Darum mußte das »all British make«

verschwinden, aber Mr. Blyth durfte seine Ware weiter verkaufen. Auch erinnere ich mich an einen englischen Schneider in Wien, den die elegante Welt mit Vorliebe für sich arbeiten ließ. Nach Kriegsausbruch ging er von Zivilkleidern zu Uniformen über. Er konnte kaum deutsch sprechen, aber seine Uniformen galten als die am besten gemachten. Er fühlte sich ganz sicher bei seiner Sache. Als ich mich von ihm verabschiedete, war seine Sorge, sein Teevorrat könnte ausgehen, er würde auf seinen morning tea verzichten müssen. Und da er wußte, daß ich an die rumänische Front ging, fragte er mich, ob er ihm nicht in Odessa Tee besorgen könnte, falls die Österreicher dorthin kämen. Und wirklich, wir drangen nach Odessa vor, und ich fand Tee für ihn und konnte ihm den bei meinem nächsten Urlaub überreichen. Schließlich aber, schon gegen Ende des Krieges, geriet mein englischer Schneider doch in Schwierigkeiten. Einer seiner Kunden war ein General, ein Graf Herberstein. Dem machte nun eines Tages Kaiser Karl ein Kompliment zu seiner Uniform; es sei, bemerkte er lachend, die am feinsten geschneiderte, die er je gesehen habe. Herberstein nahm die Gelegenheit wahr, ein gutes Wort für den Schneider einzulegen. Leider, sagte er, sei es mit dessen Tätigkeit bald aus; er dürfe die vorliegenden Bestellungen noch ausführen, aber dann müsse er schließen. Kaiser Karl widersprach: Warum sollte ein so anständiger Mensch denn seinem Beruf nicht ruhig nachgehen dürfen? Und er sorgte tatsächlich dafür, daß es geschah. Wie nun das Ende des Krieges kam und der Umsturz, und der Kaiser sich in der Schweiz befand, reiste mein englischer Schneider zu ihm, bat, empfangen zu werden und näherte sich dem Monarchen mit einer großen Bitte: ob er wohl Anzüge für die kleinen Erzherzoge machen dürfe? Ein Akt der Dankbarkeit für die ihm erwiesene Liberalität.

Es fällt mir da noch eine andere Geschichte ein. Im alten Ungarn gab es sehr viel englische Trainer und Jockeys und Stallmeister. Die wurden nun allerdings als »feindliche Ausländer« während des Krieges interniert. Vertreter des internationalen Roten Kreuzes durften das Internierungslager periodisch besuchen, um sich davon zu überzeugen, daß alles in Ordnung sei. Einer dieser Vertreter, ich weiß nicht mehr ob ein Schweizer oder ein Holländer, erschien nun eines Tages in Budapest. Er rief den Lagerkommandanten an und teilte ihm mit, daß er das Lager am Nachmittag besuchen werde. Der Kommandant antwortete, heute gehe es nicht, aber morgen. Der Mann schöpfte Verdacht: wahrscheinlich wollte der Kommandant eben bis morgen rasch noch alles recht hübsch für ihn frisieren. Gerade darum wollte er lieber sofort hingehen. Er erschien also, meldete sich, er wünsche seine Inspektion sofort zu beginnen. Der Kommandant: »Ich hatte Sie doch gebeten, erst morgen zu kommen; heut sind ja die Internierten nicht da, alle sind in Budapest beim Pferderennen!« – Ein anderes Beispiel für meine Behauptung, daß es während des Ersten Krieges, trotz aller seiner sich immer mehr steigernden Schrecken, doch immer noch etwas von einem besseren, friedlicheren Geiste gab. – Wenn der Krieg zu Ende war, so stand es zwischen meinen englischen Freunden und mir genauso wie vorher; so 1919 und so 1946.

Aber nun zurück zu meiner Londoner Bubenzeit. Neu waren für meine Schwestern und mich die Leierkastenmänner, die vor den Häusern spielten und denen man Geld aus den Fenstern zuwarf. Manchmal kamen auch Straßenmusikanten, erschreckend bleich und hungrig aussehend. Es gab damals eben sehr viel Armut neben dem Reichtum, wir hörten immer wieder von den Bekannten meiner Eltern, daß alles mögliche für die Armen organisiert werde – ich glaube nicht, daß die Reichen hartherzig waren, nur von Staats wegen schien wenig zu geschehen. Auch in London ging, wie bei uns, die Rede, »man dürfe nie an einer ausgestreckten Hand vorbeigehen, ohne etwas zu geben« – wenn man auch vielleicht nicht so weit gehen mußte, wie eine sehr liebe Verwandte von mir, die gern gerade solche Leute unterstützte, die es nicht verdienten. Auf eine Bemerkung, daß es sich ja um Schwindler handle, meinte sie: »Ja, aber die Schwindler müssen doch auch leben!«

Herr Kerausch, mein trefflicher Hofmeister, benützte den Londoner Aufenthalt zur Belehrung über die Geschichte Englands, er führte mich in den Tower of London, in die Westminster Abbey und nach Hampton Court, so daß ich mich bald ganz gut in der Königsgeschichte auskannte. Gewaltig beeindruckte mich die Größe der Stadt und die Macht des Weltreichs,die hier so offenbar zentriert war. In meiner Jugend war das Zeitunglesen den Kindern nicht erlaubt, vielleicht wird es manche jungen Leute heute wundern zu hören, daß damals die meisten Kinder den Anordnungen ihrer Eltern folgten. Doch gab es Zeitschriften für die Jugend; eine besonders gute und aufregende hieß »The Boy's Own«, aus der ich mancherlei Wissen schöpfte. Dann las ich mit Begeisterung Bücher von Henty, die stark patriotisch geschrieben waren, hohe Lieder auf die Eroberung der Kolonien und Kämpfe gegen Aufständische. Ich will gestehen, daß meine Sympathien immer mehr auf Seite der Engländer waren; ich wußte, daß es nie einen Waffengang zwischen England und Österreich gegeben hatte, die Engländer waren unsere traditionellen Freunde. Nur in den Kriegen zwischen Spanien und England hielt ich zu Philipp II., der ein Habsburg war, Sohn unseres großen Kaisers Karl V., außerdem konnte ich die Königin Elisabeth I. nicht leiden. Sie hatte ja die von uns Kindern geliebte schöne Maria Stuart enthaupten lassen. Unsere englischen Missen schwiegen sich über sie aus, sehr loyal, aber wir merkten, daß sie ihr die grausame Verfolgung der Katholiken übelnahmen.

Im Winter 1894/95 hatte in Österreich und wohl auch in anderen Ländern eine Epidemie von Diphtherie geherrscht, damals gab es noch kein Serum dagegen, so starben sehr viele Kinder daran, auch ein besonders lieber Vetter, Lato Clary. Ich erkrankte in Wien und wurde sofort isoliert, eine Nonne pflegte mich, aber meine Mutter war oft bei mir; später hörte ich, daß dies eine ganze Prozedur von Kleiderwechseln und Desinfizierung notwendig machte, bevor sie wieder in der Welt der Gesunden erscheinen durfte. Ich erholte mich nach längerer Zeit, doch blieb eine Schwäche im Rückgrat zurück, so daß ich mich sehr schlecht hielt, fast bucklig. In London nahm diese Schwäche noch zu, ich wurde zu einem Arzt gebracht, der sie zu heilen wußte, er lebte irgendwo außerhalb Londons, denn ich erinnere mich an eine lange Bahnfahrt. Ich mußte dann jeden Tag auf einem harten Brett am Boden liegen, auch wurde ich, am Kinn hängend, hochgezogen, so daß nur meine Fußspitzen den Boden berühren konnten. Der Erfolg stellte sich ein, denn 80

Jahre nach der Kur halte ich mich immer noch gerade! Während ich so am Boden lag, las mir Herr Kerausch Gedichte von Schiller vor und auch aus seinen Theaterstücken; da entstand meine Verehrung für Maria Stuart, umso mehr, als mir eine Tante mitgeteilt hatte, daß die Königin in unserer Ahnenreihe vorkomme.

Manchmal kam ein Gast zu meinen Eltern, für den ich die größte Bewunderung hegte: Rudolf Slatin. Als junger Mann war er nach Ägypten gereist, damals ein Zeichen großer Unternehmungslust. Er befreundete sich dort mit einem Pascha und lernte auch den General Gordon kennen; er erwog, in das ägyptische Heer einzutreten, mußte aber seines Militärdienstes wegen nach Österreich zurück. Als Leutnant im Infanterie-Regiment 13 wurde er vom Gouverneur des Sudan aufgefordert, zu ihm zu kommen und erhielt in Wien die Bewilligung dazu. Gordon, der seine außerordentlichen Fähigkeiten erkannte, ernannte ihn zum Gouverneur der Provinz Dara. Nun kam es zum Kampf des sogenannten Mahdi gegen die Engländer. Slatin wurde von Truppen dieses sich als Propheten und Nachfolger Mohammeds ausgebenden Mannes gefangengenommen und vom Mahdi nach dem damals belagerten Khartum gesandt, um General Gordon zur Übergabe aufzufordern; aber der lehnte ab. Als Slatin zum Mahdi zurückkehrte und vom Mißerfolg seiner Mission berichtete, wurde er in Ketten gelegt und den ärgsten Qualen ausgesetzt. Khartum fiel, General Gordon wurde enthauptet; seinen Kopf zeigte man Slatin, der im Hof an einer Hundehütte angekettet lag. Volle elf Jahre blieb er in Gefangenschaft, bis es ihm gelang, zu entkommen. Nun wurde er Major im britischen Heer, von der Königin dekoriert und geadelt und auch von unserem Kaiser Franz Joseph zum Ritter von Slatin ernannt. Sein Buch »Mit Feuer und Schwert im Sudan« erzählt seine Erlebnisse während dieser wilden Epoche. In der Schlacht von Omdurman, bei der der spätere Lord Kitchener die entscheidende Rolle spielte, wurde das Schicksal des Mahdi besiegelt. Nachmals traf ich Lord Kitchener öfters bei den Portlands; man hatte mich aber gewarnt, ihn ja nicht nach Slatin zu fragen, es war bekannt, daß die beiden sehr schlecht miteinander auskamen.

Slatin war sehr freundlich zu uns Kindern, und wenn man ihn schön bat, erzählte er gruselige Geschichten aus der Zeit seiner Gefangenschaft. Ich war sehr stolz, als er mir sein Buch schenkte. Im Jahre 1914 trat er in das Österreichisch-Ungarische Rote Kreuz ein und kümmerte sich um die englischen Internierten. Er war wohl einer der letzten aus einer anderen Welt, in der man verschiedenen Staaten militärisch dienen durfte, ohne deswegen in Konflikte zu geraten.

Selber war ich also schon als Bub zu einem Anglophilen geworden, meine Vettern verspotteten mich deswegen und nannten mich einen »lächerlichen Anglomanen«. Auch im Burenkrieg fühlte ich ganz auf Seite der Engländer und freute mich sehr, als das belagerte Mafeking befreit wurde, was mir von Freunden der Buren eine, allerdings mehr symbolische, Tracht Prügel eintrug.

Später, als Erwachsener, habe ich viele Aufenthalte in England verbracht und im Hause meines Gastgebers, des Herzogs von Portland, manche berühmte Prokonsuln kennengelernt, die für die Erhaltung des Weltreiches gewirkt hatten; immer wieder mußte man da an das alte Rom vor seinem Niedergang denken.

Im Jahre 1897 feierte man das »Diamond Jubilee« (das 60. Regierungsjahr) der Königin Victoria. Schon eine geraume Zeit vorher war es aufregend, die Kolonialtruppen zu sehen, die dazu eintrafen und ihre Zelte im Hyde Park aufschlugen, weiße und schwarze, braune und gelbe. Am Tag des Jubiläums fuhr die Königin durch die ganze Stadt. Für die Diplomaten und ihre Familien hatte man an der Parkmauer von Buckingham Palace eine Tribüne errichtet, von der aus man die Rückkehr von dieser Fahrt sehen konnte. Zuerst erschienen die Garde- und andere Truppen, dann die offiziellen Vertreter der fremden Monarchen oder Staaten in ihren prächtigsten Uniformen, unser Erzherzog Franz Ferdinand machte mir den tiefsten Eindruck im unglaublichen Prunk der Galauniform eines ungarischen Generals der Kavallerie; dann die Mitglieder der Königlichen Familie, und zum Schluß der von sechs Schimmeln gezogene offene Wagen der Königin, die, ganz in Weiß gekleidet, freundlich nach allen Seiten grüßte, über ihr hielt ein Inder einen großen weißen Schirm. Wir verstanden recht gut, daß diese kleine alte Dame ein Weltreich beherrschte, ja, daß sie beinahe etwas wie die Herrscherin der Welt war. Und wir fühlten uns stolz, weil sie eine Europäerin war, ja, weil sie eigentlich Europa repräsentierte. Fast achtzig Jahre später habe ich dann in der Zeitung lesen müssen, vier britische Untertanen hätten sich nicht geschämt, den General Amin auf ihren Schultern in seinem Palast herumzutragen.

Im Jahre 1911 war ich zur Zeit der Krönung König Georg V. als Gast der Portlands in London, nur als Privatmann, so konnte ich die Krönungsfeier in Westminster Abbey nicht sehen, aber an vielen sonstigen Festlichkeiten durfte ich teilnehmen. Für die Krönung waren Vertreter der Monarchen und Staatsoberhäupter gekommen, unseren Kaiser vertrat Erzherzog Carl; von unserem Botschafter, meinem Onkel Graf Albert Mensdorff, war mir gesagt worden, daß, wenn der Erzherzog in Uniform erschiene, ich auch Uniform zu tragen hätte, was mir recht war, weil ich dadurch öfters mehr geehrt wurde, als mir zukam! Allerdings endete dies Vergnügen mit einem für mich sehr beschämenden Unfall. Der Ball, anläßlich dessen dies geschah, fand in Grosvenor House statt; so viele Gäste waren geladen, daß sogar der riesige Ballsaal fast überfüllt war, weshalb ich mir lieber die prächtigen Bilder im Hause betrachtete. Plötzlich wurde ein Teil des Saals geräumt, um für die Hoheiten, die gern tanzen wollten, Platz zu machen. Ich stellte mich unter die Zuschauer – da wurde mir mitgeteilt, die Herzogin von Sparta, Kronprinzessin von Griechenland, wünsche einen Walzer mit mir zu tanzen. Ich war in Uniform und trug die vorgeschriebenen Sporen, die man in einem solchen Fall entfernen durfte; das brachte ich aber nicht schnell genug fertig, die Herzogin wartete, so behielt ich sie an. Nur wenige Paare tanzten und nichts hätte zu passieren brauchen, wenn nicht die Kronprinzessin von Rumänien eine lange Schleppe gehabt hätte, die sich in meinen Sporen verfing. Da wir in entgegengesetzte Richtung tanzten, wurden mir die Füsse wie von einem Lasso weggezogen und wir stürzten, was natürlich Aufsehen erregte, für mich ein besonders peinliches, da ich der schönen Uniform wegen als Schuldiger unverkennbar war. Der Erzherzog lachte mich in seiner freundlichen Art aus, aber von einem seiner Herren, dem gestrengen General Fürst X., erhielt ich eine scharfe Rüge.

Während einer ganzen Woche fand wohl jeden Abend ein großes Fest statt, entweder bei Hof oder in einem der Paläste des Adels, eine gute Gelegenheit, die Kunstschätze zu bewundern, die sich dort befanden. Zur Zeit der Napoleonischen Kriege und nachher war England, im Gegensatz zu den meisten in Geldnöten sich befindenden europäischen Staaten, reicher denn je dank seines allbeherrschenden Handels und seiner Kolonien. So konnten die Engländer damals zu bescheidenen Preisen die herrlichsten Kunstschätze des Kontinents erwerben und seither behalten.

Mehr als alles andere beeindruckte mich während dieser Festwoche die Flottenparade in Spithead, an welcher nicht nur die »home fleet«, sondern auch die Mittelmeer- und Ostasienflotten teilnahmen. Die Parade wurde von Admiral Sir George Warrender befehligt, der auf sein Flaggschiff einige Gäste eingeladen hatte, unter denen ich mich zu meiner freudigen Überraschung befand, so konnte ich diese wohl einmalige Parade sehen. Die Zahl der Kriegsschiffe schien kein Ende zu nehmen, und man dachte an das alte Wort »Brittania rules the waves«, man verstand, daß unter der Macht dieser gewaltigen Flotte jeder Engländer sich überall sicher fühlen konnte; nicht umsonst hieß es in jenen Zeiten »Hands off – I am an Englishman!« Aber nicht nur für die Engländer, auch für andere Europäer bot diese Flotte eine Sicherheit. Wir Österreicher waren Englands Freunde, so konnten wir uns rückhaltlos mit ihnen freuen. Diese traditionelle Freundschaft wurde während des Burenkriegs noch einmal unter Beweis gestellt. Während damals die Regierungen Frankreichs und Deutschlands, auf die Stimmungen ihrer Völker Rücksicht nehmend, sich strikt neutral verhielten und nichts für den Krieg Brauchbares verkauften, lieferte Österreich-Ungarn die dringend benötigten Pferde.

Englands große Prokonsuln, die in den Kolonien sich einen berühmten Namen gemacht hatten, und deren Bekanntschaft ich machen durfte, zeigten in Gesellschaft sich von vollkommener Höflichkeit, ja Liebenswürdigkeit; man wußte aber, daß sie hart sein konnten, wenn es um die Macht oder das Prestige Englands ging. Ich weiß nicht, ob das oft zitierte Wort »right or wrong – my country« jemals ausgesprochen wurde, gedacht wurde es sicher. Heute ist es Mode, in historischen Werken die britische Kolonialverwaltung schärfstens zu kritisieren. War das alles wirklich so schlecht? Wie war es möglich, daß zum Beispiel Indien, bis auf eine einzige Ausnahme, in Frieden blieb, und 500 Millionen Menschen von höchstens zwanzigtausend englischen Beamten regiert wurden? Es stimmt mich traurig, zu sehen, wie von den Ereignissen heraufgeschwemmte Tyrannen heute mit englischen Ministern umspringen. All dies Elend geht auf das Jahr 1914 zurück, in dem Europa Selbstmord beging.

Kleine Länder und Hauptstädte

Stuttgart

Im Sommer 1897 wurde uns Kindern mitgeteilt, daß unser Vater als k.u.k. Gesandter nach Stuttgart versetzt worden sei. Wir merkten wohl, daß die Gefühle in der Familie angesichts dieser Veränderung nicht ganz übereinstimmten. Mein Vater freute sich über die Beförderung, die schon lange auf sich hatte warten lassen, auch war er mehrmals von jüngeren Kollegen übersprungen worden. Er war kein Streber, und es lag ihm fern, sich ständig am Ballplatz bemerkbar zu machen oder gar zu intrigieren. Ich glaube, daß er auch einem gesellschaftlich ruhigeren Leben zufrieden entgegensah, denn so würde er sich mehr seinen musikalischen Neigungen hingeben können. Meine Mutter dagegen war anfangs wenig davon angetan. Seit Jahren an das Leben in Großstädten gewöhnt, liebte sie London und hatte dort viele Freundschaften geschlossen; alles Englische war ihr innig vertraut geworden. So erwartete sie sich nicht viel von einem Leben in der Provinzstadt, wie ihr Stuttgart damals erschien. Miss Savage und Miss Freeman, die Erzieherinnen meiner Schwestern, waren tieftraurig, weil sie Heimat und Familie verlassen mußten. Herr Kerausch freute sich aus pädagogischen Gründen, er meinte, daß ich in Stuttgart viel Neues sehen und lernen, vor allem aber, daß ich dort Freunde meines Alters finden würde. Mir selber war der Wechsel ganz recht, so wohl ich mich auch in England gefühlt hatte.

Die Könige und regierenden Fürsten im Deutschen Reich erkannten den Kaiser in Berlin nur als »primus inter pares« an, wobei großer Wert auf das letzte Wort gelegt wurde. So unterhielten die Könige von Bayern, Württemberg und Sachsen noch diplomatische Vertretungen in einigen Ländern. Es gab in

Stuttgart außer dem k.u.k. Gesandten auch einen solchen von Preußen, Bayern und Rußland, diesen letzteren, seitdem König Karl I. 1846 die Großfürstin Olga, Tochter des Kaisers Nikolaus I., geheiratet hatte, und auch weiter nach seinem Tod 1891, als ihm sein Neffe Wilhelm II. auf dem Thron folgte.

Zu unserer Zeit war der russische Gesandte Prinz Cantacuzène, ein älterer Herr, der in Stuttgart nun wirklich gar nichts zu tun hatte und seinen Ruheposten zu genießen schien. Für uns Kinder war es die größte Unterhaltung, wenn er zu meinen Eltern kam, da er die lustigsten Geschichten erzählte. Ein Befehl des russischen Kaisers blieb bis auf Widerruf in Kraft – deswegen wohl auch der ewige Gesandte in Stuttgart! Als Prinz Cantacuzène dort ankam, kontrollierte er die Rechnungen der Gesandtschaft und fand, daß jedes Jahr zu Weihnachten drei Dutzend teure Operngucker an den Hof nach Petersburg geschickt wurden. Er ging der Sache nach und entdeckte, daß kurz nach ihrer Heirat die Großfürstin Olga ihrem Vater ein solches Glas zum Geschenk gemacht hatte, da es eine neue und besonders gute Marke war. Darauf ordnete der Zar an, daß ihm zu Weihnachten die vielen Gucker geschickt werden sollten, die er als Geschenke verwendete. Da die Anordnung nicht widerrufen worden war, ging es fünfzig Jahre lang so weiter; wer sich damit bereicherte, kam nie heraus. Prinz Cantacuzène erzählte noch eine andere Geschichte dieser Art: Kaiser Nikolaus II. verbrachte mit der Kaiserin einige Tage in einem seiner Schlösser und sah dort einen Soldaten, der einsam auf einer Wiese Wache stand. Er wollte den Grund wissen, den niemand mehr kannte, nur, daß es auf einer kaiserlichen Anordnung beruhte. Nun wurde nachgeforscht und endlich entdeckt, daß fünfzig Jahre früher Kaiser Nikolaus I. den Spätwinter im gleichen Schloß zugebracht hatte. Die Kaiserin sah beim Spazierengehen das erste Schneeglöckchen und soll ausgerufen haben: »Wenn das nur niemand pflückt!« worauf der Kaiser die Wache dorthin befahl, der Befehl wurde in das Wachbuch eingetragen und nie widerrufen.

Der bayerische Gesandte Freiherr von der Pfordten war der »Doyen« des kleinen diplomatischen Korps und galt als Sonderling. Bald nach der Ankunft meiner Eltern waren sie zu einem Hofdiner gebeten, der Doyen saß rechts, mein Vater links der Königin. Gleich zu Anfang des Essens flüsterte sie ihm zu: »Bitte reden Sie die ganze Zeit mit mir!« Etwas erstaunt folgte er ihrem Wunsch. Die Erklärung der Königin kam nach dem Essen: »Herr von der Pfordten kaut seiner Gesundheit wegen jeden Bissen 33 mal, wenn man mit ihm spricht, verwirrt ihn das, er fängt wieder von vorn an, und da wird man nie fertig!«

König Wilhelm war ein freundlicher Herr, der als liberal galt, man sah ihn oft mit seinen weißen Spitzhunden spazierengehen, meist alleine; ich erinnere mich, ihn immer in Zivil gesehen zu haben. Er wohnte nicht im Stuttgarter Schloß, welches nur für Festlichkeiten, Hofbälle und große Empfänge geöffnet wurde, sondern in einem kleineren Palais, wohl um dem Land unnötige Kosten zu ersparen. Den Sommer verbrachten er und die Königin auch nicht in dem riesigen Schloß Ludwigsburg, sondern in Bebenhausen, halbwegs zwischen Stuttgart und Tübingen. Seine zweite Gemahlin war Prinzessin Charlotte von Schaumburg-Lippe, die meinen Eltern mit besonderer Freundlichkeit entgegenkam, da sie in Böhmen aufgewachsen war. Durch Erbschaft hatte ihre Familie die Herrschaft Nachod und noch andere Besitzungen dort von den Piccolomini, oder doch deren Nachfolgern erhalten. Der Feldmarschall Piccolomini erwarb diese Güter im Dreißigjährigen Krieg aus der Wallenstein-Trĉkaschen Konfiskationsmasse. Zwei Brüder der Königin dienten noch im ersten Weltkrieg in der k.u.k. Armee.

Zu jener Zeit war man weniger anspruchsvoll als heutzutage, Staatsbeamte, zu denen auch die Diplomaten gehörten, fühlten sich vor allem als Diener des Staates oder als Vertreter ihres Monarchen. Der Wahnsinn des Immer-mehr-haben-Wollens hatte die Menschen noch nicht ergriffen. Nur Botschaftsgebäude gehörten gewöhnlich ihrem Heimatstaat, dagegen mußten bloße »Gesandte« die Häuser oder Wohnungen mieten und mit eigenen Möbeln ausstatten. Der Vorgänger meines Vaters hatte eine Wohnung, die dieser übernahm, als wir nach Stuttgart kamen. Sie bestand aus einem Hochparterre und einem ersten Stock. Im zweiten Stock des abscheulichen Hauses, aus Sandstein gebaut, eine Kopie der Ca' d'Oro in Venedig, wohnte die Besitzerin, Frau Nachtigall, die mich nicht ausstehen konn-

92

te, denn ich hatte den Schweif ihres großen Hundes einmal aus Versehen in einer Tür eingezwickt, und mein Versöhnungsversuch, ihre Rosensträucher durch Bestreichen mit einer Brühe aus Zigarrenenden von Blattläusen zu befreien, mißlang völlig, da ich nicht die Stiele und Blätter, sondern die Rosen selbst beschmiert hatte.

Da wir in London in einem möblierten Haus gewohnt hatten, waren die Möbel meiner Eltern in Wien geblieben. Man verdankte sie dem Großvater, der nur leider den schlechten Geschmack vieler Menschen seiner Generation teilte (1813–1894). Wohl waren meine Eltern an die Möbel von Wien her gewöhnt, als sie aber in Stuttgart eintrafen, erregten sie Entsetzen. Allerdings mag mein Vater sich heimlich sogar gefreut haben, denn nun hieß es, die Empfangsräume neu einzurichten, und es gab damals in Stuttgart Antiquitätenhändler, die erstaunlich schöne Möbel feilboten. Davon verstand mein Vater etwas und kaufte wirklich gut. Natürlich war nun oft von Stilarten die Rede, für mich eine Quelle neuen Wissens. Ich verstand schon den Unterschied zwischen Louis XV und Louis XVI, ich wußte, ob Möbel von Jacob oder von einem anderen berühmten Kunsttischler stammten. Meine sehr auf Ordnung haltende Mutter versuchte manchmal, die Einkaufsfreude des Vaters zu bremsen,er war ja nur der zweite Sohn, und dies bedeutete, daß er neben seinem gar nicht großen Gehalt über keine nennenswerte Einkünfte aus dem Familienbesitz verfügte. Einmal geschah das folgende. Er hatte bei einem Händler zwei Bilder aus dem frühen 18. Jahrhundert gesehen, Szenen von Reitjagden darstellend, die er allzugern für unser Speisezimmer gehabt hätte. Meiner Mutter gelang es zunächst, ihm das Kaufprojekt auszureden. Eines Abends wurden der König und die Königin zum Diner erwartet, und als meine Mutter das Speisezimmer betrat, um noch einmal nach dem Rechten zu sehen, fand sie meinen Vater damit beschäftigt, das Aufhängen jener Bilder zu kontrollieren – er hatte sie im letzten Moment doch gekauft! Bis zum Ende, 1945, hingen sie dann bei uns in Teplitz.

Die von Herrn Kerausch versprochenen Freunde stellten sich bald ein. In einer Villa neben uns wohnte der Generaladjutant des Königs, von Bilfinger, der einen mit mir gleichaltrigen Sohn Hans hatte. Ums Eck waren die Hofstallungen, wo der Oberstallmeister Freiherr Geyr von Schweppenburg mit einem Sohn Leo wohnte. Wir wurden bald ein fröhliches Trio, durften uns in den Hofstallungen herumtreiben, auch mitfahren, wenn neue Pferde eingefahren wurden, wir durften im Winter sogar in der Hofreitschule reiten. In den sogenannten »Königlichen Anlagen«, die an unser Haus grenzten, war ein kleiner Teich, auf dem im Winter die Hofgesellschaft und die Diplomaten Schlittschuh liefen, auch da durften wir mittun. In den »Anlagen« tobten wir uns nach Herzenslust aus, sie wurden zwar abends versperrt, doch konnte man von unserem und vom Bilfinger-Garten aus hineinklettern, und wir und einige andere Buben spielten Trapper und Indianer – die freundlichen Parkwächter drückten ein Auge zu.

Als mein Vater 1899 im Herbst nach Dresden versetzt wurde, blieb ich noch eine Zeitlang mit meinen Stuttgarter Freunden in Korrespondenz, dann schlief sie ein. Hans Bilfinger ist zu Beginn des Ersten Weltkrieges gefallen. Leo Geyr sah ich fast vierzig Jahre später als General der Panzertruppen wieder und fand den Freund aus der Bubenzeit unverändert herzlich. Im Krieg hat er unseren zweimal schwerverwundeten Sohn Marcus als Ordonnanzoffizier in seinen Stab geholt. Als Leo ein Panzerkorps im Westen übernahm, blieb Marcus im Osten zurück – leider – denn andernfalls wären ihm fast drei Jahre bitterster Kriegsgefangenschaft in Rußland erspart geblieben.

Fahrräder waren damals noch nicht so allgemein wie später, junge Leute von heute können sich kaum vorstellen, daß das Fahrrad unser Leben völlig veränderte; die Welt schien uns nun offen zu sein. Riesig bewunderte ich den Sohn des Kanzleidieners, er war ein Radrennfahrer, – daß er wie ein Frosch aussah und auf einem Aug schielte, störte meine Bewunderung nicht; er hatte Preise gewonnen und trug eine ganze Reihe von Medaillen auf seinem gestreiften Leibchen.

Damals hatte die Firma Daimler die ersten Personenautos gebaut, die wie Pferdewagen aussahen, der Chauffeur saß wie ein Kutscher hoch oben auf dem Bock. Das Tempo dieser Automobile war viel langsamer als das trabender Pferde. Mein

94

Vater, für alles Neue interessiert, mietete einen solchen Wagen und fuhr mit uns zu unserer größten mit Stolz gemischten Unterhaltung in den Anlagen umher. Prinz Cantacuzène sah uns und meinte, daß unsere Mutter es doch ihrem Gatten verbieten sollte, seine unschuldigen Kinder solchen Gefahren auszusetzen! Vermutlich bin ich heute einer der letzten Lebenden, der schon vor 79 Jahren in einem Daimler-Auto spazierengefahren ist.

Mit dem Sitz in Stuttgart vertrat mein Vater auch sein Land an den Höfen von Karlsruhe und Darmstadt, wo er aber dienstlich wenig zu tun hatte, nur zu Hoffestlichkeiten und besonderen Ereignissen mußten meine Eltern dort erscheinen. Von Karlsruhe war wenig die Rede, dort regierte der alte Großherzog Friedrich, dessen Gattin die Tochter Kaiser Wilhelm I. war. Viel lieber gingen meine Eltern nach Darmstadt, wo der kunstsinnige Großherzog Ernst Ludwig einen wahren Musenhof geschaffen hatte. Mein Vater, voll Interesse für den Jugendstil – in Wien nannte man ihn »Sezession« – sprach von dem jungen Herrscher mit Verständnis und Bewunderung. Die Großherzogin, Tochter des Herzogs von Edinburgh – später von Coburg – hatte mit meiner Mutter so manches über London und den dortigen Hof zu reden.

Die Häupter der ehemals »reichsunmittelbaren« Familien waren erbliche Mitglieder der Ersten Kammer in den Ländern, in denen ihre Besitzungen lagen. So kamen diese Herren regelmäßig zu den Sessionen des Landtags oder ließen sich durch ihre ältesten Söhne vertreten; gern gingen sie im Haus meiner Eltern aus und ein. Wir Kinder waren erstaunt, wie viele unter ihnen weitläufige Verwandte von uns waren, noch aus der Zeit, als Wien, die Residenz des Römischen Kaisers, die Stadt war, in der sich Familien aus Österreich, den Niederlanden, der Lombardei und Süddeutschland trafen – manche Ehe wurde dort und damals geschlossen. Die Neippergs aus Schwaigern waren für uns wie Landsleute, unter den Kindern waren drei, die im Alter genau zu meinen Schwestern und mir paßten; ihre Mutter war eine Waldstein, die Großmutter eine Lobkowicz, so waren ihnen Böhmen und unsere gemeinsamen Verwandten wohlbekannt. Gräfin Neipperg war eine kluge, hochgebildete Frau, die von Herrn Kerausch ihrer vielseitigen Interessen wegen sehr bewundert wurde.

Wir waren glücklich in Stuttgart, vielleicht ist es besser, daß ich es nicht wiedersehe, denn damals war es ein in lieblicher Gegend liegendes, noch ein bißchen verträumtes Städtchen; von unserem Haus in der Neckarstraße war es nur eine Viertelstunde bis zum Wald, in dem wir die schönsten Spaziergänge machen und allerlei entdecken konnten. Vielleicht ist mir Stuttgart in der Erinnerung auch deshalb so lieb, weil ich in diesen Jahren zum ersten Mal meinen Vater wirklich kennengelernt habe. Bis dahin hatte das Wort »Eltern« eigentlich nur meine Mutter bedeutet. In Wien war ich noch zu jung, in London war er mit seiner Arbeit auf der Botschaft allzu beschäftigt, auch kostete das intensive gesellschaftliche Leben den Diplomaten viel Zeit. In Stuttgart hatte er mehr Muße, es interessierte ihn, herauszufinden, was für Begabungen wir hätten und wie und wo er zu deren Förderung ansetzen könnte. Ausflüge und kleinere Reisen wurden unternommen, man nannte es »kunstwandern«; da das Auto noch kein Verkehrsmittel geworden war, ging es per Eisenbahn oder im Pferdewagen. Wenn ich in den letzten Jahren in den Autos meiner Freunde mit 150 km Geschwindigkeit auf Autobahnen dahinraste, dachte ich an diese Fahrten im Landauer, wo es außer der Beschaulichkeit auch noch die Unterhaltung gab, auf dem Bock neben dem Kutscher sitzen zu dürfen. Wir fuhren nach Nürnberg, nach Rothenburg ob der Tauber, nach Dinkelsbühl und Ansbach. Die damals empfangenen Eindrücke waren so stark, daß ich mich nach 78 Jahren noch genau an alles Gesehene erinnere. Mein Vater vermied es, uns zu belehren, geschweige denn aus Gesprächen eine Prüfung zu machen. Wir durften über alles schwätzen und Fragen stellen, die er, ohne jemals die Geduld zu verlieren, beantwortete; so wurden bei meiner Schwester Elisalex und bei mir Interessen geweckt, die uns während unseres ganzen Lebens nicht mehr verließen. Wir fanden es selbstverständlich zu wissen, wer Dürer oder Holbein seien, wir lernten die Marken der verschiedenen europäischen Porzellane kennen. Manchmal waren wir über die Unwissenheit sonst respektierter Verwandter geradezu erstaunt!

96

Ein in Stuttgart gerngesehener Gast war ein Freiherr von Franckenstein, der oft aus München kam, um sich bei den Antiquitätenhändlern umzusehen. Es unterhielt uns, daß er »Schackerl« genannt wurde. Von Porzellan verstand er besonders viel und besaß eine berühmte Sammlung von Keramiken. Als wir schon in Dresden waren, wurde entdeckt, daß im Ludwigsburger Schloß gestohlen worden war. Ein Museumsleiter aus Stuttgart hatte Franckenstein in München besucht und sah zu seinem Erstaunen in dessen Sammlung eine Uhr aus Ludwigsburger Porzellan, deren prunkvoller Rahmen eine Verlobung darstellte. Er wußte, daß diese Uhr sich im Schloß Ludwigsburg befand, daß sie eigens für eine Verlobung im Haus Württemberg angefertigt worden war und als Unikat galt; so wunderte er sich sehr über dies ihm völlig unbekannte Duplikat. Nach Stuttgart zurückgekehrt, wollte er gleich feststellen, ob die Uhr tatsächlich ein zweites Exemplar oder vielleicht eine Variante des Originals sei. Er eilte nach Ludwigsburg und, siehe da, der Kamin, den die Uhr geziert hatte, stand leer! Der verantwortliche Verwalter versuchte anfangs, sich herauszureden, als aber die Inventare geprüft wurden, fand man, daß nicht nur Porzellan, sondern auch Möbel fehlten. Was weiter geschah, weiß ich nicht, aber mein Vater war höchst beunruhigt von dieser Geschichte; möglicherweise stammten auch die von ihm erworbenen Möbel aus Ludwigsburg, und natürlich müßte er die in diesem Fall zurückgeben. Glücklicherweise fanden die Möbel sich nicht in den Inventaren, und so konnte er sie behalten.

Nach Weihnachten 1899 kam die Stunde des Abschieds von Stuttgart. Wieder waren die Gefühle geteilt. Dresden lag unvergleichlich näher an Teplitz und wurde nicht umsonst »Elbe-Florenz« genannt; aber es war doch das Ende einer Idylle! Ein junger Württemberger begleitete uns nach Dresden, er war in Stuttgart in meines Vaters Dienst getreten und blieb dann 47 Jahre bei uns – in Dresden und Brüssel und schließlich durch 30 Jahre als Haushofmeister in Teplitz; als Kinder betrachteten wir ihn als Freund, für uns alle war er eine Vertrauensperson, und immer habe ich ihm dankbare Gefühle bewahrt. Im Jahre 1945 konnte er in seine Heimat zurückkehren und seine letzten

Lebensjahre im erhalten gebliebenen Vaterhaus verbringen, von wo aus seine trefflich erzogenen Söhne ihren Weg zur Genugtuung des Vaters machten. Wir haben ihn dort besucht – wieviele gemeinsame Erinnerungen an alte Zeiten konnten wir austauschen! Sein Schwäbeln rührte mich – es gehörte so sehr zur Stuttgarter Vergangenheit.

Dresden

Im Herbst 1899 wurde mein Vater zum Gesandten am Sächsischen Hof ernannt. Ich erinnere mich ungern, fast mit Gruseln, an diesen Herbst, denn damals verließ mich Herr Kerausch, und ich sollte einen neuen Lehrer erhalten – ich will nicht das Wort »Hofmeister« gebrauchen, denn weder er noch sein Nachfolger waren es. Mein Großvater Kinsky, der schon viele Jahre ein Invalidenleben hatte führen müssen, wurde zusehends kränker, meine Mutter war mit uns Kindern in Adlerkosteletz, um meiner Großmutter beizustehen, während mein Vater sich noch in Stuttgart aufhielt.

Da erschien der neue Lehrer, der Cosmas Liebig hieß, ein großer Mann mit schwarzen Haaren, der mir freundlich schien. Kurz nachher starb der Großvater, wir Kinder waren betrübt, da wir verstanden, daß mit seinem Tod das Leben für uns dort ein Ende finden würde. Verwandte munkelten von Schwierigkeiten, von Sparmaßnahmen, von Einschränkungen – das waren Worte, die uns unheimlich vorkamen, da wir uns nichts darunter vorstellen konnten. Meine Mutter blieb eine Zeit bei der Großmutter, wir Kinder wurden nach Teplitz abgeschoben, worüber wir hocherfreut waren, mit Herrn Liebig und den Gouvernanten meiner Schwestern, Miss Savage und Miss Freeman. Erst da lernte ich Herrn Liebig kennen, seine Methoden waren mir neu und bald unverständlich, er lehrte gut, aber ohne System, das Studium wurde ständig unterbrochen, um zu turnen oder Langläufe zu machen, besonders gern unternahm er mit mir Fahrten in die Umgebung, an denen auch die Schwestern teilnahmen und bei denen wir uns herrlich unterhielten. Nur fand ich dadurch nicht die Zeit, um meine Aufgaben gut zu machen, und wenn sie dann dadurch mangelhaft waren, wurde er wütend und fing an, mich zu prügeln. Herr Liebig war vorher bei einem Sohn einer mit uns verwandten Familie in Böhmen gewesen, es hieß von ihm, daß er Mönch werden wolle, auch längere Zeit in einem Kloster zugebracht hatte. Der betreffende Zögling sollte zu den Jesuiten nach Feldkirch kommen, so wollte man den Lehrer loswerden und empfahl ihn meinem Vater, ohne diesen darauf aufmerksam zu machen, daß Liebig zeitweise gar nicht normal war. Dieses Versäumnis wurde dann diesen Verwandten doch recht übel genommen. Seine Wutanfälle waren erschreckend, denn da schien er kaum zu wissen, was er tat, das Prügeln und die Quälereien nahmen immer mehr zu. Die guten Onkeln und Tanten in Teplitz merkten in ihrer Weltfremdheit nichts von dem, was da vorging, ich fand es unwürdig, mich bei ihnen zu beschweren, und außerdem hätte man es wahrscheinlich für übertrieben gehalten, da der Mann gewöhnlich nett, höflich und freundlich war – eben ein Narr und nicht zurechnungsfähig!

Glücklicherweise dauerte dieser Zustand nicht allzu lange, denn wir fuhren dann zu den Eltern nach Stuttgart zurück,und dort war mein Schulzimmer in der Nähe des Raumes, in dem sich die Diener aufhielten, einer von ihnen hörte mein Geschrei, guckte durch das Schlüsselloch und sah, was da vor sich ging; er lief schnurstracks zu meinem Vater, der sich von der Richtigkeit dieser Anzeige überzeugen konnte. Wenige Minuten später wurde ich zu ihm gerufen: ich solle sofort zu den Nachbarn gehen, bei meiner Rückkehr würde ich Liebig nicht mehr im Haus finden. Ich war über diese Nachricht selig und sehr erleichtert; meine Mutter fragte mich dann noch genauestens aus, sie war begreiflicherweise außer sich über die Prügeleien und Quälereien! Gleich nach Weihnachten wurde ich zu meiner Großmutter nach Adlerkostelez geschickt, um mit dem dort in Pension lebenden alten Hofmeister meines Onkels zu studieren, denn ich durfte ja nicht zuviel Zeit verlieren, um die Semestral-Prüfung bestehen zu können.

Inzwischen waren die Eltern und meine Schwestern nach Dresden übersiedelt, wo ich zugleich mit dem neuen Lehrer eintraf, voller Neugierde, wie er wohl sein werde. Wir hatten inzwischen gehört, daß Herr Liebig in das Kloster zurückgegangen war, von wo er aber sofort in eine Irrenanstalt gebracht werden mußte, in der er nicht lange nachher völlig umnachtet starb. Mein neuer Mentor hieß Herr Strohmeier, ein braver Steirer, der mich sehr tüchtig für die Prüfung vorbereitete, nett, freundlich und uranständig war, aber nicht den geringsten Einfluß auf mich hatte. In den meisten Dingen verstanden wir uns, doch mußte er seine Hoffnung, mich auch für die ihn brennend interessierenden Theorien von Kant, Schopenhauer und dem Heiligen Augustinus zu begeistern, bald wieder aufgeben. Manchmal war er unglaublich naiv, was mich eher unterhielt – es war mir nicht erlaubt, ganz mit Recht, abends noch im Bett zu lesen; ich war damals ganz Karl May verfallen und vertiefte mich die halbe Nacht hindurch in seine Bücher. Herr Strohmeier hatte Klumpfüße, ging daher mit schweren Schritten, die ich schon von weitem hörte. Sobald dies der Fall war und ich im Bett noch las, löschte ich schnell das Licht aus; er machte die Tür auf und fragte mit Stentorstimme: »Schlafen Sie?« – »Jawohl!« antwortete ich und »Dann ist es gut!« bemerkte er abschließend.

Die Hofmeister hatten damals ein sehr gutes Leben, manche wurden geradezu verwöhnt; einmal wurde ein Gespräch zweier von ihnen überhört: »Wie gefällt es ihnen in diesem Haus?« – »Sehr gut, der Bub lernt ordentlich, die Familie ist sehr freundlich. Nur die Kost! stellen Sie sich vor, jeden Tag gibt es Huhn und jeden Tag denselben Bordeaux!« Mein Vater lächelte nur, wenn Herr Strohmeier den Wein kritisierte, was er öfters tat, da er aus einer Weingegend in der Steiermark kam und sich deshalb als Kenner fühlte. Nach uns war er aber in einer Familie, wo ihm dieses Kritisieren sehr übel genommen wurde.

Drei Jahre blieben wir in Dresden. Wir wohnten in der Wiener Straße, rund um uns Bekannte meiner Eltern, deren Kinder unsere Freunde wurden, mit denen ich Reit- und Turnstunden nahm oder Touren mit dem Fahrrad unternahm. Zwei ältere Söhne einer Gräfin Schall waren nett und klug, mit einer russischen Familie Knorring waren wir besonders befreundet, bei ihnen ging alles sehr großartig zu, es passierten auch sonderbare Dinge. Die Baronin Knorring war eine begabte Pianistin, und es fanden dort Hauskonzerte statt; sie war die Tochter des russischen Botschafters Graf Schuwalow, so sprachen auch die Kinder viel von Politik, in recht überheblicher Weise. Wenn ich ihre Meinungen über Rußland und Österreich hörte, kam es mir vor, als spräche ein Goliath über Zwerge. Ein Jahr hatten die Knorrings aus dem Baltikum einen kleinen zahmen Bären mitgebracht, mit dem die Kinder spielten, ich hatte ihn nicht gern, weil er mit seinen Krallen meine Strümpfe zerriß, auch war ich gar nicht sicher, daß er nicht beißen würde; er lief frei im Garten herum, was die Postboten und Lieferanten sehr erschreckte. Der Bär wohnte in einem Raum halb unter der Erde; eine Kiste war in denselben Raum gestellt worden, in der sich ein kostbares Meissener Service befand, das der Baron gerade erworben hatte. In der Nacht langweilte sich der Bär und packte die Kiste aus, was das Ende seiner Gastrolle bedeutete; er wurde dem Zoologischen Garten geschenkt, wo wir ihn manchmal besuchten und wo er die Knorring-Kinder noch erkannte.

Man nannte damals Dresden gern das »Elbe-Florenz«, nicht zu Unrecht, da die Stadt in Deutschland ein Kulturzentrum war. Die Oper war berühmt, wegen der vortrefflichen Künstler, die dort auftraten, aber auch der Instrumente wegen, auf denen die Mitglieder des Orchesters spielten. Die kunstliebenden Könige hatten nämlich Generationen hindurch die besten italienischen Instrumente gesammelt; die Oper war Hofbesitz und unterstand einem vom König jeweils ernannten Herrn. Zu unserer Zeit war dies ein Graf Seebach, der viel bei meinen Eltern verkehrte und dessen langatmiger Titel uns unterhielt: »Generaldirektor der Königlichen Musikalischen Kapelle und Hoftheater.« Jeden Sonntag fand um 11 Uhr in der schönen Hofkirche ein Hochamt statt, bei welchem das Orchester der Oper und die berühmtesten Sänger mitwirkten. Dem diplomatischen Corps standen große offene Logen zur Verfügung, und ich genoß diese Sonntage sehr.

Bis zur Errichtung des deutschen Kaiserreiches hatten die Könige von Sachsen eine sehr aktive politische Rolle gespielt, besonders zur Zeit der Kurfürsten, die wie August der Starke und sein Sohn auch Könige von Polen gewesen waren. Nach 1870 wurde die große Politik nur mehr in Berlin gemacht, so konnten Städte wie Dresden, München oder Darmstadt sich kulturell besonders fruchtbar entwickeln. Daher nicht unberechtigt die Namen »Elbe-Florenz« und »Isar-Athen«.

Brüssel

Auf Dresden folgte Brüssel. Es war ein viel wichtigerer Posten; Belgien, trotz seiner von den Großmächten garantierten Neutralität, spielte eine bedeutende Rolle in der europäischen Politik, zumal wegen seines großen Kolonialbesitzes. Dabei ging der Ehrgeiz der belgischen Politiker nicht weiter, als den äußeren und inneren Frieden zu bewahren, um das Erworbene zu erhalten und zum Wohl des Landes auszunützen. In der Innenpolitik schien es keinerlei Schwierigkeiten zu geben, konservative und liberale Regierungen lösten sich ab, nur die Frage der Flamen machte Sorgen, denn sie waren im Land eine Mehrheit, wurden aber sprachenmäßig unterdrückt, wogegen sie sich wehrten – damals aber noch in sehr maßvoller Weise. Französisch war die Sprache der höheren Stände, der Gebildeten, von denen das Flämische belacht wurde.

Ein Beispiel: Meine Schwester hatte einen Grafen Baillet Latour geheiratet, der Landsitz der Familie lag in der Nähe von Antwerpen, in einer rein flämischen Gegend. Meine Schwester, die von zu Hause gewohnt war, Kontakt mit der Bevölkerung zu pflegen, gab einmal ein Fest für die Kinder des von Klosterfrauen geführten Kindergartens. Nach verschiedenen Wettspielen gab es Kuchen zu essen, und da die Kinder alle Flamen waren, hielt meine Schwester eine Rede in ihrer Sprache, was meinen Schwager mit Zorn und Entrüstung erfüllte.

Aber schon der schlaue alte König Leopold II., ebenso wie der intellektuell und moralisch sehr hochstehende König Albert und ihre klugen Minister hatten es nach und nach durch richtige Gesetze verstanden, den Flamen gegen den Widerstand der Wallonen zu ihrem Recht zu verhelfen, ohne daß es zu ernsten Konflikten kam. So war das Königshaus sehr populär, die privaten Liebesaffären des alten Königs störten das Volk nicht, das Familienleben des jungen Königspaares war in jeder Beziehung mustergültig, alle hatten es verstanden, sich dem demokratischen Denken des an Freiheit gewohnten Volkes anzupassen.

König Leopold konnte spöttisch sein, so mußte man aufpassen, sich keine Blößen zu geben. Bei irgendeiner Gelegenheit war er zu Mittag Gast bei einem Bischof in der Provinz und lobte den guten Tischwein, worauf der Bischof meinte, daß er einen noch besseren habe; die Antwort blieb nicht aus: »Den heben Sie wohl auf, bis der liebe Gott zu Ihnen essen kommt?«

In seinem Privatleben hatte König Leopold kein Glück; seine Frau, eine ungarische Erzherzogin, war früh gestorben, ebenso sein Sohn, den er als seinen Nachfolger gut erziehen ließ. Seine älteste Tochter, Luise, hatte den Prinzen Philipp von Coburg geheiratet, die zweite, Stephanie, den Kronprinzen Rudolf, die jüngste, Clementine, liebte durch Jahre den Prinzen Napoleon Bonaparte, da dieser aber Ansprüche auf den französischen Kaiserthron stellte, durfte sie ihn nicht heiraten, um Paris nicht zu verschnupfen. Erst nach dem Tod ihres Vaters fand ihre Vermählung statt.

Prinzessin Luise war in der Jugend sehr schön, durch einen fatalen Sturz vom Pferd erlitt sie eine böse Kopfverletzung und wurde immer merkwürdiger. Ihrer maßlosen Verschwendungssucht wegen und weil sie unter den unheilvollen Einfluß von Gaunern geriet, ließ sich der Prinz von ihr scheiden. Der Prinzessin war nicht gestattet, Belgien zu betreten, und sie sah ihren Vater nicht wieder. Sie liebte Ungarn, wo sie von einem früheren Husarenoffizier, der seine Charge verloren hatte, auf schamlose Weise ausgenutzt wurde. Mitglieder regierender Häuser, die ständig in Österreich-Ungarn lebten, unterstanden gerichtlich nicht den k.u.k. Behörden, sondern dem Obersthofmeisteramt in Wien. Als König Leopold II. starb, erhielt mein Vater eine chiffrierte Nachricht aus Wien, daß die Prinzessin die Absicht habe, am Begräbnis ihres Vaters teilzunehmen, und es wurde dafür eine Bewilligung erwartet; mein Vater eilte in das Ministerium, wo er die Antwort erhielt, daß der Prinzessin die Einreise nach Belgien gegeben werde, keinesfalls aber eine solche auch für den Husaren. Dies wurde nach Wien mitgeteilt, worauf die Prinzessin erklärte, sie würde allein kommen, was mein Vater weiterleitete. An der Grenze war

aber der Husar dann doch dabei und versuchte, sich einzu-
schmuggeln, denn er befürchtete wohl, daß die Prinzessin, einmal allein mit ihrer Familie, seinem Einfluß entrinnen könnte.
Mein Vater war schon ganz erschöpft, denn er mußte wegen
dieser Geschichte fortlaufend bei Tag und Nacht ins Ministerium eilen. Schließlich ließ der Husar die Prinzessin nicht aus
seinen Fängen, und die Arme kehrte mit ihm nach Ungarn zurück.

König Leopold II. konnte sehr freundlich sein, aber, wie
schon gesagt, auch spöttisch,und er führte die Menschen gern
aufs Eis. Höhere Beamte in der Verwaltung sollten eigentlich
beide Landessprachen beherrschen, manche Wallonen konnten aber flämisch nur radebrechen, gerade diese sprach er gern
auf flämisch an.Im Jahr 1908 war ich gerade in Brüssel,als ein
Hofball stattfand, zu dem ich gehen konnte, da ich schon Leutnant war und die Uniform tragen durfte. Einer meiner Vettern
Ligne warnte mich, daß der König, dem ich bei dieser Gelegenheit vorgestellt werden sollte, mich sicherlich nach dem österreichischen Regiment fragen würde, dessen Oberstinhaber er
war; falls ich keine Antwort geben könne, hätte er sich an meiner Beschämung geweidet. Das Glück wollte, daß ich einige
Monate vorher an der Grazer Universität studiert hatte, so
wußte ich, daß sein Regiment das Steierische Infanterie-Regiment Nr. 2 sei: Egalisierung Kaisergelb mit goldenen Knöp-
fen, Ergänzungsbezirks-Kommando Graz. Zufällig wußte ich
sogar den Namen des derzeitigen Regimentskommandanten.
Der König begann tatsächlich gleich, mich auszufragen – er
schien fast enttäuscht, daß ich alle Antworten wußte.

Der Reichtum Belgiens hatte seine Wurzeln in niederländi-
scher Vergangenheit, in der Tüchtigkeit beider Völker, zumal
im überseeischen Handel. Neuerdings kam die Ausbeutung der
Schätze des Kongo dazu. Über die Grausamkeit gegenüber den
Eingeborenen ist damals viel geschrieben worden. Es dürfte
etwas Wahres daran gewesen sein. Jedoch war mein Vater, der
als Diplomat gute Informationsquellen besaß, der Überzeugung, daß auch viel Übertreibung im Spiel war, inspiriert von
der Konkurrenz, zumal der englischen, vom Ärger über Erfolg
und Reichtum des kleinen Königreichs. Willkommene Miß-

verständnisse mischten sich ein. Eines Tages erschienen in verschiedenen Zeitungen des Auslandes Bilder eines Negers, der seine abgehackte Hand in der andern hielt – der Text dazu besagte, daß dem armen Schwarzen die Hand strafweise abgehackt worden war und daß er sich dann – höchste Bestialität! – auch noch photographieren lassen mußte. Ich hatte einen Freund, der damals im Kongo als Offizier diente, ein ehrenhafter Mann, auf dessen Wort ich mich verlassen konnte, Comte Ferdy de Grunne. Er wußte die Wahrheit: Ein Neger hatte eine schwere Blutvergiftung in einer Hand; um ihm das Leben zu retten, mußte diese amputiert werden. Er gehörte einem Volksstamm an, in dem, von den Magiern geschürt, der Glaube bestand, daß ein Toter, dem ein Körperteil fehlte, von Dämonen geplagt werden würde; und so hatte er gebeten, ihn zu photographieren, als Beweis, daß er die Hand besitze.

Das Leben in Belgien war billig, und man konnte sich mehr leisten als anderswo. Wir fanden in Brüssel zahlreiche Verwandte. Mitglieder der Familie de Ligne, die uns mit offenen Armen aufnahmen, wie andere Brüsseler auch; mit der jüngeren Generation wurden Freundschaften geschlossen, die noch heute bestehen. Ein paarmal besuchten und bewunderten wir das Schloß Beloeil, in dem unser Ahne, der Maréchal de Ligne, gelebt hatte. Insgesamt erinnere ich mich an dies Vorkriegs-Belgien wie an eine Insel der Seligen.

Die Tischordnung

Man ist oft geneigt, die Frage des Ranges bei Tisch, die sogenannte Tischordnung, als überholt zu betrachten, als ein Überbleibsel einer untergegangenen Welt und ohne Interesse für frei und demokratisch denkende Menschen.

Immer wieder hört man sagen, daß die Qualität der Speisen wichtiger sei als der Platz bei Tisch, nur wenige können es sich leisten, wie Fürst Bismarck zu erklären: »Wo ich sitze, ist der erste Platz!« Aber man irrt sich, wenn man glaubt, daß in Republiken oder kommunistischen Ländern die Rangfrage keine Rolle spielt. Die meisten Leute, die sich beschweren, nicht an den ihnen gebührenden Ehrenplatz gesetzt worden zu sein, tun dies beileibe nicht wegen ihrer Person, sondern des Amtes wegen, das sie bekleiden, oder des Landes, das sie vertreten. Bei wenig Gelegenheiten tritt die menschliche Eitelkeit so kraß zutage wie in Rangfragen.

In manchen Staaten, wie seinerzeit in der k.u.k. Monarchie, wo man auf Ordnung hielt, und noch jetzt in England, wo man darauf hält, gab und gibt es keinen Zweifel, da diese Frage genau geregelt war und ist. Am Wiener Hof hatte man das sogenannte »Gelbe Büchel«, in welchem alle Ränge genau festgelegt waren. Für die fremden Diplomaten hatte dies großen Wert und erlaubte ihnen, eventuellen Schwierigkeiten zu entkommen.

Als im Frühjahr 1914 Erzherzogin Maria Annunziata als Äbtissin des Prager Damenstiftes durch zwei Wochen am Hradschin residierte, wurde ich ihr für diese Zeit als Dienstkämmerer zugeteilt. Unter anderem gehörte es zu meinen Pflichten, die Damen, die von ihr empfangen wurden, dem Rang nach in den Salon zu führen und vor allem die Tischordnungen zu machen. Bevor die Erzherzogin ankam, wurde ich zum Statthalter Fürst Thun befohlen, der mir das besagte »Gelbe Büchel« gab, mit dem Auftrag, es zu studieren und ihm dann die erste, von mir gemachte Tischordnung vorzulegen. Als er sah, daß ich die Sache verstand, überließ er mir alles Weitere.

Im heutigen Moskau ist die Rangfrage nicht so klar. Ein Diplomat, der dort auf einer Botschaft gearbeitet hatte, erzählte mir von seinen Schwierigkeiten, da die Russen es sehr übel nahmen, wenn sie nicht auf dem Platz saßen, der ihnen ihrer Ansicht nach gebührte.

In der C.S.R. war es auch nicht einfach, da es in Protokollfragen keine genauen Regeln gab. Als der US Gesandte Butler Wright Prag verließ, veranstaltete der Britische Gesandte Sir Basil Newton ein großes Abschiedsdiner für ihn, zu welchem er einige Diplomaten, Herren und Damen aus Regierungskreisen und etliche besonders intime Freunde einlud, unter denen meine Frau und ich waren.

Newton war ein Junggeselle, der alles stets aufs Beste machen wollte. Ich kannte ihn gut, schätzte seine Objektivität in den schwierigen Fragen der Innenpolitik, nur wußte er nie, wem zu glauben. Einmal geriet er förmlich in Wut, er bat mich in einer die Minderheit betreffenden Sache um Auskunft, die ich ihm bereitwillig gab, da schrie er mich an und wollte wissen: »Wem soll ich denn glauben? Ich frage hundert Leute – Tschechen, Slowaken, Sudetendeutsche, Männer in der Regierung, solche von früher – und erhalte hundert sich widersprechende Antworten!«

Als wir an dem Abend des bewußten Diners in die Gesandtschaft kamen, wurde uns im Vorzimmer vom Kammerdiener die Tischordnung gezeigt, dann vom Attaché, schließlich vom Gesandten selbst. Den ersten Rang hatte der Außenminister Krofta. Sobald der gleichfalls anwesende Postminister sah, daß er als Zweiter eingeteilt war, bekam er einen roten Kopf, und als er mit seiner Tischdame, der Gattin des Schweizer Gesandten, das Speisezimmer betrat, ließ er sie stehen und setzte sich rechts der Hausfrau, als welche die Frau des britischen Ersten Sekretärs auftrat. Nun entstand ein heilloses Chaos, Krofta mußte links der Hausfrau Platz nehmen, alles geriet durcheinander, wie durch Zauberei saßen plötzlich die meisten Ehepaare nebeneinander. Als Grund für sein Benehmen gab der Postminister an, er habe länger als Krofta den Rang eines Ministers gehabt.

In Brüssel waren auch Schwierigkeiten, denn das jetzige Königreich gab es erst seit 1831, nachdem das Land erst durch Jahrhunderte unter spanischer Herrschaft gestanden hatte, dann zu den Österreichischen Erblanden gehörte und im Wiener Kongress an das neu errichtete Königreich der Niederlande fiel, bis es schließlich selbständig wurde. Unter diesen Umständen ist es begreiflich, daß die Rangfrage noch nicht genau geregelt worden war!

Mein Vater war sehr korrekt und bestrebt, ja keinen Protokollfehler zu begehen, einmal passierte es ihm aber doch, er hatte zugleich den Obersthofmeister des Königs und den Präsidenten des Senats zum Essen eingeladen; er erkundigte sich beim Protokollchef des Außenministeriums, der ihm die Antwort gab: »Sie Armer – Sie haben gerade die Zwei eingeladen, bei denen wir selber nicht wissen, wer den ersten Rang hat! Sie werden einen beleidigen – so müssen Sie wählen, wer Ihr besserer Freund ist!« Die Frage wurde dadurch noch verzwickter, daß der Obersthofmeister ein langjähriger Freund meines Vaters, die Frau des Senatspräsidenten, eine Spanierin, eine gute Freundin meiner Mutter war.

Mein Vater hatte viel mit dem Hof zu tun, so wurde der Obersthofmeister rechts von meiner Mutter gesetzt. Der andere Herr nahm dies so übel, daß er das ganze Essen hindurch nicht ein Wort mit ihr sprach, noch bei Tisch bat er einen Diener, man möge um seine Equipage telephonieren und verließ das Haus, ohne den schwarzen Kaffee getrunken zu haben. Nun war aber auch mein Vater ungehalten, denn er fand, daß sich selbst der Präsident des Senats mit dem k.u.k. Gesandten nicht so benehmen dürfe.

Aber schon am nächsten Morgen telephonierte seine Gattin meiner Mutter, daß sie ihr vormittags einen Besuch machen wolle. Was würde sie wohl sagen? »Wissen Sie, beim Nachhauskommen habe ich meinem Mann zwei Ohrfeigen gegeben, so ist jetzt alles wieder in Ordnung!« Sie küßte meine Mutter und man blieb weiter gute Freunde.

Stürme im Wasserglas, mag man sagen, ohne Wichtigkeit und ohne Folgen, wie Vieles in der »guten alten Zeit«. Einen der Gewaltigen in Moskau wegen eines nach seiner Ansicht verkehrten Platzes bei Tisch als Feind zu haben, kann sich viel katastrophaler auswirken.

In Frankreich war es früher Sitte, den Teller umzudrehen, wenn man glaubte, nicht am richtigen Platz zu sitzen – eine recht friedliche Art, seinen Unwillen abzureagieren, dabei strafte sich ja der unzufriedene Gast selber am schwersten, weil er nichts von den guten Speisen essen konnte!

Die guten Speisen – manchmal habe ich darüber nachdenken müssen, warum es in meiner Jugend noch Speisenfolgen gab, deren Länge uns heute schier unglaublich erscheint.

Die älteste Ur-Angst der Menschen ist der Hunger, fast mehr als der Tod. Die Flucht vor dem Hunger hat in der Geschichte die größten Umwälzungen mit sich gebracht, so die gewaltigen Völkerwanderungen in den ersten Jahrhunderten nach Christi Geburt. Diese entsprangen sicher nicht einer Art von Wanderlust, sondern dem Suchen nach neuen Weidegründen. Das Ma-

108

ximum der Gastfreundschaft war durch Jahrtausende bis vorgestern, die Gäste durch reichhaltiges, meist übermäßiges Essen zu ehren. Es erschien dies als das Beste, was man geben konnte, immer mit dem instinktiven Gefühl im Hintergrund, daß der Hunger das Ärgste sei.

Es tauchen immer wieder die gruseligen Geschichten von Menschenfressern auf, die für einen zu ehrenden Gast ihr Enkelkind geschlachtet haben. In alten Chroniken findet man Beschreibungen von Hochzeitsfeiern im 16. Jahrhundert, bei denen unvorstellbar große Mengen von Viktualien von den Gästen verspeist wurden. Ja, sogar Tote wurden noch durch ein üppiges Essen nach dem Begräbnis, für die Trauergäste, geehrt. Im alten österreichischen Bürgerlichen Gesetzbuch kommt noch der »Behördlich konzessionierte Leichenschmaus« vor. Dieser mußte unter Umständen von der Gemeinde, in welcher der Tote heimatzuständig war, bezahlt werden, falls der Verstorbene mittellos war. In Böhmen war es eine alte Sitte, daß gelegentlich von Firmungen oder Besuchen des Bischofs der Pfarrer ein Essen geben mußte, welches so reichhaltig war, daß der arme Mann nachher lange hungern mußte, um die Unkosten wieder einzusparen! In unserer Leitmeritzer Diözese stellte der Bischof dies aber ein, und es war strengstens untersagt, mehr als eine geringe Anzahl von Speisen den Gästen vorzusetzen.

Mein Vater, der zwar auf eine gute Küche hielt, aber recht frugal war, staunte nach seiner Versetzung nach Stuttgart, daß es dort noch üblich war, bei Diplomatendiners in der Mitte der Mahlzeit einen kalten Punsch zu servieren, welcher der Verdauung Halt bot, so daß die Gäste mit frischen Kräften noch mehr Gänge essen konnten.

In einer alten Wiener Zeitung habe ich gefunden, daß Graf Robilant, der Gatte meiner Tante Edmée Clary, als Botschafter Italiens in Wien ein Essen für das dort anwesende italienische Königspaar mit der folgenden Speisefolge gab:

Huîtres au Citron
Potage à la Rachel
Rosbif à l'Angelaise
Suprême de Poulardes à la Royale

Cailles farcies aux petit pois
Faisan à la Périgord
Salade Italienne
Crème glacée à l'Ananas

Leider konnte ich nicht ergründen, um wieviel Uhr dieses Gastmahl begann – es ist aber vermerkt: »Bald nach 12 Uhr wurde die Tafel aufgehoben.«

Zwei Märchenköniginnen

Vom französischen »Zweiten Kaiserreich« war in meiner Kindheit noch viel die Rede; für die älteren Generationen gehörte es ja zu ihrer eigenen Gegenwart, zur »Zeitgeschichte«. Mein Großvater hatte, als er sich 1841 mit der jungen und schönen Elisalex Ficquelmont verlobte, die Empfangsräume in Teplitz im Stil Louis Philippe einrichten lassen; später dann mußten diese noch ziemlich neuen Möbel solchen des »second empire« weichen. Ich wußte auch, daß meine Großeltern zwischen 1856 und 59 in Paris gewesen waren, und daß Kaiser Napoleon mit meiner Großmutter getanzt hatte. Wir Kinder hörten die Erwachsenen von der schrecklichen Schlacht bei Solferino reden, in der die Franzosen Napoleons III. 1859 die österreichische Armee besiegt hatten; auch von der Schlacht bei Königgrätz, in der uns die Preußen besiegt hatten. Natürlich war da der Ton jedesmal ein kummervoller. Wenn vom Deutsch-Französischen Krieg 1870 die Rede war, so war ich nicht sicher, wem meine Sympathien gehörten, um so mehr, als auch in der Familie die Gefühle geteilt schienen. Die Flucht der Kaiserin Eugénie aus Paris und all ihr späteres Unglück bewegte mich aber doch sehr, besonders der tragische Tod des Prince Impérial, den ich in einer illustrierten Zeitung dargestellt gefunden hatte: wie da der junge Prinz ganz allein, nur mit einem Säbel bewaffnet, sich gegen die Zulus mit ihren langen Assagais wehrt. Diese traurige Geschichte ist ja bekannt. Nach dem Tod seines Vaters war »Loulou« in die britische Armee eingetreten. 1879 nahm sein Regiment in Afrika an den Kämpfen gegen die Zulus teil. Königin Victoria hatte gewünscht, daß der Prinz unter keinen Umständen persönlichen Gefahren ausgesetzt werde. Das war aber genau nicht, was er wollte, er wollte mit ganzer Seele Soldat sein und keine Sonderrechte genießen. So nahm er, es war der 1. Juni, teil an einem Recognoszierungsritt und kam nicht mehr lebend von ihm zurück. Die Mutter hat später den Ort besucht, an dem er den Tod fand. Und die Zulus erklärten der Welt: Hätten sie gewußt, daß es »Napoleon« sei, so hätten sie ihn nicht getötet!

Im Jahre 1909, also dreißig Jahre nach diesem Ereignis, war ich in Welbeck Abbey bei der mir nahe befreundeten Familie Portland zu Gast. Eines Abends kam der Polizeikommandant von Nottingham zum Essen. Ich wußte, daß er damals an dem tragischen Ritt teilgenommen hatte und bat den Herzog, ihn auf dieses Thema zu bringen. Das fiel nicht schwer. Unser Gast erzählte, wie an jenem Tag die Abteilung auf einem Hügel rastete; wie plötzlich in dem hohen Gras die federgeschmückten Köpfe der Zulus auftauchten und von allen Seiten näher kamen. Die britischen Soldaten und Offiziere, die sich in arger Minderzahl sahen, schwangen sich so schnell sie konnten auf ihre Pferde und galoppierten davon. Sie hatten nicht bemerkt, daß der Sattelgurt des Prinzen sich gelockert hatte, so daß er nicht aufsitzen konnte; allein blieb er zurück und starb von unzähligen Speeren durchbohrt. Die Engländer, als sie zurückkehrten, unter ihnen mein Polizeikommandant, fanden seine schrecklich entstellte Leiche. Davon also erzählte er, gewiß nicht zum erstenmal. Er gab niemandem die Schuld an dem Unglück, aber ich merkte recht wohl, daß die Erinnerung ihn noch immer quälte. Wirklich ist ja damals auch allerlei Kritik gegen das Verhalten der Kameraden des Prinzen laut geworden.

Zwei Jahre später, im August 1911, war ich wieder in England, in Cowes, während der Regatten, als Gast auf der Yacht englischer Freunde. Unter den vielen Yachten war auch die der Kaiserin Eugénie. Ihr Großneffe, der Herzog von Alba, befand sich mit ihr. Mit meinen englischen Freunden wurde ich zum Tee bei der Kaiserin eingeladen. Das war für mich natürlich ein aufregendes Erlebnis, dieser schon historisch und fast sagenhaft gewordenen Persönlichkeit vorgestellt zu werden. Uralt erschien sie mir wohl mit ihren 85 Jahren, aber tief beeindruckte mich die Schönheit ihrer Augen, die Lebhaftigkeit ihres Gesprächs und ihres Ausdrucks. Als die Gäste sich verabschiedeten, fragte sie mich: »Sind Sie mit einer Fürstin Clary verwandt, die bei uns in Paris war? Auf einem Hofball war sie die schönste der anwesenden jungen Frauen, so daß der Kaiser mit ihr den Ball eröffnete . . .« Sie konnte sich also noch an diese Begegnung erinnern, die nun länger als ein halbes Jahrhundert zurücklag! – War die Kaiserin Eugénie mir immer ein Begriff gewesen von Kindheit auf, nun war sie Wirklichkeit für mich geworden, und noch sehe ich sie vor mir, wie ich sie im Jahre 1911 sah.

Winterhalter, der gefeiertste Portraitmaler des second empire, hat die Kaiserin Eugénie mehrfach gemalt und auch unsere Kaiserin, Elisabeth, die Gattin Kaiser Franz Josephs. In meiner Kindheit hörte ich auch von ihr so manches, zumal eine meiner Großtanten, Gräfin Helene Kinsky, geb. Thurn und Taxis, vor ihrer Verheiratung mit einem jüngeren Bruder meines Großvaters ihre Hofdame gewesen war. Sie verehrte die Kaiserin herzlichst, nie kamen Worte der Kritik aus ihrem Mund, nur Worte des Bedauerns darüber, daß ihr schlechter Gesundheitszustand sie zu den vielen Reisen zwang, woran sich dann die Bemerkung zu schließen pflegte, »daß der arme Kaiser so viel allein sei.« Kaiserin Elisabeth muß eine bezaubernde Frau gewesen sein, wer nur immer sie traf, verfiel ihrem Charme. Wenn alte Herren von ihr sprachen, veränderten sich förmlich ihre Stimmen. Mit der Zeit wurde sie für uns etwas wie eine Märchengestalt, und wenn uns Märchen vorgelesen oder erzählt wurden, dachten wir auch an sie, die für uns eben zur Märchenkönigin geworden war. Eine alte Kammerjungfer meiner Mutter kam oft zu uns Kindern, wenn wir krank waren und las uns vor, was von unserer englischen »Miss« nicht gern gesehen wurde; denn die hielt sehr auf Abstand zwischen uns und der Dienerschaft. Wir konnten das gar nicht verstehen, für uns gehörten die alten Diener ganz einfach zur Familie.

Im Jahre 1895 wurde mein Vater von Wien als Botschaftsrat nach London versetzt. An die Wiener Kachelöfen und ihre behagliche Wärme gewohnt, froren wir erbärmlich, wie schon erzählt, in dem fast ungeheizten Haus, das mein Vater in Lowndes Square gemietet hatte. Ständig waren wir erkältet, der Winter 1896/97 muß besonders kalt gewesen sein, ich erinnere mich an das Schlittschuhlaufen auf dem Serpentine in Hyde Park. Schließlich wurde beschlossen, uns zu meinen Großeltern nach Territet am Genfer See zu schicken, versteht sich von meinem Hofmeister begleitet, denn es war Schulzeit. Der Großvater Kinsky litt an Gicht, vermutlich auch an Zirkulations-Störungen, jedenfalls machte das Gehen ihm die größten Beschwerden, meistens saß er im Rollstuhl. Wir wohnten im Grand Hotel, und das Leben dort kam uns paradiesisch vor; hier im Süden war schon Vorfrühling, jede freie Stunde wurde benutzt, um auf dem See zu rudern oder an den Abhängen hinter dem Hotel herumzulaufen und Narzissen zu pflücken. Eines Tages hörten wir, daß Kaiserin Elisabeth nach Territet kommen und in unserem Hotel wohnen werde. Allerdings wurde unsere Erwartung zunächst enttäuscht, denn man sah die hohe Dame fast nie, es war sogar ein eigener Ausgang für sie geschaffen worden, und wenn man ihr bei Spaziergängen begegnete, öffnete sie einen großen braunen Lederfächer, hinter dem sie ihr Gesicht verbarg. Unvermeidlich erregte dieser geheimnisvolle Fächer unsere Neugierde. Eines Tages wanderten meine ältere Schwester und ich allein in den Bergen hinter dem Hotel. Da sahen wir schon von weitem die uns bekannte schlanke, in Schwarz gekleidete Gestalt herankommen. Wir stellten uns neben den Weg und siehe da, weil kein Erwachsener in der Nähe war, öffnete die Kaiserin diesmal nicht ihren Fächer! Meine Schwester machte einen Knicks und ich meinen schönsten Bückling; sie lächelte uns freundlich zu – aber ich war wie aus den Wolken gefallen, denn ich sah ein mir uralt vorkommendes Gesicht voller Runzeln. Als wir nach Hause kamen, erzählten wir meiner Großmutter gleich das Erlebnis. »Kinder«, sagte sie, »vergeßt nie diesen Tag, an dem ihr die schönste Frau der Welt gesehen habt!« Auf meine naseweise Antwort: »Aber Großmama, ihr Gesicht ist ja voller Runzeln!«, erhielt ich eine saftige Ohrfeige.

Wir waren alle in Teplitz im nächsten Jahr, als die Nachricht von der Ermordung der Kaiserin eintraf. Es war ein tiefes Entsetzen im Hause, das dem Knaben sich einprägte, ja, das er teilte. Ich dachte nicht mehr an die Runzeln im Gesicht der Kaiserin, nur an ihr freundliches Lächeln. Die Märchenkönigin, die Lichtgestalt war plötzlich verschwunden, getötet durch einen unbegreiflich bösen Menschen. Die Erwachsenen trugen Trauer, wir Kinder auch. – Es war wohl der erste politische Mord, von dem ich hörte, nicht der letzte.

Der Kaiser Josef
Auch etwas über die Jagd

Sein Name gab mir schon als Kind zu denken – vielleicht, weil so oft von ihm die Rede war und weil dann entgegengesetzte Ansichten in der Verwandtschaft aufeinanderprallten, vielleicht auch, weil in der Heimat, in Nordböhmen, zu seiner Ehre Denkmäler errichtet worden waren, so daß ich genau wußte, wie er aussah. In Wien am Josefsplatz steht das Denkmal des Kaisers zu Pferd – er ist da nur mit einer Toga bekleidet, was im Winter einen recht jämmerlichen Eindruck machte, so daß ich voll Bedauern war. In einem der Salons im Teplitzer Schloß hing ein ovales Bild, welches, wie ich zu meiner Freude im Führer des jetzt dort befindlichen Stadtmuseums konstatieren konnte, noch am selben Platz geblieben ist. Es stellt einen Kreis von Freunden dar, fünf Damen, den Kaiser selbst und zwei ältliche Junggesellen, alle recht einfach gekleidet, sitzen sie um einen Tisch herum; auf dem Rahmen des Bildes sind ihre Namen angegeben. Dieser Freundeskreis kam in Wien öfters zusammen, um über ernste Dinge zu reden, zu diskutieren oder zu beraten.Die fünf Damen waren damals in der Wiener Gesellschaft führend, sie waren wegen ihrer Intelligenz, ihrer weitreichenden Interessen bekannt, auch durch ihre strengen Sitten. Es waren: Fürstin Leopoldine Liechtenstein geb. Gräfin Sternberg, ihre Schwägerin Fürstin Eleonore Liechtenstein geb. Prinzessin Oettingen, deren Schwester Gräfin Maria Leopoldine Kaunitz geb. Prinzessin Oettingen, und zwei andere Schwestern, Fürstin Maria Sidonia Kinsky geb. Gräfin Hohenzollern-Hechingen und Fürstin Maria Josepha Clary geb. Gräfin Hohenzollern-Hechingen, die Älteste unter den Damen und vielleicht deshalb

116

zur Schriftführerin bestimmt. Wir besaßen unzählige Billette des Kaisers, die ihn von einer ganz anderen Seite zeigen, als wie man ihn gewöhnlich sieht, viel menschlicher, aber wohl auch einsamer, wie jemand, der sich nach Freundschaft sehnt.

Mein Vater gehörte zu den Bewunderern des Kaisers, er hatte ein sehr schönes Portrait von ihm, von Pesne gemalt, auf dem er die so bekannte einfache grüne Uniform mit rotem Kragen trug. Einige meiner böhmischen Onkel fühlten dagegen besonders scharf gegen den Kaiser.DieserGegensatz beunruhigte mich,und ich bat meinen lieben Hofmeister, mir den Grund zu erklären. Er tat dies in der gewohnten ruhigen, objektiven Art, das Für und Gegen hervorhebend. Aber ich war doch noch ein Kind, aus Mangel an Wissen unfähig, die tieferen Gründe zu verstehen. Später, als ich vieles über den Kaiser Josef gelesen hatte und stundenlang Gespräche über ihn mit Freunden führte, wurde mir klar, warum manche Seiten ihn so anfeindeten. Er galt als der Begründer des Zentralismus,der sich unter ihm über althergebrachte Rechte der einzelnen Länder rücksichtslos hinwegsetzte, er galt als ein Unterdrücker der anderen Nationen zugunsten der Deutschen, er galt als ein Feind des Adels und vor allem: als ein Feind der Kirche, ja der Religion. Auch seine Bewunderer mußten zugeben, daß manche seiner Reformen zu rasch und gründlich durchgeführt worden waren und viel Unruhe hervorriefen, daß nach seinem Tod einige davon von seinem nachfolgenden Bruder widerrufen werden mußten. Aber waren viele dieser Reformen nicht schon längst fällig? Hat Kaiser Josef durch sie nicht verhindert, daß es zu einer Explosion kam, wie in Frankreich und anderen Ländern? Irriger Weise hat man oft behauptet, daß die große Kaiserin gegen Reformen gewesen sei. Dies war keineswegs der Fall, aber vielleicht fehlten ihr schon die Kraft und das Ungestüm der Jugend, um sich an etwas so Gewaltiges heranzuwagen.

Im November 1781 wurde die Leibeigenschaft der Bauern abgeschafft. Uns kommt dies heutzutage als etwas Selbstverständliches vor. Die Liebe und Dankbarkeit der Bauern ist natürlich schon längst verraucht, aber damals bestand sie und hatte die tiefste Anhänglichkeit dieses Standes für den Kaiser zur Folge.

Da er als Förderer einer zentralen Regierung galt und als Gegner einer größeren Selbständigkeit der einzelnen Kronländer, betrachtete man ihn später als einen Feind der Slawen – die tschechische Geschichtsschreibung hat aus Kaiser Josef einen Germanisator gemacht, wohl zum Teil im Bestreben, damit alles Schwarz-Gelbe zu belasten. Jan Masaryk, als er mich einmal in Teplitz besuchte, meinte, daß der Grund für die Unzufriedenheit zur österreichischen Zeit in der Unterdrückung der tschechischen Sprache, besonders unter Kaiser Josef, zu suchen sei. Ich legte ihm sofort ein Buch hin, welches ihn sehr erstaunte; es war ein unter Kaiser Josef herausgegebener Bericht des Böhmischen Landtags über die Finanzgebarung des Jahres, ein rot eingebundenes Buch mit dem aufgedruckten Böhmischen Löwen in Gold, von beiden Seiten zu öffnen, so daß es keinen ersten und zweiten Platz gab, sondern vollkommene Gleichheit, dem Sinn für Gerechtigkeit der alten kaiserlichen Verwaltung entsprechend: auf der einen Seite war der Text deutsch, auf der anderen tschechisch. Jan Masaryk bat mich, ihm das Buch zu borgen, um es seinem Vater, damals noch Präsident im Amt, zeigen zu können. Als er es mir zurückgab, bemerkte er: »Sie haben meinem Vater mit dem Buch eine schlaflose Nacht bereitet – er ahnte nicht, daß so verwaltet wurde!«

Das Toleranz-Patent von 1781 war sehr umstritten, sicherlich war es aber notwendig, damit in allen Teilen der Monarchie die Menschen ihre religiösen Zeremonien in ihren eigenen Gotteshäusern ausüben konnten, was in anderen parlamentarisch regierten Ländern, die sich ihrer Freiheiten rühmten, noch kaum der Fall war. Durch dieses Patent wurden Verbote aufgehoben, die auf den Juden lasteten, Klöster, die nicht dem Unterricht, der Krankenpflege oder der Verbesserung des geistigen Lebens des Volkes dienten, aufgehoben.

Ordensaufhebungen hat es schon mehrmals in der Geschichte gegeben, sie geschahen meist, um sich an dem Vermögen der Orden zu bereichern, so nach der Aufhebung des Templer-Ordens oder dem der Jesuiten, zwischen 1759 und 1773, in allen katholischen Ländern Europas.

Die Güter der unter Kaiser Josef aufgehobenen geistlichen Anstalten dagegen wurden verkauft, der Erlös wurde aber nicht vom Staat vereinnahmt, erst recht nicht vom Kaiser, für Privatzwecke oder zum Bauen von Palästen und Schlössern verwendet, sondern es wurde damit der »Religionsfond« geschaffen; die Zahl der Pfarreien wurde fast verdoppelt, vor allem erhielten die Pfarrer und Kapläne aus dem Fonds eine angemessene Bezahlung und wurden so von milden Spenden unabhängig.

Kaiser Josef war unermüdlich bemüht, selber nach dem Rechten zu sehen, so bereiste er, sehr oft zu Pferd, weite Gebiete der Monarchie; er ließ wichtige neue Straßen, Spitäler, Waisen- und Invalidenhäuser und Schulen bauen.

Die Jagd spielte im Leben der Männer zu allen Zeiten eine Rolle, nicht nur in Monarchien oder demokratisch regierten Ländern, sondern genau so heute hinter dem Eisernen Vorhang. Ich war durch 40 Jahre meines Lebens ein passionierter Jäger und habe viele schöne Erinnerungen an die in Wäldern und Bergen verbrachten Stunden. Denn nie ist man so eins mit der Natur wie während der Jagd mit der Büchse – das Achten auf die Windrichtung, auf jedes Geräusch und jede Bewegung bewirkt ein Aufgehen in ihr, das der einfache Spaziergänger nie erreichen kann. Es ist derzeit Mode geworden, die Jäger als grausame Töter unschuldiger Tiere anzuprangern. Mir kommt dieses Gerede manchmal wie ein gedankenloses Nachplappern unverdauten Zeugs vor. Diejenigen, die so reden, sind oft merkwürdig gleichgültig, wenn es sich um das Töten von Menschen handelt. Worum es bei der Jagd gehen sollte, ist vor allem, daß man sich waidgerecht benehme und, soweit dies möglich ist, dem Wild keine Schmerzen zufüge.

In meiner Familie spielte die Jagd im 18. Jahrhundert eine große Rolle. Franz Carl Clary war Böhmischer Oberstjägermeister unter Kaiser Karl VI. und Kaiserin Maria Theresia, sein Sohn Franz Wenzel war Oberstjägermeister der Erblande unter der Kaiserin, dann unter Kaiser Josef II.

Franz Carl hielt offensichtlich viel auf die Jagd, denn als Teplitz und Graupen durch Kaiserliche Bewilligung zu einem Fideikommiss wurde, waren nicht nur Bedingungen festgelegt worden, die er erfüllen mußte, um die Nutznießung des Fideikommisses antreten zu können – es waren auch Verpflichtun-

gen damit verbunden – in dem kleinen Tiergarten in Tuppelburg mußten 10 Hirsche gehalten werden, in der Fasanerie 100
Fasanenhähne und für die Schloßkapelle ein Kaplan – eine
überraschende Reihenfolge!

Alles, was mit der Jagd, der Erhaltung des Wildes und den
darauf bezughabenden Verordnungen oder Gesetzen zu tun
hatte, fiel in die Kompetenz des Oberstjägermeisters. Wir hatten in unserem Archiv die Originale aller damit zusammenhängenden Verordnungen des Kaisers, die Genauigkeit dieser Bestimmungen war hoch interessant, ihre Klugheit und Men-
schenfreundlichkeit sprachen dafür, wie gut orientiert der Kaiser war. Vorher hatten die Bauern kein Jagdrecht, sie konnten
auch keinen Ersatz für den durch das Wild angerichteten Schaden verlangen. Nun wurde es ihnen gestattet, ganzjährig auf ihren Feldern Wildschweine zu erlegen, diese ärgsten Schädlinge,
auch durfte der Grundherr Schwarzwild nur in geschlossenen
Tiergärten halten, um die Bauernfelder zu schützen. Derjenige,
der das Jagdrecht auf diesen Feldern hatte, mußte dem Bauern
nicht nur einen entsprechenden Pachtzins zahlen, sondern auch
vollen Ersatz für allen vom Wild angerichteten Schaden.

Der Wiener Prater war Kaiserliches Jagdgebiet, das nur von
Mitgliedern des Hofstaates und des Adels betreten werden
durfte. Durch ein Dekret wurde er für das Publikum geöffnet,
es heißt weiter darin, daß ein näher bezeichneter Teil zur Ab-
haltung gestatteter Spiele freigegeben wird – dies ist wohl die
Geburt des späteren Wurstelpraters. Einige etwas verzopfte
Herren waren über die Freigabe des Praters entsetzt und baten
den Kaiser, sie doch rückgängig zu machen, mit der Begrün-
dung, daß sie nun »nicht mehr unter ihresgleichen waren«,
worauf er die Antwort gab: »Wenn ich nur unter meinesglei-
chen sein wollte, müßte ich mein Leben in der Kapuzinergruft
zubringen!«

Franz Wenzel Clary war dem Kaiser treu ergeben und bewunderte ihn. Den Damen der erwähnten Tischrunde war er
Kaiser und Freund zugleich, manchmal waren sie anderer Meinung als er, besonders was die kirchlichen Reformen betraf.
Den Erinnerungen der Eleonore Liechtenstein kann man entnehmen, daß es ganz hitzige Diskussionen gab. Die Damen be-

dauerten ihn auch seines einsamen Lebens wegen. Mit 19 Jahren hatte er die Prinzessin Isabella von Parma geheiratet, die er heiß liebte; nach Bildern muß sie reizend gewesen sein. Drei Jahre nach der Hochzeit, im November 1763, starb sie, fünf Tage nach der Geburt ihres gleichfalls gestorbenen zweiten Kindes, einer Tochter. Ihre ältere Tochter wurde nur 8 Jahre alt.

Der Erbfolge wegen erschien es wünschenswert, daß der Kaiser möglichst bald wieder heirate. Er bestand aber darauf, die Prinzessin zu sehen, bevor er sich verlobe. Es sollte die Kurprinzessin von Sachsen sein. Franz Wenzel Clary wurde beauftragt, eine wie zufällige Begegnung in die Wege zu leiten. Die Mutter des Mädchens, die Königin von Polen, war zur Kur in Teplitz, sie sollte mit der Tochter, und vom Oberstjägermeister begleitet, im Tiergarten von Tuppelburg spazierenfahren, mit einem sogenannten »Wurstwagen«. Dieses für die Jagd verwendete niedere Gefährt, bestand aus vier entsprechend verbundenen Rädern, auf der Verbindung war der Länge nach eine Bank angebracht, so daß man den Wagen von beiden Seiten besteigen und leicht davon heruntergleiten konnte; der Kutscher saß auf einem niederen Bock. Wie von ungefähr sollte der Graf von Falkenstein – so nannte sich der Kaiser incognito – vorbeireiten. So geschah es auch, aber ein Blick hatte genügt, er drehte um und ritt schnurstracks nach Wien zurück! Wenige Zeit nachher ließ er sich dann doch überreden, die Kurprinzessin von Bayern zu heiraten. Aus Memoiren dieser Zeit erfährt man, daß sie zwar nicht so häßlich, aber ganz ungepflegt war. Sie starb kinderlos nach zwei Jahren. Die Kurprinzessin von Sachsen endete ihr Leben als Fürstäbtissin eines Stiftes.

Zum besseren Verständnis des Kaisers sollte man im Werk von Arneth die Briefe an seine Mutter lesen, die in Wirklichkeit hochbedeutende Berichte sind.

Das Einjährig-Freiwilligenjahr

Die ersten Clarys, die aus Riva in Tirol nach Böhmen kamen, waren tüchtige Soldaten, die ihren Weg nach oben zielbewußt und kraftvoll gemacht haben. Später waren wir keine ausgesprochene Soldatenfamilie, wenn auch einige Mitglieder des Hauses in Schlachten gegen Türken und Franzosen gefallen sind. Im 18. und 19. Jahrhundert übten die Clarys friedlichere Tätigkeiten aus, als Staatsbeamte und Diplomaten – einer war Generalhofbaudirektor, zwei andere Kaiserliche Oberstjägermeister. Nur durch eine Ahnfrau de Ligne, Tochter und Enkelin von Feldmarschällen, war wieder Soldatenblut in die Familie gekommen, wie auch von meiner mütterlichen Seite, da bei den Kinskys fast alle Vorfahren Soldaten gewesen waren, einer war Feldmarschall und Ritter des Maria Theresien-Ordens. Dazu kam dann noch der entfernte russische Ahnherr, der alte, einäugige Feldmarschall Kutusow, den ich später in »Krieg und Frieden« so meisterhaft dargestellt fand. Selber habe ich als Bub nie daran gedacht, aktiver Offizier zu werden, jedoch spürte ich starkes Interesse für alles, was die Kaiserliche Armee betraf und las begierig Soldatenbücher, so daß ich mich in der Geschichte vergangener Kriege ganz gut auskannte. Einige Heldengestalten verehrte ich besonders: Kaiser Max, den letzten Ritter, Prinz Eugen, Erzherzog Carl, den Sieger von Aspern, und »Vater« Radetzky, der mir ganz nahe schien, zumal viele unter meinen älteren Verwandten ihn noch gekannt hatten.

Als ich im Frühling 1906 bei der Musterung für tauglich befunden wurde, war ich erfreut und stolz.

Damals galt in Österreich-Ungarn die allgemeine Wehrpflicht für drei Jahre; wer aber ein Gymnasium oder eine Real-schule beendet hatte, brauchte nur ein Jahr zu dienen. (Im Deutschen Reich wars ja wohl ähnlich, nur daß da sechs Jahre im Gymnasium schon genügten.) Diese jungen Leute hießen »Einjährig-Freiwillige«; das Wort »freiwillig« war eigentlich nicht zutreffend, denn für die tauglich Befundenen war das Dienen eine Pflicht. Das »Freiwillige« bestand nur darin, daß man sich die Waffengattung auswählen durfte und sogar das Regiment, in dem man dienen wollte. Ferner hatten die »Ein-jährigen« das Recht, ihre eigenen Uniformen zu tragen, außer-halb der Kaserne zu wohnen und als zukünftige Reserve-Offi-ziere mit den Offizieren in der »Menage« zu essen. Unbestreit-bar eine bevorzugte Stellung; sie hatte aber wohlgemerkt nichts mit der Herkunft, nur mit einem beendeten Studium zu tun.

Ich hatte gebeten, in dem polnischen Ulanen-Regiment Nr. 2 dienen zu dürfen, der Einheit, welche auf immerwährende Zei-ten den Namen des Siegers von Leipzig, Fürst Carl zu Schwar-zenberg, trug. Das Regiment ergänzte sich aus dem Militärbe-zirk Krakau, die Garnisonen standen damals in Tarnow und Bochnia. Dies Regiment wählte ich, weil auch mein Vetter und Freund, Prinz Carl Schwarzenberg, es sich ausgesucht hatte; übrigens wünschte ich das Kronland Galizien kennenzulernen.

Am 1. Oktober 1906 hatten wir uns in Tarnow zu melden, wo wir neun andere »Freiwillige« trafen, von denen acht Polen wa-ren, darunter mein Vetter Alfred Potocki. Nach einigen Tagen des Pferdeputzens, Sattelns und Reitens ging es nach Podgorze, einer Vorstadt von Krakau, wo wir während sieben Monaten geschult wurden. Die meisten von uns hatten ja schon zu Hause reiten gelernt, aber das genügte nicht, denn in der k.u.k. Ar-mee wurde von einem zukünftigen Kavallerie-Offizier in dieser Beziehung das Äußerste verlangt. Nach der Erwerbung gründ-licher Kenntnisse des Dienst- und Exerzierreglements mußten wir auch über Taktik, Heerwesen, den Militärgeschäftsstil und noch manches andere genauestens Bescheid wissen. Von acht Uhr morgens bis fünf Uhr nachmittags dauerte der Dienst, un-terbrochen durch ein gemeinsames Mittagessen unter dem Vorsitz unseres Schulkommandanten, Graf Gabriel Gudenus, vor dem wir hohe Achtung hatten, der aber kein Cerberus war.

Während des Mittagessens gab es keine Fachgespräche, man durfte über Politik reden, über Ereignisse in allen möglichen Weltteilen, auch über Bücher, Musik, Theater. So konnte sich der Schulkommandant ein ganz gutes Bild von der Intelligenz und dem Bildungsgrad der Schüler machen. Wenn dann die Freiwilligen zu ihren Regimentern einrückten, wurde eine sogenannte »Beschreibung« jedes Einzelnen gesandt, so daß man dort genau wußte, wes Geistes Kind der Freiwillige war; für die Zukunft war diese »Beschreibung« sehr wichtig.

Mit dem Ende der Dienststunden waren wir frei, ebenso von Samstagnachmittag bis Montagfrüh. Da unter den Kameraden viele Polen waren, deren Familien in Krakau oder Umgebung lebten, fanden wir bald Eingang in polnisches Milieu und wurden mit wirklich erlesener Gastfreundschaft aufgenommen. Wir tanzten auf den Faschingsbällen und waren verliebt, und für die reizenden polnischen Mädchen waren diese Soldaten ein gefundenes Fressen! Fanden die Bälle am Samstag statt, konnte man sich am nächsten Morgen ausschlafen; schwieriger war es an Wochentagen. Die Bälle pflegten bis sechs Uhr früh zu dauern, so daß wir gerade noch Zeit hatten, im Schlitten nach Hause zu rasen, uns umzukleiden und vor acht Uhr in der Kaserne zu sein. Glücklicherweise war der Rittmeister auch verliebt und blieb darum selber auf den Bällen, so lange er irgend konnte. Einmal kam er sogar verspätet in das Unterrichtszimmer, einer der Schüler hatte sich verbotenerweise eine Zigarette angezündet; als der Rittmeister hereinkam, meinte er nur, daß Kinder im Schlafzimmer nicht rauchen sollten . . . Nach beendeter Schulzeit gab es eine Prüfung, die wir alle bestanden und stolz als Korporale Podgorze verließen.

Nun wurden wir zu den sechs Schwadronen des Regiments eingeteilt – vier von uns kamen nach Bochnia, einem kleinen Städtchen, eigentlich mehr einem Dorf. Zu viert konnten wir gleich hinter dem Kasernenhof in einem primitiven Häuschen, ohne Licht und Wasser, drei Zimmer mieten. In einem wohnten mein Vetter Schwarzenberg und ich, im zweiten Hieronymus Tarnowski und Jerzy Kossak, der Sohn des bekannten polnischen Malers. Im dritten Zimmer waren die Diener untergebracht – der Schwarzenbergische bediente auch mich, der von

Tarnowski unseren Freund Kossak. Es war uns erlaubt, bei der Schwadron ein eigenes Pferd zu haben, das wir aber nur außer Dienst reiten durften; dies ermöglichte uns, mit den Offizieren an Jagdritten teilzunehmen und überhaupt uns freier zu bewegen. Wir vier vertrugen uns gut – Tarnowski war ein schon etwas älterer, besonnener Mensch, ein Soldat aus Pflicht, aber ohne Begeisterung; Kossak ein fröhliches Haus, selber auch Maler, immer hinter den Mädchen her, was ihn mehr Geld kostete, als er von zu Hause bekam. Einmal bot er uns schöne farbige Seidenhemden zum Kauf an, er behauptete, daß sie ihm nicht paßten. Da sie sehr billig waren, kauften wir sie ihm nur zu bereitwillig ab. Bald nachher spielten wir bei Freunden in der Umgebung KrakausTennis,und ich trug eines dieser Hemden. Der Vater Kossak schaute zu und bemerkte: »Ich sehe, daß Du auch so schöne Pariser Seidenhemden hast wie ich!« Ich war bestürzt, der Sohn lachte aber nur und meinte: »Mein Vater hat eh' zu viele und trägt sie nie – so ist das Geld besser angelegt!« – Jahre später kam der Vater Kossak zum I. Korpskommando, um Kriegsbilder zu malen; wir lachten noch über die Hemdengeschichte, da sein Sohn ihm das Vergehen gebeichtet hatte. Er malte ein kleines Bild von mir zu Pferd – wie fast alles andere ist es weg.

Die Abgeordneten der Parlamente von Wien und Budapest trafen sich alljährlich in den sogenannten Delegationen, um über gemeinsame Ausgaben zu beraten und abzustimmen. Was die Kredite für die k.u.k. Armee betraf, waren sie äußerst knauserig und haben wohl kaum bedacht, daß dies unzähligen braven jungen Leuten das Leben kosten würde! Die Geschütze waren veraltet, nur die Infanterie hatte feldgraue Uniformen; um solche auch für die Kavallerie anzuschaffen, dazu fehlte das Geld. So rückten wir, als der Krieg 1914 begann, in Paradeuniform aus; ich war angezogen wie zum Hofball in Wien oder London: rote Hosen, eine himmelblaue Ulanka, alles leuchtend und glitzernd von Silber und Gold. Die Russen dagegen hatten braune Felduniformen, so daß sie vom Erdboden fast nicht zu unterscheiden waren.

Für den Kriegsfall waren für die Kommandos der Brigaden, Divisionen, Korps und Armeen zahlreiche reitende und wenige

fahrende Ordonnanz-Offiziere vorgesehen. Die reitenden mußten im Kriegsfall mit drei eigenen Pferden, die fahrenden mit
dem eigenen Auto einrücken – auch dies aus Ersparnisgrün-
den. Die Ordonnanz-Offiziere wurden unter den Reserve-Offi-
zieren ausgesucht. Im August 1907 fanden in der Gegend von
Krakau größere Kavalleriemanöver statt, an denen auch unser
Regiment teilnahm. Bei dieser Gelegenheit sollten einige Einjährig-Freiwillige den Dienst von Ordonnanz-Offizieren probeweise versehen. Carl Schwarzenberg und ich wurden dafür
ausgewählt, mußten aber vorher noch nach Krakau, wo wir auf
Herz und Nieren geprüft wurden.

Die Krakauer Kavallerie-Truppendivision befehligte damals
Generalmajor Eduard von Böhm-Ermolli, der später im
Krieg Armeekommandant und Feldmarschall war. Bei diesen
Manövern sollte er ein Kavalleriekorps kommandieren; sein
Generalstabschef war ein Major Rudolf Edler von Dokonal.

Mit manchem ging es noch ähnlich zu wie zu Napoleons Zeiten: der General galoppierte über das Manöverfeld, neben ihm
der Generalstabschef, hinter diesem der Adjutant und die Ordonnanz-Offiziere. Der General gab seine Befehle mündlich an
den Generalstabschef, der sie dem hinter ihm reitenden Adjutanten weitergab. Der mußte den Befehl wiederholen, wie auch
der vom Adjutanten informierte Ordonnanz-Offizier, der dann
davongaloppierte, um, je nachdem, dem Divisions-, Brigade-
oder Regimentskommandanten seine Botschaft zu übermit-
teln. Sich einen unter Umständen sehr langen Befehl genau zu
merken, war kaum möglich, außer man verstand, was mit ihm
gemeint war. So wurden wir denn auch in Krakau streng geprüft: man teilte uns einen Befehl mit, und wir mußten seinen
Sinn mit Kreide auf die Tafel schreiben. Die mehrtägige Prüfung ging positiv aus. Also wurden wir dem Regimentskommando zugeteilt, das im Schloß eines Grafen Osiecimski-
Czapski einquartiert war. Wir kannten ihn und seine Frau sehr
gut von den Bällen in Krakau her, und als ihnen die Liste der
Personen vom Quartiermeister vorgelegt wurde – so gesittet
war man damals! – sah die Gräfin unsere Namen und meinte, in
rührender Unkenntnis der militärischen Hierarchie, daß wir im
Schloß wohnen sollten. Als wir aber im Begriff waren, einzu-

ziehen, flogen wir sofort wieder heraus, da die betreffenden Zimmer für Offiziere, nicht für Korporale, benötigt wurden, und wir landeten in verwanzten Zimmern im Meierhof.

Die Kinder der Osiecimskis waren ständig bei uns, weil das Treiben der vielen Soldaten und Pferde sie unterhielt – ich befreundete mich mit der kleinen sechsjährigen Matylda, die allerliebst war, ließ sie auf meinem Pferd herumreiten und wurde von ihr als ein Spielkamerad betrachtet. Als die Manöver vorüber waren und wir abmarschierten, fand ihre Mutter sie unter dem Klavier versteckt, bitterlich weinend, weil sie ihren Freund verloren hatte. Fünfzig Jahre vergingen, längst war die Familie mir aus den Augen gekommen, da erschien bei uns in Venedig ein junger Pole, von Krakau auf dem Weg nach Rom; er brachte mir Grüße von seiner Mutter, meiner kleinen Manöverfreundin. Inzwischen hat sie sich in London niedergelassen, wo ihr Sohn eine bekannte Kunstgalerie leitet; durch seine hervorragende Begabung hat er sich in der internationalen Kunstwelt einen Namen gemacht. Ich sehe die alte Dame jedes Jahr wieder, und wir reden dann von früheren Zeiten.

Der Kommandant der Krakauer Kavalleriebrigade war damals Generalmajor von Belnay, früher Oberst im 12. Husaren-Regiment, dessen Oberstinhaber der Prince of Wales, später König Eduard VII. war. Wenn der Prinz nach Budapest kam, um sein Regiment zu besuchen, bewährte Belnay sich als ein vorzüglicher Maître de Plaisir, er wußte immer, wo die beste Zigeunermusik und die lustigste Gesellschaft zu finden seien. Auch wenn dann Eduard VII. als König sein Regiment besuchte, eilte Belnay von Krakau nach Budapest. Er war gewiß einmal ein tüchtiger Offizier gewesen, nun aber alt geworden, wobei allzuviele Zigeunerfeste etwas mitgespielt haben könnten, und so stand er auf der Liste derer, denen die Pensionierung drohte. Die Anträge auf Pensionierung von Generalen mußten dem Kaiser vorgelegt werden. Wenn Belnay die Gefahr witterte, ließ er dies den König in verschlüsselter Form wissen; der verstand genau, und bei seinem nächsten Besuch in Wien oder Ischl bemerkte er zu Kaiser Franz Joseph, daß er hoffe, den guten Belnay im nächsten Jahr wieder zu treffen. Aus Höflichkeit dem Gast gegenüber wurde daraufhin die Pensionierung noch einmal verschoben. Nun also war Belnay an der Reihe, Kommandant einer Kavallerie-Division zu werden, wozu er wirklich nicht mehr taugte. Manöver waren eine gute Gelegenheit, es zu beweisen.

Der Kavallerie-Inspektor Rudolf Ritter von Brudermann leitete sie. Wir waren anfangs dem Stab des Generals von Böhm-Ermolli zugeteilt, der selber probeweise ein Kavalleriekorps kommandierte. Er bewährte sich in hervorragender Weise, seine Befehle formulierte er ruhig, überlegt und klar. Belnay sollte probeweise eine Division führen. Der ihm zugeteilte Generalstabschef war Graf Wladimir Tyszkiewicz, den ich recht gut kannte. Bei aller persönlichen Sympathie für Belnay durchschaute Tyszkiewicz, daß er würde gehen müssen, im Kriegsfall könnte man ihm ganz einfach das Leben so vieler Soldaten nicht anvertrauen. Die Disposition für den Tag wurde den Kommandanten in früher Stunde schriftlich übergeben, so daß sie die notwendigen Entscheidungen sofort treffen mußten. Am ersten Tag war es Belnay gelungen, sich durch alle Klippen durchzuwinden. Doch am letzten Manövertag ging alles von vornehrein schief, er jagte Tyszkiewicz, dann seinen Adjutanten mit Befehlen umher – ordre, contr'ordre, désordre! –, galoppierte selber wie ziellos auf dem Manöverfeld. Schließlich fand er sich auf einem Hügel, mit ihm nur mehr sein Stabstrompeter und ich. Plötzlich wandte er sich um, und, offenbar vergessend, daß ich ja nur ein Korporal sei, stellte er mir die Frage: »Sehen Sie die Staubwolke dort? Glauben Sie, daß es die Hauptmacht des Gegners ist?« Jetzt schlug meine große Stunde. Schon glaubte ich Napoleon zu sein, fühlte die Erleuchtung über mich kommen und antwortete im Brustton der Überzeugung: »Euer Exzellenz, das ist sie bestimmt!« Sofort wurde ich ausgesandt, um in rasendem Galopp neue Befehle zu überbringen. Die Staubwolke war aber, wie sich bald herausstellte, nur durch eine Patrouille verursacht worden – Niederlage und Pensionierung des armen Belnay waren besiegelt.

Ende September fand für die Freiwilligen aller Kavallerieregimenter in Galizien eine Prüfung statt, die wir fast alle bestanden; damit wurden wir Wachtmeister, am 1. Januar dann Kadett-Offiziersstellvertreter der Reserve. Wer aber die Prüfung mit Auszeichnung bestanden hatte, wurde schon am 1. Januar Leutnant der Reserve.

Alles in allem war es ein gutes Jahr gewesen. Vor allem fühlte ich mich stolz, des Kaisers Rock tragen zu dürfen und einer Armee anzugehören, die durch Jahrhunderte unser Vaterland ruhmreich gegen die Türken und andere Angreifer verteidigt hatte. Auch glaubte ich die erzieherische Bedeutung des Militärdienstes zu verstehen. Charakterliche Fehler wie die Überschätzung der eigenen Person, Hochmut oder Besserwissen wurden uns rasch ausgetrieben. Bei den »Kaiserlichen«, so nannte man früher die k.u.k. Armee, lernten wir ordentlich, pünktlich und gehorsam zu sein. Es war unser Ehrgeiz, den Dienst so gewissenhaft wie möglich zu leisten. Ein solches Pflichtgefühl ist wichtig für das spätere Leben in jeder Lage; und daß man Befehlen zu folgen hat, war eine gute Schule für junge Leute, die einmal selber Befehle geben würden. Noch etwas lernten wir, was ich für sehr wichtig halte: Selbstbeherrschung. Im Gegensatz zu den Ideen von heute, wo schon den Kindern erlaubt wird, sich hemmungslos gehen zu lassen. Man braucht nur ein Zeitungsblatt irgendeines der westlichen Länder zu öffnen, um zu sehen, wohin das führt.

Der Militärdienst wurde uns leicht gemacht dadurch, daß wir mit Achtung, fast möchte ich sagen mit Freundschaft auf die Offiziere unseres Regiments blicken konnten. Sie kamen aus Galizien, Österreich oder Böhmen, neben ihren Vorzügen hatten sie natürlich auch Schwächen, aber es waren alles brave, hochanständige Menschen, die ihren Dienst in den oft etwas trostlosen Garnisonen beispielhaft taten. Ich will nicht behaupten, daß in der Offiziersmesse die Konversation immer auf besonders hohem geistigem Niveau war, doch stellten die Jüngeren oft anregende Fragen, und immer waren die Gespräche anständig, nie gab es über Mädchen oder verheiratete Frauen zweideutige Bemerkungen. Unter uns waltete der Geist echter Kameradschaft, die eine schöne Sache ist und bleibt. – Das alles hat natürlich nichts mit den Nachtseiten und Schrecken des Krieges zu tun. Die sollte ich später gründlich kennenlernen.

Hamburg

Im Februar 1912 hatte ich als Dr. juris mein Studium an der Prager Universität beendet. Nun wollte ich in die k.u.k. Diplomatie eintreten und so dem Beispiel meines Vaters wie auch meines Urgroßvaters Ficquelmont folgen. Bevor man aber zu der Prüfung am Ballplatz antreten durfte, in welcher über die Eignung des Kandidaten entschieden wurde, mußte man auf Grund neuer Vorschriften ein Jahr entweder im Staatsdienst oder am Gericht arbeiten. So wollte ich im Herbst des Jahres bei der Statthalterei in Prag mein Praktikum beginnen. Ein Verwandter meiner Mutter, Graf Feri Kinsky, seinerseits ein erfahrener Diplomat, der unter meinem Vater bei der Gesandtschaft in Brüssel tätig gewesen war, riet mir davon ab. Meine Erziehung und Ausbildung sei veraltet, meinte er; zuerst das humanistische Gymnasium, dann ein Studium der Rechte und zum Schluß ein bißchen Staatsbetrieb. Diplomaten der Zukunft müßten auch etwas von internationalen Wirtschaftsfragen verstehen. Und das könne man durch bloße Theorie nicht lernen. Dies leuchtete mir ein, gern wollte ich seinem Rat folgen, aber wie?

In Brüssel kannte ich den Baron Léon Lambert, einen alten Freund meines Vaters; als wir 1903 nach Brüssel kamen, wurde unsere ganze Familie in dies Verhältnis einbezogen. Der Sohn Henri, der in meinem Alter war, wurde bald einer meiner besten Freunde, so daß ich oft in dem Haus verkehrte. Der Vater, Chef des schon sehr bedeutenden Bankhauses Lambert, war ein imponierender Herr mit schönem schwarzen Bart und stets höflich, jedoch hatte er mich noch nie eines Gesprächs gewürdigt. Seine Gattin, Baronin Lucie, war eine Pariser Rothschild, der es gefiel, Künstler zu fördern, besonders was Musik und Theater betraf. So waren ihre mit den schönsten Möbeln des 18. Jahrhunderts gefüllten Salons für Musiker und Schauspieler jederzeit offen. Vielleicht allzu gewohnt, mit Menschen umzugehen, die sich vieles von ihr gefallen ließen, um sich weiter an ihrer vorzüglichen Küche und den prächtigen Festen zu erfreuen, gab sie sich manchmal allzu dominierend, und ich habe aus ihrem Munde auch sehr kritische und unangenehme Bemerkungen gehört. Gegen mich persönlich verhielt sie sich aber freundlich, und so hatte ich keine Hemmungen und schwatzte drauf los. Sie hielt darauf, daß ihr Henri Theater und Konzerte besuchte, wohin ich ihn oft an Sonntagnachmittagen begleitete. Ich erinnere mich an den tiefen Eindruck, den mir damals Sarah Bernhardt gemacht hat.

Henri, dem ich von meinen Plänen erzählt hatte, riet mir, mich zuerst an seinen Vater zu wenden. Der empfing mich in seinem Büro – dort herrschte der Bankherr wie ein König – fragte mich genau aus, was ich lernen wollte und versprach, mich seinem Freund Max Warburg in Hamburg zu empfehlen; sei dort ein Platz frei, würde er mich schon als Volontär aufnehmen. Die Antwort aus Hamburg kam prompt: im kommenden Herbst könnte ich als Volontär für sechs bis acht Monate eintreten. Henri, der selber bei Warburg gearbeitet hatte, freilich mit seriöseren Zwecken, denn er wollte ja Bankier werden, gab mir gute Ratschläge und verschaffte mir auch ein Zimmer in einer Pension am Alsterufer. Im Herbst reiste ich nach Hamburg und stellte mich Herrn Max Warburg vor, der schon wußte, was ich bei ihm lernen wollte. Er war freundlich, aber kurz angebunden, offensichtlich kein Vergeuder seiner kostbaren Zeit. Vorerst wurde ich Dr. Fritz Warburg zum Anlernen in der Korrespondenz übergeben.

Max Warburg imponierte mir vom ersten Tag an, sein überragender Verstand war etwas, was man fast physisch zu spüren glaubte. Es kam mir später vor, als ob er alles wahrnahm, fast einen sechsten Sinn gehabt hätte, wenn er manchmal fast laufend durch die einzelnen Abteilungen eilte und Anordnungen gab. Ich kann nicht sagen, daß ich ihn wirklich kannte, nur zweimal bin ich ihm etwas näher gekommen. Im Frühjahr 1913 hatte er in Kopenhagen eine Zusammenkunft mit Kollegen aus den drei nördlichen Ländern, zu der er mich, wohl nur als Träger seiner Aktentasche und Ordner der Akten, mitnahm. Immerhin durfte ich bei den Besprechungen zugegen sein, was für mich wertvoll genug war, denn es handelte sich um Staatsanleihen und andere Fragen der internationalen Finanz. Nachdem ich mich im Frühsommer abgemeldet hatte, wurde ich auf den Landsitz der Warburgs unweit von Hamburg eingeladen; dort ging der Chef mit mir im strömenden Regen lange spazieren, und da war er nun ein ganz anderer Mensch, der mit mir über die große Politik und die Zusammenhänge zwischen ihr und der Hochfinanz und über was noch auf das Offenste sprach. Für meine spätere Tätigkeit gab er mir herzhafte Ratschläge. Plötzlich aber fragte er mich, ob ich nicht Lust hätte, meine Pläne zu ändern und bei Warburg zu bleiben. Er würde mich zunächst einmal zu Kuhn-Loeb nach New York schicken. Was dann wohl aus mir geworden wäre? Aber er verstand meine Reaktion sehr gut: meine Zukunft liege in Österreich,und nie solle man versuchen, »zwo Herren zu dienen«. Danach war ich noch einmal zu einem Familienessen auf dem Warburgschen Landsitz, ich glaube zu einer Geburtstagsfeier seiner Mutter, zu welcher zwei ihrer Söhne aus New York gekommen waren, dazu noch eine ganze Anzahl von Enkeln. Es war schön zu sehen, wie stolz die alte Dame auf ihre so erfolgreichen Kinder war.

Mein erster Tag in der Korrespondenz endete mit einer kläglichen Niederlage. Damals war es noch Sitte, daß feine Banken wie Rothschild, Warburg und andere, nur handgeschriebene Briefe versandten. Ich erhielt bei Arbeitsbeginn die Konzepte auf Deutsch und Französisch, schrieb den ganzen Tag mit Sorgfalt und, wie ich annahm, auch deutlich, die vielen Briefe, die ich nachmittags Dr. Fritz Warburg zur Unterschrift vorlegte. Er betrachtete sie aufmerksam und gab sie mir mit einem freundlichen Lächeln, aber mit der Bemerkung zurück, ich könnte sie vielleicht lesen, er aber nicht! Danach schrieb ich wie gestochen, um nicht noch einmal nachsitzen zu müssen. Nach Durchlaufen einiger anderer Abteilungen kam ich in die wohl wichtigste, in welcher die großen internationalen Geschäfte gemacht wurden. An zwei leitende Herren dort erinnere ich mich besonders gern, an den klugen, bedächtigen Herrn Melchior und den dynamischen Dr. Regendanz. Von diesen beiden welterfahrenen Leuten hörte ich allerlei über die Hintergründe der deutschen Außenpolitik, zumal des sogenannten »Panthersprunges« nach Agadir, der soviel internationale Aufregung erregte. Der Entschluß der deutschen Politik, ein Kriegsschiff nach Agadir zu schicken, kam mir keineswegs so ungewöhnlich oder gar verbrecherisch vor; schließlich war die »Kanonenboot-Politik« anderer europäischer Großmächte noch gar nicht lange her. Ich dachte mir nur: hoffentlich haben die genug Macht, um eine solche Politik auch konsequent durchzuhalten.

Die Arbeit in der Bank begann um neun Uhr, für die Angestellten gab es einen eigenen Eingang im Untergeschoß, zu dem eine kleine Stiege führte. Ein Cerberus hütete die Tür, die zehn Minuten vor neun geschlossen wurde, danach mußte man läuten und eine Mark zahlen. Nur einmal ist mir das geschehen; damals war eine Mark gutes Geld, und man hütete sich davor, zu spät zu kommen! Später wurde ein neues schönes Bankhaus gebaut, das alte war bescheiden, und man saß etwas gedrängt, was aber keinen störte, denn auch die Menschen waren einfacher, und das Wort »Komplex« hatte noch nicht den Sinn, den es heute hat. Rasch gewann ich Freunde unter den Angestellten der unteren Grade, zwischen denen ich saß; ich fand viele nette und aufgeschlossene Menschen, meist Hamburger, denen es an einem weiten Blick nicht fehlte und mit denen man über alles reden konnte. Nur einen Quälgeist mußte ich kennenlernen, einen, der durch sein Gehaben mich lehrte, was der Ausdruck »Stammtischpolitiker« bedeutete. Er hatte irgendwann einmal in einer Bank in Konstantinopel gearbeitet und hielt sich seitdem für einen Fachmann in Balkanfragen; sein Geschwätz nahm mir viel kostbare Zeit. Aber auch von solchen Leuten kann man etwas lernen, zum Beispiel, daß man sein Wissen niemandem aufdrängen soll! . . . Die Mittagspause dauerte von zwölf bis zwei. In der Nähe der Bank befand sich eine Milchhalle, in der man auch Imbisse erhielt; dorthin ging ich jeden Tag, dann lief ich herum, um nicht ganz einzurosten. Um sechs war ich zu Hause – was dann? In Hamburg mußte ich entdecken, daß ich bisher in gesellschaftlicher Beziehung ungewöhnlich

133

verwöhnt worden war. Als Diplomatenkind und weil ich in mehreren Ländern Europas Verwandte hatte, glaubte ich, in den meisten Städten selbstverständlich einen Freundeskreis zu finden; plötzlich saß ich nun da, ohne Bekannte, nicht einmal ein Empfehlungsschreiben besaß ich ... Die freundlichen Warburgs hatten mich zwar einmal zum Abendessen eingeladen, aber andere Einladungen bekam ich nicht und wußte nicht, was anfangen. Mich in Vergnügungslokalen herumzutreiben oder Straßenbekanntschaften zu machen, dazu hatte ich keine Lust. Zuerst ging ich ins Theater, in Konzerte, aber allein war auch dies keine Freude. Es wurde eine Operette »Der liebe Augustin« gespielt, die Hauptsänger waren ein Wiener Ehepaar. Wohl ein Dutzendmal sah ich diese Aufführung, besuchte die Schauspieler in den Zwischenakten, merkte aber bald, daß sie etwas Besseres zu tun hatten, als den Landsmann in seiner Langeweile zu trösten. Gar zu gern hätte ich mich in einem Kreis von Hamburgern bewegt. Ein Fremder, Herr von X., den ich kennenlernte, der mir aber besonders unsympathisch war, sagte einmal: »Sie werden in diese eng geschlossene Gesellschaft niemals eindringen. Ihr Titel macht Sie höchstens verdächtig.«

In Hamburg, der souveränen Republik, residierte ein Preußischer Gesandter, damals ein Herr von Bülow, den ich von Brüssel her kannte. Ein Abendessen bei ihm, von dem ich mir nicht viel versprach, wurde der Wendepunkt meines Aufenthaltes. Ich saß neben einer älteren Dame, der man ansah, daß sie einmal sehr schön gewesen sein mußte, und deren Konversation brillant war. Ihr Name: Frau Behrens-Gorissen. Auf ihre unvermeidliche Frage: »Und wie gefällt es Ihnen in Hamburg?« konnte ich nur antworten: »Ich war noch nie so unglücklich in einer Stadt – ich kenne fast niemanden – bin verlassen, wie der Stein auf der Straße!« Sie sah mich zuerst sprachlos an, dann lachte sie laut auf und lud mich für den nächsten Tag zum Essen ein. Am gleichen Abend lernte ich auch den Gesandtschaftssekretär, Herrn von Bonin, kennen. Von dem Tag an wurde alles anders. Bei der freundlichen Frau Behrens traf ich viele interessante Menschen, denen zuzuhören ein lehrreicher Genuß war. Auch hatte sie einen ganz vorzüglichen Koch und einen ausgezeichneten Weinkeller. Einer ihrer klügsten Freunde war der frühere Botschafter Graf Paul Wolff Metternich, der dem Deutschen Reich in London sehr gute Dienste geleistet hatte; seine Abberufung war sicherlich ein Fehler des Berliner Auswärtigen Amtes gewesen. Albert Ballin von der Hapag, die er zur größten Schiffahrtslinie der Erde gemacht hatte, und der Finanzmann Otto Kahn in New York waren beide ganz bedeutende Menschen, die mir gewaltig imponierten; Ballin auch durch seine Gastfreundschaft, so daß ich immer mehr Hamburger kennenlernte. Otto Kahn unterhielt uns mit seinen Erzählungen über die Launen und Eigentümlichkeiten der Künstler. Herr von Bonin wurde für mich eine Brücke zu einer besonders netten Gruppe von jungen Leuten, und ich wurde bald zu den lustigsten Bällen eingeladen. Auf der anderen Elbseite in Wandsbek lag ein Husaren-Regiment in Garnison; auch da gab es unter den jungen Offizieren neue Freunde. Allmählich erfuhr ich, wie liebenswürdig die Hamburger sein konnten, wenn man sich ein wenig eingewurzelt hatte; Fremden gegenüber blieben sie mißtrauisch. Ich erfuhr es selber, daß man nicht vorsichtig genug sein konnte, und zwar auf folgende Weise. In Hamburg trieb sich ein an sich braver, aber entschieden leichtsinniger ungarischer Husarenoffizier herum, der sich eine neue Existenz zu gründen versuchte. Bei einer der vornehmsten Patrizierfamilien sollte ein Ball stattfinden, zu dem ich geladen war; mein Bekannter suchte mich auf und bat dringend, auch ihm eine Einladung zu verschaffen. Ich wollte nicht recht, da ich das »Einbetteln«, wie man es früher nannte, als eine Unsitte betrachtete. Er tat mir aber leid und, mich meiner eigenen, erst vor kurzem überwundenen Vereinsamung erinnernd, sagte ich ihm zu. Ich kannte eine der Töchter des Hauses ganz gut, so brachte ich mein Anliegen vor und konnte wahrheitsgetreu versichern, daß mein Husar ein guter Tänzer sei. Die Tochter zeigte sich liebenswürdig und meinte, obgleich ihre Mutter eigentlich nicht gern Leute einlade, die ihr nicht persönlich bekannt seien, werde sie in diesem Fall doch eine Ausnahme machen. Der Husar, hocherfreut, mußte mir versprechen, sich bescheiden und artig zu benehmen. Aber nicht nur sprach der Unglücksvogel dem Alkohol überreichlich zu, er hielt noch während des Balles um die Hand einer der reichen Töchter des Hauses an! . . . Die Mutter verzieh mir, als sie sah, wie sehr ich mich schämte. Ich aber begriff nun gut, warum Titel in Hamburg mit Mißtrauen betrachtet wurden.

An Hamburg und die Hamburger, die mich nach kurzer Zeit in ihren Kreis aufgenommen hatten, denke ich oft und gern zurück; vor allem an Max Warburg, von dem ich, wenn nicht allzuviel über das Bankwesen, doch gelernt habe, wie man mit Fleiß gewaltige Arbeiten bewältigen kann. In Hamburg kam ich in Berührung mit Menschen, die einen offenen Blick für die weite Welt hatten, die sicherlich gute, aber keine engstirnigen Deutschen waren.

Prag

Als beschlossen war, daß ich anstatt in Graz nun an der Prager
Deutschen Universität studieren sollte, war ich erfreut, wenn
ich auch bedauerte, das Haus meines Onkels Manfred zu verlassen, in dem ich angenehme und musische Zeiten verbracht
hatte, aber ich war zu flügge geworden, um noch weiter »in der
Familie« zu leben! Die Wohnfrage wurde durch die Güte meines Onkels Carl Kinsky in bester Weise gelöst, ich bekam
Zimmer im Palais Kinsky am Altstädter Ring zugewiesen. Dieses ist wohl eines der schönsten in der Stadt, sehr groß, die Lage
ideal, früher muß es auch innen sehr schön gewesen sein, in den
Jahren nach 1830 war es von der Familie bewohnt, und man
hatte es innen ganz im Stil der damaligen Zeit umgeändert.
Später lebten die Kinskys im Sommer und Herbst in Böhmen
und im Winter in Wien. Für sie war im Prager Haus ein sog. Ab-
steigequartier freigehalten worden, der Rest vermietet. Ein
ganzes deutsches Gymnasium befand sich darin, die Kanzleien
eines Advokaten und Lagerräume für Kaufleute. Im Absteige-
quartier waren zwei schöne große Räume im Biedermeierstil,
in denen die bedeutende Kinskysche Bibliothek untergebracht
war.Ein Schuldiener wohnte irgendwo im Haus. Ebenerdig der
Zimmerwärter Herr Stiasny und seine Frau. »Zimmerwärter«
nannte man in Böhmen die Hüter von Palästen und Schlössern,
die nicht ständig bewohnt wurden, gewöhnlich waren es frühere
Kammerdiener. Die Stiasnys hatten natürlich ein Mädchen zur
Bedienung. Ich erhielt ein sehr großes Schlafzimmer und ein
kleines Studierzimmer, Bad gab es keines, auch kein elektrisches Licht, ich kam aber mit Kerzen und Öllampen gut aus,
altmodische Kachelöfen hielten mich warm, im Vorraum war

ein Wasserhahn und ein Wasserklosett. Die Stiasnys und ihr Mädchen betreuten mich ausgezeichnet, die Öfen waren gut geheizt, heißes Wasser zum Rasieren und für das Blechschaffel, in dem ich mich waschen konnte, wurden mir gebracht, ebenso mein Morgenkaffee – was will man denn mehr?

Ich hatte geglaubt, Prag zu kennen; weil ich dort die ersten Gymnasialprüfungen gemacht hatte, weil ich Böhmen kannte, wo ich als Kind, als Bub und später so oft gewesen war, bei uns in Teplitz, bei den Verwandten Loewenstein in Haid im Egerland, oder »im Böhmischen« bei den Schwarzenberg in Worlik, vor allem in Adlerkosteletz bei den Großeltern Kinsky. Ob bei den einen oder den anderen, es waren immer österreichische Häuser, man dachte damals nie darüber nach, welcher Nation die Diener angehörten, die eben auch Österreicher waren. Bei den Schwarzenberg lebte ein alter Kutscher, dessen größter Schatz eine goldene Uhr war, die ihm der Kaiser schenkte, als er ihn auf die Burg Karlstein geführt hatte. 1898 hatte der Kaiser zur Erinnerung an sein 50jähriges Regierungsjubiläum eine Medaille mit seinem Bild gestiftet, sie wurde als Ehrenmedaille nach 40jährigem Dienst »für Treue und Ausdauer im Beruf« verliehen. Ich sehe noch, mit welchem Stolz die alten tschechischen Diener diese Medaille trugen.

Anfangs schien mir Prag genau so wie die andern mir bekannten Teile Böhmens zu sein. Ich fand dort eine große Zahl von Verwandten, die mich gastfreundlich aufnahmen, wenn man auch kaum mehr wußte, in welchem Grad diese Verwandtschaft noch bestand, ein bißchen so wie bei den Bauern in den Dörfern, die eine einzige große Verwandtschaft bilden. Eine Tante von mir fragte einmal den Förster X: »Wie sind Sie denn mit dem Förster Y verwandt?« Seine Antwort war: »Wir sind Ongeln zueinander.« So ähnlich war es damals mit mir. Erst mit der Zeit merkte ich, daß eine Bewegung im Gang sei, die üble Früchte trug – die jüngeren Leute wurden zu tschechischen Chauvinisten und als solche gegen alles deutsche gehässig, unduldsam und ungerecht.

Das erste, was mir passierte – ich verfiel ganz dem Zauber der Stadt. Fremde, die jetzt als Reisende hinkommen oder als Diplomaten dort leben, sagen immer, Prag sei eine der schönsten Städte Europas – sie ahnen nicht, wie schön es dort vor 1914 war! Es heißt, daß Böhmen das Herz von Europa sei und daß, wer es besitzt, der Herr Mitteleuropas wird, mag sein. Aber Prag liegt an einer Linie, auf der die gewaltigsten Bewegungen ihrer Zeit aufeinanderprallen – die Slawen und Germanen, die katholische Kirche und das Hussitentum, Tradition gegen Revolution, der katholische und evangelische Glauben, die Macht des Herrschers und die des Adels. Immer wieder gab es dann einen Zusammenbruch, von dem das Land sich erstaunlich schnell erholte und zu einer neuen Blüte kam. Seit 800 Jahren waren die Randgebiete von Deutschen besiedelt, gar nicht so viel weniger lang als im Inneren die Slawen hausten, welche den germanischen Stämmen der Markomannen und Quaden gefolgt waren, diese wieder den Urweinwohnern, den Kelten. Die Bewohner Böhmens, ob slawischer oder deutscher Zunge, waren seit jeher fleißige und tüchtige Menschen gewesen, so daß es ein reiches Land wurde, aber wie alle wirklich tüchtigen Völker waren sie auch sparsam. Prag machte mir den Eindruck einer behäbigen Stadt, Hauptstadt eines Landes, in dem alles fett war, die Ernten, das Vieh, das Wild – nirgends waren die Hasen, die Fasanen und Rebhühner so fett und daher so wohlschmeckend. Sogar in Frankreich war seinerzeit für ein kulinarisches Juwel der Ausdruck »Faisan de Bohême« gebräuchlich. Wer einmal böhmische Rebhühner gegessen hatte, rümpfte die Nase, wenn ihm in anderen Ländern Vögel dieser Art vorgesetzt wurden. So waren auch die Menschen fett, in gutem Sinn.

Die Böhmen reisten damals im Vergleich zu anderen Völkern sehr wenig, auch die Reichen nicht, vielleicht weil sie ihr Land so liebten, und sie liebten es so, weil ihre Väter es nach jedem Zusammenbruch wieder aufgebaut hatten. Nach den Hussitenstürmen war fast nichts von der Gotik übriggeblieben, außer einigen Kirchen, nach dem Dreißigjährigen Krieg nicht viel von den herrlichen Renaissancebauten, die vor ihm entstanden waren, die späteren Kriege haben zum Glück dem schönen Barock nicht viel angetan. Zu meiner Zeit war das alte Prag wenig verändert, besonders auf der Kleinseite und am Hradschin konnte man glauben, noch im 18. Jahrhundert zu sein.

Durch unseren Vater erzogen, waren meine ältere Schwester und ich begeisterte Kunstwanderer geworden, so wollte ich gleich und soviel wie möglich von Prag sehen, alles wissen, die Geschichte der Stadt studieren. Die Mehrzahl meiner Freunde nahmen ihre Schönheit als so selbstverständlich hin, daß sie sich keine Mühe nahmen, sie zu ergründen. Aber dann fand ich in Josef Zdenko Lobkowitz einen Gleichgesinnten, zusammen suchten wir alle Winkel der alten Stadt auf, studierten die Geschichte der Kirchen, der Paläste und aller Gebäude. Dadurch lernte ich mehr, auch von der Geschichte des Landes, als aus Büchern. Einige dieser Paläste waren nur fallweise bewohnt, da die Besitzer auch Häuser in Wien hatten oder sich nur selten von ihren Landsitzen trennten. Die meisten aber waren den ganzen Winter über geöffnet, und die Besitzer gaben während des Faschings die schönsten Bälle; es herrschte kein übertriebener Luxus, wenn aber ein Fest gegeben wurde, dann holte man die staunenswerten Schätze des Hauses heraus. Eines der größten und schönsten Häuser war das Palais Nostitz am Maltheserplatz, in dem alles vollkommen schien – der Bau, die Bilder und Möbel, sogar die Bewohner waren schön – der Hausherr, seine Gattin und ihre vier Kinder. Das größte Haus war wohl das Palais Waldstein, unverändert seit des großen Wallensteins Zeiten. Ich kannte seine Kunstschätze ganz gut, das heißt, ich glaubte sie zu kennen, doch wurde ich eines besseren belehrt, als einmal der alte Graf Waldstein ein Fest gab, bei welcher Gelegenheit die kostbarsten Wandteppiche zur Ausschmückung aus den Fenstern hingen. Ein baulich besonders schönes Palais gehörte dem Fürsten Friedrich Lobkowicz (die eine Linie dieser berühmten böhmischen Familie schrieb sich damals mit cz, die andere mit tz), es hatte einen großen Garten, der sich am Hang des Laurenziberges bis zur Spitze hinaufzog. Fürst Georg Lobkowicz, der Großvater meiner Frau, der als Landmarschall von Böhmen eine politische Rolle gespielt hatte, war nicht lange vorher gestorben; nach alter böhmischer Sitte, um ja nicht »aufzuhauen«, hatte er die schönsten Sachen, die er besaß, nie verwendet, sondern alles sorgfältig verwahrt. Sein Sohn und Erbe, Fürst Friedrich, war sehr kunstverständig, seine junge Frau hatte einen guten Geschmack für das Einrichten eines Hauses. Sie waren beide außerordentlich gastfreundlich, und wir jungen Studenten, die meisten entweder mit leeren Taschen oder von ihren Eltern sehr kurz gehalten, wurden dort freigebig bewirtet. Überhaupt denke ich gern daran zurück, wie die reichen Leute damals an die weniger begüterten dachten. Im Jahr 1910 erwischte ich die Masern und lag in meinem großen Zimmer, von Frau Stiasny ein bißchen betreut, aber doch sehr verlassen; da ich der Masern wegen auch nicht lesen durfte, wäre mir die Zeit sehr lang geworden, wenn die Mutter meines Freundes Josef Zdenko Lobkowitz sich nicht jeden Tag eingefunden hätte, um mir, von abscheulichen Flecken bedecktes Ungeheuer, die Zeitung vorzulesen und mir die neuesten Nachrichten zu erzählen. Und zweimal täglich erschien ein Diener des Grafen Nostitz, der von der anderen Seite der Moldau in einem Korb, gut zugedeckt, ein ausgezeichnetes Essen brachte.

Fürst Friedrich Lobkowicz und seine Frau gingen mit Feuereifer daran, ihr Haus in den besten Stand zu bringen, aus den Depots wurden alle wertvollen Sachen geholt, eingelegte Barockmöbel, Sitz und Lehne mit petit-point Stickereien überzogen, – in der Biedermeierzeit waren sie weiß lackiert und mit Goldstäbchen verziert worden! – in ein kleineres Zimmer kamen vier besonders schöne Savonnerie-Teppiche an die Wand, ein Geschenk Louis XIV. an eine Ahnfrau Czernin-Merode; drei davon prangten noch in den herrlichen Farben, einer war etwas verblaßt. Friedrich fragte eine seiner Tanten, die 1828 geborene Prinzessin Zdenka Lobkowitz, ob sie sich an diese Wandteppiche erinnere, was sie bejahte, und als er dann meinte, der eine sei eher verblaßt, sagte sie sofort: »Oh, das weiß ich ganz genau warum, dieser eine lag am Boden in unserm Kinderzimmer, und damit wir keine kalten Füße bekommen, stellte das Kindsmädel Mařenka unsere Scherberln (Töpfe) drauf, wenn sie umgefallen sind, hat sie den Teppich immer ordentlich geputzt.« Mehr als 40 Jahre später kam ich mit dem Direktor des Cleveland Museum, Mr. Milliken, zusammen, bei dem sich jetzt zwei dieser Savonneries befinden, ich fragte ihn, ob vielleicht der eine verblaßt sei, was er erstaunt bestätigte: er wüßte gerne den Grund dafür. Jetzt mußte ich natürlich erzählen.

Man pflegt zu sagen, daß die Bewohner Prags zwei Nationen angehörten, eigentlich waren es drei, denn seit Hunderten von Jahren gab es außer Deutschen und Tschechen auch eine starke jüdische Bevölkerung. Für alle diese drei war Prag die Heimat und nicht nur, daß sie sich dort zu Haus fühlten, sie empfanden sich als Miteigentümer. Die Tschechen haben einen ungeheuren Fehler begangen, die Stadt als nur ihnen gehörig zu beanspruchen und mit allen Mitteln zu versuchen, die deutsche Sprache auszumerzen; anstatt froh zu sein, daß die Deutschen in Prag sich als Böhmen fühlten, wurde es ihnen ausgetrieben. Vor dem Jahr 1914 war das noch nicht gelungen, und die Prager lebten recht verträglich miteinander. Was auch die k.u.k. Verwaltung erleichterte, die stets bestrebt war, kein Herrenvolk aufkommen zu lassen.

Persönlich kam ich mit meinen tschechischen Verwandten sehr gut aus, und die Bevölkerung, soweit ich dies übersehen konnte, schien ganz friedlich nebeneinander zu leben. Außer im Parlament und im Untergrund war das Ungeheuer des Nationalismus doch im Zaum gehalten. Der Versuch, die »Böhmischen Brüder« oder die Hus-Verehrung hochzuspielen, war gescheitert, wie auch die deutsche »Los von Rom«-Bewegung in Nordböhmen.

Die Theater beider Landessprachen standen damals auf einer wirklichen Höhe, das Deutsche Theater wurde jahrelang von einem erstklassigen Direktor, Angelo Neumann, geführt. Die Prager waren sehr theaterfreudig. Die Gründer des Deutschen Theaters hatten erbliche Privatlogen, für junge Studenten mit wenig in der Tasche, wie meine Freunde und ich, eine Quelle der Freuden, denn wir wurden oft in diese Erblogen eingeladen.

Rückblickend denke ich mir jetzt manchmal, daß wir blind waren gegenüber dem, was sich vorbereitete. Was wir wußten, genau wußten, war die Feindschaft der Serben, wir verstanden, daß sie auf die Zerstörung der k.u.k. Monarchie hinarbeiteten, denn nur so konnten sie ihre Pläne verwirklichen. Wir wußten von den Expansionsgelüsten der Panslawisten, von ihrer Hoffnung, den Einfluß Österreich-Ungarns am Balkan zu lähmen, wir konnten uns aber nicht vorstellen, daß die Tschechen ein Ende des alten Österreich wünschen konnten, denn nur in diesem waren sie in ihrer Entwicklung gesichert.

Viel später, in den 30er Jahren, war der schwedische Gesandte in Prag ein Junggeselle, den es unterhielt, Herrendîners für Angehörige beider Landessprachen zu geben, auf Diskussionen hoffend. Ich war einmal zu einem solchen Essen geladen, während dem ich, ohne den Mund zu öffnen, den Gesprächen zuhörte. Der Schwede hatte etwas Narrenfreiheit, sein Land war ja wirklich neutral, auch hatte er einen ganz vorzüglichen Koch. Ehrengast war ein der Regierung und dem Hradschin nahestehender Herr, der immer wieder kritische Bemerkungen über das alte Österreich machte. Plötzlich sagte der Gesandte: »Ich verstehe nicht, warum Sie schimpfen, in Österreich hatten Sie ein vor Feinden gesichertes Leben, Sie hatten Ruhe und Wohlstand!«, da meinte der tschechische Herr: »Ja, auch der Löwe im Käfig hat Ruhe und genug zu essen und ist vor Feinden gesichert, aber der böhmische Löwe liebt eben die Freiheit!« Da fiel der ungarische Gesandte ihm ins Wort: »Aber was denn, wenn der Jäger kommt?« Und seitdem ist der Jäger zweimal gekommen!

Während meiner Universitätszeit merkte ich wenig von diesen Strömungen. Das Leben floß wie ein breiter Strom des Wohllebens und der Behaglichkeit dahin, wenn man die Leute in Ruhe ließ, waren sie zufrieden. Und wie bemühte sich die Verwaltung des Landes, so gerecht und taktvoll als nur möglich zu sein. Alles wurde vermieden, das das eine oder das andere Volk herabsetzen oder gar beleidigen konnte.

Im Winter hatten die Tschechen und die Deutschen jedes Jahr einen »Elite-Ball«, bei den Deutschen hieß er der »Theatervereinsball«; bei den Tschechen die »Narodni Beseda«. Beide Bälle waren sehr festliche Angelegenheiten, zu beiden kamen dieselben Honoratioren: der Statthalter, der Landmarschall, der Korpskommandant, der Kardinal-Fürsterzbischof; aber für die Teilnehmer wurde die sprachliche Trennung streng eingehalten.

Das Tschechische in Prag war mir allerdings niemals fremd, die Eindrücke aus der Kindheit und Jugendzeit »im Böhmischen« waren sehr stark gewesen.

Die Universität, von Kaiser Karl IV. aus dem Haus Luxemburg gegründet, war nicht nur geschichtlich sehr alt, sondern auch baulich,und vor allem die Hörsäle waren viel zu klein geworden. Man ging in die Vorträge – manchmal – wenn ein solcher besonders interessant war,oder um sich zu zeigen,oder um eine Anwesenheitsunterschrift des Professors zu erbitten; sonst studierten wir viel zu Hause, besonders die Studenten, die wie ich nicht mitstenografieren konnten. Die immer gleichen Vorträge der Professoren wurden von Einigen mitgeschrieben und dann vervielfältigt und verkauft, aus diesen sog. »scripten« ließ es sich sehr gut studieren, besonders, wenn man einen Hilfslehrer hatte, meist einen jungen Dozenten; man nannte diesen einen »Korrepetitor«, und mit ihm lernte man viel mehr als durch das bloße Zuhören. Diese Art des Studiums war keineswegs ein Geheimnis und wurde gutgeheißen, da es gute Resultate brachte. Mich betreute ein Dozent, der später als Professor an die Wiener Universität ging.

Manchmal fand ein Austausch der Professoren an der Prager Deutschen Universität mit solchen von der Wiener und Berliner statt. Ein Herr aus Berlin war gerade gelegentlich eines solchen Austausches in Prag erschienen, mein Korrepetitor Dr. Wilhelm Winkler warnte mich, daß er als sehr strenger und ordnungswütiger Herr galt und daß ich gut täte, einige seiner Vorlesungen zu besuchen; er sei auch sehr adelsfeindlich. Als ich ihm nun nach der Vorlesung mein Büchlein zur Unterschrift vorlegte, sah er mich durchdringend an: »Ich habe Sie bisher in meinen Vorlesungen nicht gesehen – kommen Sie in mein Amtszimmer!« Dort wurde ich ordentlich abgekanzelt: »Sie gehören wohl auch zu jenen Prinzen und Grafen, die sich zu gut dünken, um in meine Vorlesungen zu kommen! Sie interessieren sich wohl nur für Jagd, Pferde, Karten und Frauen!« Wahrheitsgemäß sagte ich, daß ich keine Zeit für die Jagd hätte, kein Pferd besäße und kein Kartenspieler sei; über den vierten Punkt schwieg ich mich aus.

Nicht lange nachher ritt ich im Bubenč, einem großen öffentlichen Park am Stadtrand, denn wenn ich auch kein Pferd besaß, hatte ich einen Freund, der mir die seinen lieh, was ich gerne annahm. Die Reitallee war neben der Straße, da kam,

Schwester meines Großvaters, Gräfin
thilde Clary.
, M. Daffinger, vor 1832)

Ein Jugendbildnis meines Großvaters
Fürst Edmund Clary.
(M. M. Daffinger, nach 1830)

eine Großmutter Fürstin Elisalex Clary,
borene Gräfin Ficquelmont.
nton Einsle, etwa 1855)

Mein Onkel Fürst Clary im Gespräch mit Kaiser Franz Josef, Wien 1908.

Meine Großtante Gräfin Leontine Clary. (M. M. Daffinger, vor 1832) (links)

Meine Mutter Fürstin Therese Clary. (1912) (rechte Seite o. l.)

Das Brautbild meiner Eltern Graf Siegfried Clary und Gräfin Therese Kinsky (rechte Seite o. r.)

Meine Mutter mit mir und meinen Schwestern Elisalex und Sophie. (rechte Seite u. l.)

Meine Schwester Elisalex (Philipp de Laszló, 1911) (rechte Seite, u. r.)

1924 malte mich Philipp de Laszló.

ses Gemälde (von Philipp de Laszló)
t meine Frau Ludwine (1925).

Etwa um 1926 entstand dieses
Bild mit unseren Kindern
Marcus, Hieronymus, Elisalex
und Carl.

Palais Clary in Wien, Herrengasse 9 (jetzt Landesmuseum
Es war Anfang des 18. Jahrhunderts von einem Ahnen erworben worden und diente uns
als Wintersitz.

damals noch eine Seltenheit, ein viel Lärm machendes Auto daher, das Pferd erschrak, machte einen Satz über eine Hecke auf den Promenadenweg für Fußgänger und zu meinem Schreck mitten unter eine Gruppe von Leuten – der Berliner Professor mit Familie! Sie stoben wie die erschreckten Hühner auseinander, glücklicherweise erkannte er mich nicht, aber ein noch größeres Glück war, daß er nicht zu meinen Prüfern gehörte!

Ich befreundete mich sehr bald mit Dr. Winkler, neben den juridischen Gesprächen nahmen wir auch allerhand aktuelle Themen vor. Einmal führte er mich zu einem Sokolfest in einer der Industrievorstädte von Prag, wo wir Reden anhörten, die mir zu denken gaben, denn sie waren ganz verschieden von jenen des ruhigen, behäbigen Bürgerstandes. Manchmal ging ich mit ihm in ein Café, in dem sich junge Leute der literarischen Kreise trafen, in denen es damals nur so brodelte – ich bedaure jetzt sehr, daß ich mich nicht öfter dort eingefunden habe – Musil, Kafka, Egon Erwin Kisch und andere, da hätte ich etwas lernen können!

Ich fing damals an, mich brennend für soziale Fragen zu interessieren, in den Vorstädten, in denen die Industrien wie Pilze aus der Erde schossen, herrschte sicherlich oft Elend, doch waren die Wohnungsverhältnisse nicht so schlecht wie anderswo, ich habe dort nie Zustände gesehen wie in den Londoner »slums«, keine Obdachlosen, wie man sie dort auf Bänken oder den Stufen von Denkmälern schlafend sehen konnte. In Prag gab es noch sehr große unbenutzte Stallungen aus der Zeit des Postverkehrs per Wagen. In diesen Lokalen befanden sich die Nachtasyle, in denen sich neben unschuldigen Armen oft auch Diebe oder Leute befanden, denen ihr Heimatort als Aufenthalt zugewiesen worden war, die sich aber wieder in Prag eingeschlichen hatten und die man nun aufgriff. Ich war mit einem Polizeioffizier befreundet, der mich manchmal zu nächtlichen Durchsuchungen der Asyle mitnahm, oder von besonders verdächtigen Wirtshäusern. Was mir auffiel, war das Benehmen der Polizisten, die mit den Leuten nie derb oder roh umsprangen, sie taten auf menschliche Art ihre Pflicht. Ich fand übrigens bald heraus, daß Frauen aus allen Kreisen Vereine gebildet hatten, um den wirklichen Notleidenden und ihren Familien zu helfen. Diese sozialen Fragen und besonders die der Nachtasyle haben mich damals sehr beschäftigt, ich muß manche meiner Freunde mit nie endenden Gesprächen darüber wohl oft sehr gelangweilt haben. Denn später entdeckte ich, daß man mich hinter meinem Rücken spottweise den »roten Grafen« nannte.

Egon Erwin Kisch, der »Rasende Reporter«, hat über die Durchsuchung der Nachtasyle einen seiner brillanten, wenn auch etwas dick auftragenden Artikel geschrieben.

Ich hatte mich mehr und mehr in Prag eingelebt, ich liebte die kleinen Gassen mit den schönen Häusern, ich liebte die Stille der verträumten Stadt mit ihren herrlichen Barockkirchen und Palästen, es war schön zu sehen, wie dort alles Geschichtliche irgendwie nicht abgebrochen weiter bestand. In der Synagoge, der »Altneuschule«, hing noch die Ehrenfahne, die den Juden für die besonders tapfere Verteidigung der Stadt gegen die Schweden verliehen worden war. Neben der Sala Terrena im Waldstein-Garten konnte man noch das ausgestopfte Pferd des großen Wallenstein sehen; auch das Zimmer seines Astrologen Seni gab es noch im Palais, von dem aus er die Sterne beobachtete und deutete. Wenn das Frühjahr kam, nahm ich meine Bücher mit ins Freie, um dort zu studieren; der schönste Ort dafür waren die Terrassen des Fürstenberg-Gartens, der bis zum Hradschin hinaufreichte und ein Meer von blühendem Flieder und Jasmin war; von den oberen Terrassen war der Blick auf die geschweiften Barockdächer bezaubernd.

Und was ich auch liebte, war das ungezwungene Zusammenleben der Freunde, ohne Rücksicht, ob die Väter reich oder arm waren. Wenn einer sich mit seines Vaters Geld brüstete, wurde er von vornherein abgelehnt. Die Söhne reicher Väter hatten es natürlich gut, sie wohnten in deren Palästen, wurden dort bedient, hatten oft Pferde und Wagen zur Verfügung, und wenn die Familie in der Stadt war, wurden sie auch verköstigt. Geld auf die Hand hatten sie aber ebensowenig wie die andern. Ich kann aber sagen, daß niemand zu hungern brauchte, es gab einen Club, die »Adelsressource«, da wurden die Rechnungen aufgeschrieben, die man am Anfang des nächsten Monats zahlen konnte. Damit diese Rechnungen nicht allzu groß wurden, habe ich oft Mahlzeiten übersprungen.

Gegen Ende eines Monats war ich mit zwei Freunden, Carl Schwarzenberg und Josef Lobkowitz, aufs Land eingeladen; ich entdeckte, daß mein Portemonnaie völlig leer war, ging zu Carl, dessen Vater einen sehr großen Besitz hatte und sicher einer der reichsten Herren in Böhmen war, um ihn bis zum Monatsbeginn anzupumpen. Er meinte, daß er gerade aus demselben Grund zu mir kommen wollte! So beschlossen wir, zu Lobkowitz zu gehen, dessen Vater ebenfalls sehr reich war, er selbst immer in geordneten Verhältnissen – aber auch bei ihm fanden wir denselben Geldmangel vor, so wanderten wir alle drei zum Lobkowitzschen Portier, machten schöne Bücklinge und baten ihn, bis zum Monatsanfang jedem von uns je 20 Kronen zu borgen; er tat es gern, drohte uns aber mit dem Finger und sagte: »Junge Herren sollten sparsamer sein und nicht soviel Geld ausgeben!«

In Prag hatte ich einen Freund, sehr verschieden von den anderen, denn es war ein großer dicker Frosch, aus Stein gehauen und grün angestrichen, der über der Eingangstür zu einem Wirtshaus prangte. »Zum grünen Frosch« hieß es. Zu meiner Freude höre ich, daß er dort noch immer zu sehen ist. Wenn ich an ihm vorbeiging, grüßte ich ihn durch Abnehmen meines Hutes, was einen Bekannten, der es einmal sah, an meinem Verstand zweifeln machte.

Er hatte mir nämlich in trüben Tagen ein wertvolles Geschenk gegeben, eigentlich zurückgegeben, nämlich meinen Humor, was die Engländer sense of humour nennen, die Kunst (oder Gabe?), über sich selbst und seine Schwächen lachen zu können. Ich war den Sommer über in England und in Polen gewesen, unter den denkbarst angenehmen Umständen; von Herzlichkeit umgeben, hatte ich die lustigsten Zeiten mitgemacht, mich an ein sorgloses Wohlleben und einen Lebensluxus gewöhnt, mich wie im Paradies gefühlt, in welchem für junge Menschen auch die Liebe eine Rolle spielte. Das war nun zu Ende, und im Herbst kehrte ich nach Prag zurück, mußte allen Ernstes für die nächste Prüfung studieren. Der Katzenjammer saß mir fest im Nacken, und alles schien auch sonst schiefzugehen, im Sommer hatte ich mehr, als vorgesehen, ausgegeben, jetzt hieß es sparen, denn ich wollte nicht meinem Vater übermäßig zur Last fallen. Die Stadthäuser der Eltern meiner Freunde waren geschlossen. Für das Mittagessen reichte es gerade, aber das Abendessen wurde notgedrungen oft übersprungen. Jagdeinladungen, eine besondere Unterhaltung, konnte ich auch nicht annehmen, da ich keine Zeit, aber auch kein Geld für Patronen hatte. Ich erhielt eine Einladung vom Fürsten Festetics zu den berühmten Jagden in Keszthely – ein Haupttreffer für einen Jäger – ich hatte nicht einmal das Geld für die Fahrkarte! So mußte ich eine bevorstehende Prüfung erfinden.

Auch hatte ich gerade damals fast niemanden unter meinen Freunden, mit dem ich über England oder Schottland reden konnte und über die Menschen dort. Für sie waren es unbekannte Länder mit fremden Menschen, die sie gar nicht interessierten oder von denen sie völlig falsche Vorstellungen hatten. Ich hatte das Gefühl, aus der großen Welt in ein Provinznest verbannt zu sein, fing an, mit dem Leben zu hadern und mein klägliches Los mit dem meiner Freunde zu vergleichen, denen es materiell so viel besser ging. Zwischen dem Altstädter Ring und der Moldau war Jahrzehnte vorher ein alter Stadtteil abgerissen worden, aus hygienischen Gründen, breite Straßen wurden angelegt und neue Häuser gebaut. Doch waren noch Teile mit den hübschen alten Häusern übriggeblieben; dort wanderte ich traurig herum. Da blickte ich auf und sah meinen Frosch über dem Tor und dachte mir: »Ja, Du hast es gut, Dir kann so etwas nicht mehr geschehen, denn Du siehst nur mehr dem Leben anderer zu.« Mir kam es vor, als lächelte der Frosch mit seinem großen Maul und sagte mir: »Du dummer kleiner Wicht, Du hast es wohl noch nicht verstanden, daß es nicht nur Sonnentage geben kann, sondern auch Regen und Sturm, daß der Frohsinn nur in einem selbst liegen kann, nicht von außen kommend? Dir geht es ja gut wie nur wenigen – Du lebst in diesem schönen Prag, Du bist gesund, Du hast Freunde, und die Zukunft liegt vielverheißend vor Dir. Schau mich an – ich sitze seit 200 Jahren über diesem Tor und sehe die Menschen an, die ein und ausgehen und kann über ihre Torheit lächeln – wie über

Dich!« Ja und plötzlich konnte ich auch über mich lachen, verstand, wie undankbar und töricht ich war – ich hatte meinen Humor wiedergefunden.

Im März 1912 machte ich mein juridisches Doktorat, es stand außer Zweifel, daß ich es bestehen würde, so hatte mir mein Vater zur Erholung oder als Belohnung eine dreiwöchige Mittelmeerreise bezahlt. Als ich Prag verließ, war ich ganz traurig, denn ich hatte mich sehr an das Leben dort gewöhnt. Den folgenden Sommer verbrachte ich in Belgien und England, dann ging es nach Hamburg. Im Herbst 1913 kehrte ich nach Prag zurück, diesmal als Statthalterei-Konzeptspraktikant. Der Titel klang zwar schön, aber als Bezahlung erhielt ich nur 20 Kronen monatlich als Tintengeld, so nannte man es, denn ich mußte meine eigene Tinte mitbringen. Ich bekam von Teplitz einen finanziellen Beitrag, eine sog. »Apanage«, die es mir ermöglichte, eine eigene kleine Wohnung zu mieten, für damalige Zeiten eine ganz moderne, mit Licht und Bad! Geheizt wurde noch in guten Kachelöfen, auch konnte ich mir einen eigenen Diener halten.

Ich meldete mich beim Statthalter Fürst Franz Thun, der mich dort einteilte, wo ich für meine spätere Diplomatenlaufbahn etwas Nützliches lernen würde. Mein direkter Vorgesetzter war ein Tscheche, der aber sehr gut deutsch sprach; im selben Zimmer wie ich saßen zwei ältere Beamte, die mich gern in meine Arbeit einweihten. Nach dem Betrieb bei Warburg in Hamburg, wo es dynamisch zuging, fühlte ich mich wie in die Biedermeierzeit zurückversetzt, die Arbeit ging langsam und gemächlich, der amerikanische Slogan »Time is Money« galt dort nicht. Es gab keine Mittagspause, aber ein braver ältlicher Amtsdiener, der mich an den Gefängniswärter aus der »Fledermaus« erinnerte, brachte mir Essen und Bier und sogar einen Kaffee.

Es dauerte eine ganze Weile, bis ich dahinterkam, warum alles so langsam gehen konnte; es handelte sich nicht darum, eine Entscheidung rasch zu fällen, sondern vielmehr darum, daß sie den Gesetzen und Verordnungen entsprechend richtig und vor allem gerecht sei. Es heißt, daß, als Erzherzog Maximilian, seit 1493 Kaiser, im Jahr 1477 Maria von Burgund ehelichte, er in ihrem Land noch Reste der alten römischen Verwaltung vorgefunden habe, für ihn etwas bisher Unbekanntes. Jedenfalls hat er, zuerst in Tirol, etwas Ähnliches eingeführt, das sich mit der Zeit in andere Gebiete des Habsburgerreiches ausbreitete. In der k.u.k. Verwaltung konnte nicht geschwindelt werden, alles war klar, offen und gerecht. Wenn ich an die Männer zurückdenke, unter denen oder mit denen ich damals gearbeitet habe, so tue ich es mit großer Achtung, fast mit Bewunderung. Sie kamen aus allen Kreisen, hatten höhere Studien hinter sich, waren gebildet und kameradschaftlich; es waren Männer, die zwar schlecht bezahlt wurden, ihren Dienst aber immer korrekt, unbestechlich und gerecht versahen. Jetzt, da es bald sechzig Jahre her ist, daß dieses alte Reich nicht mehr besteht, fängt man an, zu erforschen, wie es denn damals eigentlich zuging. Etwas ganz Sonderbares kann man erleben – daß in Staaten, die den Untergang Österreichs als einen Fortschritt priesen, jetzt von seiner Verwaltung als von etwas Gutem geschrieben wird. Vielleicht war sie nur möglich in einer Zeit, als es Männer gab, die studiert hatten, nicht um später möglichst viel Geld zu verdienen, sondern um sich dem Land zu widmen, das sie liebten und dem sie sich verpflichtet fühlten, welcher Sprachgruppe sie auch angehörten.

Langsam arbeitete ich mich ein. Manchmal gab es fast unüberbrückbare Schwierigkeiten, und ein Akt lief Jahrzehnte hindurch weiter. Einer meiner Kollegen sagte mir: »Wenn Sie den Akt X bekommen, so lassen Sie ihn ja weiterleben, denn seit Jahren ist es ein Witz in der Statthalterei, zu sehen, wie lange dieser Akt ›laufen‹ kann.« Mit diesem sollte die Heimatzuständigkeit eines längst verstorbenen Landstreichers festgestellt werden, um zu entscheiden, welche Gemeinde verpflichtet sei, die Begräbniskosten zu zahlen, die längst beglichen und verrechnet waren.

Fürst Thun hatte nicht nur das Gefühl, das Land, dessen Verwaltung ihm anvertraut war, in Ordnung halten zu müssen, sondern, daß er auch für die ihm unterstehenden Beamten zu sorgen habe. So war er ebenso geachtet wie beliebt. Er hielt streng auf Pünktlichkeit, er selbst erschien auf die Minute in seinem Amtszimmer und verlangte es auch von den anderen.

150

Besonders streng war er in dieser Beziehung mit den jungen Herren des Adels und duldete nicht, daß sie für sich eine Extrastellung beanspruchten. Die meisten von ihnen waren ja zu Hause streng erzogen worden, es gab aber auch Ausnahmen; Leute, die glaubten, nicht an alle Vorschriften gebunden zu sein, weil ihre Väter vermögend und einflußreich waren. Sie wurden von uns ein bißchen verachtet, wir nannten sie »Sulteln« (kleiner Sultan) oder »Prinz Pamstig«. Und dann lernten auch sie, sich ordentlich zu benehmen.

Aber jedem konnte es geschehen, daß er sich einmal verspätete. Meine Wohnung war nicht sehr weit von der Statthalterei; wenn also die Zeit schon etwas knapp war, guckte ich vorsichtig um die letzte Hausecke, ob der Fürst nicht schon im Anmarsch sei. Man sah ihn nämlich von weitem vom Palais Thun die Nerudagasse heruntermarschieren, da er durch seine Größe und mit einem Zylinder auf dem Kopf fast alle anderen überragte. Als ich wieder einmal um das Eck guckte, sah ich ihn schon kommen und wartete daher, bis er im Tor der Statthalterei verschwunden war, dann sauste ich wie ein Blitz in den zweiten Stock; kaum war ich dort angelangt, erschien schon ein Amtsdiener mit dem Auftrag, irgendeinen Akt zum Statthalter zu bringen. Als Thun ihn aufmerksam gelesen hatte, gab er ihn mir zurück und bemerkte dazu: »Du mußt aber schnell gelaufen sein!«

Als im Sommer 1914 das Krakauer Korps mobilisiert wurde, nahm meine Tätigkeit in der Statthalterei ein Ende, und ich mußte mich, schon in Uniform, beim Statthalter abmelden. Er selbst stand in der Uniform des Staatsbeamten im Zimmer, nahm meine Meldung dienstlich entgegen und sprach einige Worte. Dann legte er seine Hände auf meine Schultern und sagte: »Du wirst es schon gut machen« und machte mir ein Kreuz auf die Stirn. Ich habe ihn nie wiedergesehen, er starb vor dem Ende des Krieges; so hat ein gütiges Schicksal ihm erspart, 1918 das Ende zu erleben. Er hatte als Statthalter und zweimal als Minister eine politische Rolle von Wichtigkeit gespielt. Als Staatsmann wird er verschiedentlich beurteilt; ich hatte für ihn die größte Achtung, denn er war ein treuer Diener seines Herrn und immer vor allem ein Österreicher.

Zwischen den Kriegen bin ich unzählige Male nach Prag gekommen. Es war dort alles anders geworden, es gab die Regierung, Ministerien, ein diplomatisches Korps, und doch hatte die Stadt ihren alten Zauber behalten, besonders, wenn man weg von den großen Straßen in den kleinen Gäßlein wanderte. – Ich freue mich immer zu hören, daß die Stadt so wenig Schaden erlitten hat, oder wenn mir jetzige Besucher sagen, daß auch sie dem Zauber Prags verfallen sind.

Geistergeschichten

In Böhmen gab es wenige Schlösser oder Häuser, in denen Geister umgehen sollten. Vielleicht, weil die meisten dieser Gebäude aus der Barock- oder Maria-Theresianischen-Zeit stammten, von den früheren war nur wenig übriggeblieben, dafür hatten die Hussiten und später die Schweden gesorgt. In Mähren gab es ein Schloß, in dem die Ahnen die Stiegen auf- und abgingen, die Kinder hatten schon keine Angst mehr vor ihnen und kannten sie dem Namen nach. Als nach 1920 das Palais Oswald Thun in Prag als britische Gesandtschaft vermietet und dann verkauft wurde, zogen als erste Sir George und Lady Clerk dort ein, er ein Diplomat der alten Schule, sie, etwas »Bohême« und künstlerisch veranlagt, behauptete, das »zweite Gesicht« zu haben. Wir kannten beide gut und verkehrten viel bei ihnen. Eines Tages fand ich das Paar ganz verstört vor, denn am Abend vorher, als sie von einem Dîner nach Hause gekommen waren, sprach der Gesandte noch unten mit dem Chauffeur, während sie die Stiege hinaufging, aber sofort wieder heruntergelaufen kam: ihr sei ein Mann in mittelalterlicher Kleidung begegnet, der seinen Kopf unter dem Arm trug! Nun wollten beide wissen, ob ich jemals von einem Geist im Palais Thun gehört habe, was ich verneinte, doch konnte ich berichten, daß es zuerst den Thurns gehört hatte und daß ein Mitglied dieser Familie geköpft worden war.

In England kannte ich einen Lord Savile, der ein sehr schönes Schloß, Rufford Abbey besaß, in welchem er und seine Frau viele Gäste empfingen; ein gewisses Zimmer wurde aber nicht mehr benützt, weil darin die grusligsten Erfahrungen gemacht worden waren: – der Gast wachte mitten in der Nacht auf und fand eine eiskalte Kinderleiche neben sich liegen! Man kann begreifen, daß niemand mehr dort schlafen wollte. Ich war öfters in Rufford Abbey und fand es wenig einnehmend, trotz seiner Schönheit. Auch die Kinder aus einer späten Ehe haben es nicht gern gehabt, denn sie übersiedelten in ein anderes Haus und vermieteten das alte an eine Schule, die es aber auch der Geister wegen bald wieder aufgab, so wurde es schließlich abgerissen.

Im Palais Clary in der Herrengasse in Wien erzählte man auch Spukgeschichten. Nach dem 1831 erfolgten Tod meines Urgroßvaters Carl Clary wurde das Palais von der Vormundschaft an die britische Botschaft vermietet, der Vertrag wurde aber nicht erneuert, da die Engländer behaupteten, die Gespenster nicht aushalten zu können, dasselbe sagten die Franzosen, als das Haus später als französische Botschaft vermietet wurde. Erzählt wurde folgendes: auf einem eingeglasten, außen am Haus angebrachten (in Wien nannte man solche Gänge »Pawlatschen«) Gang um den zweiten Hof erschien nachts im zweiten Stock eine Gruppe von Personen, die einen Mann packten und herunterwarfen, sein gräßlicher Todesschrei erschreckte Diener und Gouvernanten so, daß sie das Haus sofort verließen. In den 80er Jahren beschrieb eine französische Gouvernante meiner Tante Clary-Radziwill genau, was sie gesehen hatte; diese wollte Unklarheiten stets auf den Grund kommen, so ließ sie sich die Bekleidung der Menschen schildern, es schien sich um Kostüme des späten 16. Jh. zu handeln. Meine Tante ließ in den alten Büchern der Stadt Wien forschen und fand, daß das Haus, das vor uns einer Familie Mollard und dann einer Patrizierfamilie Fünfkirchen gehört hatte, vor 1600 im Besitz eines Mädchens war, einer Waise. Eines Tages war sie verschwunden, wurde nicht mehr gesehen, und ihr Onkel und Vormund trat die Erbschaft an. In den 90er Jahren wollte mein Onkel eine Wertheimerkasse in einem Zimmer im zweiten Hof einbauen lassen. Als die Arbeiter einen dafür geeigneten Platz suchten, fanden sie einen Hohlraum, brachen die Wand auf und entdeckten ein Skelett, welches sich als das eines jungen Mädchens erwies. Dies gab zu allerhand Vermutungen Anlaß – ob der Vormund nicht den Todessturz verdient hatte?

154

In den Monaten nach dem Umsturz im November 1918 herrschte in Wien eine rechte Unsicherheit, es schwirrten allerhand Gerüchte herum, auch solche von Beschlagnahmen leerstehender Wohnungen. Die Bayerische Gesandtschaft, die den I. Stock im Claryschen Haus gemietet hatte, war verschwunden, das Haus war so gut wie unbewohnt, im Erdgeschoß neben dem Eingang war der Portier,und im 3.Stock lebten ein Diener und seine Frau. Im 2. Stock, den der Onkel und die Tante fallweise bewohnten, war nichts weggeräumt worden, schönes Porzellan und Kunstgegenstände standen herum oder in offenen Vitrinen. So schickte man mich nach Wien, um dort möglichst viele dieser Sachen in Kisten einzupacken. Ich hatte dies getan und Listen über den Inhalt der Kisten geschrieben. In der Nacht vor meiner Rückreise war ich noch mit der Fertigstellung einer dieser Listen beschäftigt, ich saß bei Kerzenschein in meinem Zimmer am Schreibtisch, nahe bei einem Fenster, das auf die Pawlatschen ging. In den 50 Monaten Krieg hatte man verlernt, ängstlich zu sein, auch gab es damals weniger Einbrecher und Diebe. Sehr heimlich war es freilich nicht, da nur bis zum I. Stock elektrisches Licht eingeführt war, dann behalf man sich mit einer Kerze, die finstere Stiege hinauf, dann durch Vorzimmer, Empfangsräume, bis man endlich zu meinem Zimmer gelangte.

Ich weiß nicht, warum ich plötzlich aufblickte – da ist draußen am Fenster ein Kerl mit einem bleichen, verzerrten Gesicht, bartlos, wie ich mich erinnern kann, und stiert mich mit bösen Augen an.

Ich sprang auf, das Gesicht war verschwunden. Also hat sich doch ein Verbrecher eingeschlichen. Da ich keine Lust hatte, mich im Schlaf von ihm erwürgen zu lassen, sperrte ich die Tür zur Pawlatschen auf, versperrte sie hinter mir und, mit einem festen Stock in der einen und einer Kerze in der anderen Hand, ging ich um den ganzen Hof herum, um zu sehen, wer da sei. Kein Ton zu hören, Fenster und Türen alle verschlossen, er konnte nicht entwichen sein, und doch war alles leer. Da erst fiel mir ein, daß ich in dem Zimmer wohnte, in dem man das Skelett gefunden hatte. War es das Gesicht des bösen Vormunds? Wollte er um etwas bitten? So sah er eigentlich nicht aus ... Ich ging in mein Zimmer zurück, gerne nicht, aber es wäre mir doch wunderlich vorgekommen, mir jetzt noch ein anderes Quartier im Haus zu suchen. Auch geschah in dieser Nacht nichts Weiteres. Als das Haus später das Landesmuseum wurde, habe ich dem Direktor die Geschichte erzählt, sie war ihm nicht sehr angenehm, er hatte beabsichtigt, in dem bewußten Zimmer sein Büro einzurichten, wechselte daraufhin aber in ein anderes.

Mit Geistern soll man keine Witze treiben, besser auch nicht mit Geistergeschichten. Vor dem ersten Krieg war ich Gast bei polnischen Verwandten in Russisch Polen. Mitgast war ein russischer Fürst Stscherbatow, den wir wegen seiner Überheblichkeit nicht gern hatten. So dachten meine Vettern und ich, ihm einen Streich zu spielen: als wir ihn bereits zu Bett wußten, schlichen wir, in Leintücher gehüllt, in sein Zimmer und machten unheimlichen Lärm – zu unserer Verblüffung zog er aber unter seinem Kopfpolster einen Revolver heraus und sagte einfach: »Hinaus, ihr Lausbuben!« Mit recht dummen Gesichtern zogen wir uns zurück; ich dachte mir aber, daß er sich wohl nirgends sehr sicher fühlen konnte – der Arme, vielleicht war es eine Vorahnung, denn während der Revolution wurde er von den Bolschewiken ermordet.

Ein anderes Mal war ich wieder Gast in demselben Haus, zugleich waren dort auch ein spanischer Marquese und seine junge, sehr schöne Frau, die sich herabließ, mit mir und den polnischen Vettern trotz unserer Jugend sehr liebenswürdig zu sein. Einmal sagte sie beim Tee, daß sie nicht an Geister glaube und vor ihnen keine Angst habe, dies mit einer gewissen Geringschätzung, da wir gerade unsere schönsten Geistergeschichten erzählt hatten. Um sie auf die Probe zu stellen, eilten einer meiner Vettern und ich voraus und versteckten uns hinter einem Vorhang in ihrem Salon, in den sie eben zurückkehren wollte. Sobald sie ihn betrat, wollten wir stöhnen und ächzen und hofften, sie damit zu ängstigen. Sie kam aber zusammen mit ihrer Kammerjungfer, auch einer Spanierin, so verpaßten wir den ersten Moment, dann sahen wir mit Schrecken, daß sie ihr Hauskleid – damals nannte man es ein »tea-gown« – von den Schultern fallen ließ und sich offenbar ganz ausziehen würde. Da war

156

raschestes Handeln notwendig, wir fingen an, hinter einem Vorhang scheußliche Laute von uns zu geben, die Marquesa verschwand blitzartig in ihrem Schlafzimmer, die Jungfer kam zum Vorhang, da stürzten wir, unsere Röcke über den Kopf gezogen, heraus und zur Tür, die Jungfer fiel mit einem Schrei auf den Rücken. Kaum waren wir wieder in unseren Zimmern, meldete sich schon ein Diener mit einem Befehl von der Hausfrau, sofort vor ihr zu erscheinen – sie hat uns ordentlich den Kopf gewaschen und gesagt, daß wir vor dem Abendessen an der Salontür zu warten hätten, um den höchst ungehaltenen Marquese um Verzeihung zu bitten. Als die Spanier erschienen, schwebte die Marquesa vorbei, ohne uns eines Blickes zu würdigen, er blieb stehen und hörte sich unsere Entschuldigungen an, dann verzieh er uns, fügte aber hinzu: »Vous vous êtes conduits comme des Ostrogoths et des Visigoths!« – Ostgoten und Westgoten scheinen in Spanien dieselbe Rolle zu spielen wie die Vandalen im deutschen Sprachgebrauch.

Polnisches. Auch Russisches

Als Alt-Österreicher ist mir Nationalismus von Anfang an fremd gewesen; in Triest fühlte ich mich ebenso gut in meiner weiteren Heimat wie in Krakau. Zu meiner eigenen Familie in ihrer Gegenwart, erst recht in ihrer Vergangenheit, gehörten übernationale Erfahrungen und Verwandte der verschiedensten Nationalitäten oder Sprachen: Belgier, Deutsche, Franzosen, Polen und natürlich Böhmen tschechischer Zunge. Die polnische Verwandtschaft war nahezu die dichteste. Sie ging über den weitverzweigten Stamm der Radziwills, der seinerseits mit zahlreichen berühmten polnischen Familien versippt war. Es kam mir dies zustatten, als ich mein Freiwilligen-Jahr in einem polnischen Regiment in Galizien diente, das ja damals ein Bestandteil des österreichischen Kaiserreiches war. Auf meinen eigenen Wunsch hin übrigens. Ich wollte mich mit dem Land vertraut machen und lernte selbstverständlich auch die Sprache, zumal ich es als Offizier mit polnischen Soldaten zu tun haben würde. Als ich, ein neuernannter Kämmerer, Audienz bei dem alten Kaiser hatte und der mich fragte, warum ich mich denn nach Galizien gemeldet hätte, fiel mir keine bessere Antwort ein als: »Weil Galizien so schön ist.« Kaiser Franz Joseph antwortete nicht, aber ich merkte, daß meine Worte ihn amüsierten. Später hat er meinem Vater gesagt: »Ihr Sohn hat mich zum Lachen gebracht. Er hat tatsächlich in Galizien Soldat sein wollen, weil es ein so schönes Land sei!« Nun, die »Schönheit« war es wohl nicht eigentlich. Aber dies Stück Polen gehörte zu Österreich, so gut wie ein anderes. Es war für mich zugleich österreichisch und polnisch. Wer aber eine Zeitlang dort lebte, sich umtat, seine Augen aufmachte, der konnte eine Menge über die ganze große polnische Nation erfahren. Das tat ich. Zum Beispiel lernte ich in Krakau einen Grafen Tarnowski kennen, einen geistig überaus hochstehenden und gelehrten alten Herrn, Universitätsprofessor, gewaltiger Redner, begeistert für alles Schöne und Edle; leidenschaftlicher polnischer Patriot und kaisertreuer Österreicher. Dieser Typus war zu Beginn des Jahrhunderts viel häufiger, als man heute noch weiß oder wahrhaben will. Graf Tarnowski war Geheimer Rat und war Rektor der Krakauer Universität gewesen. Von unserem alten Kaiser sprach er mit Verehrung, aber das hinderte ihn durchaus nicht daran, vor allem an sein polnisches Vaterland zu denken. Er besaß ein Palais in Krakau und einen schönen Besitz am San. Das Krakauer Haus wurde auf eine unkonventionelle Weise geführt; der Besitzer kümmerte sich um nichts, seine Frau auch nicht. Niemand wußte je, wieviel Personen zu den Mahlzeiten erscheinen würden, noch was es zu essen gäbe. Tag und Nacht waren alle Türen offen, die Menschen kamen und gingen, wie es ihnen beliebte. Die Tarnowskis hatten zwei verheiratete Töchter und einen Sohn, der mit mir im gleichen Regiment diente; ein liebenswerter Sonderling, ein miserabler Soldat, welch letzteres seine Vorgesetzten ihm nachsahen, weil sie seine guten Eigenschaften zu schätzen wußten. Wenigstens ritt er gut, in einem Kavallerieregiment eine wichtige Fähigkeit. Er hieß Hieronymus und wurde Imusz genannt; er war es eigentlich, der mich zuerst in die polnische Geschichte einführte, in unserer freien Zeit mich auf den Wawel nahm, und mir dort, wo sich die Königsgräber befanden, die Grundzüge der polnischen Politik erklärte, das Doppelgesicht der polnischen Geschichte. Von Westen her hatte dies Volk im Mittelalter europäische, lateinische Kultur aufgenommen und abgewandelt; nach Osten und Südosten, durch Jahrhunderte gegen die Türken, später gegen die Russen, war seine Mission eine der Verteidigung, für sich selber, aber auch für ganz Europa. Da hat man ihm dann nicht immer geholfen, wie im gesamteuropäischen Interesse weise gewesen wäre; die polnischen Teilungen sind ein Beispiel dafür. Wobei Österreich, im Vergleich mit dem russischen Imperium und mit Preußen, doch noch sehr gut dasteht. In Rußland gab es überhaupt keine polnischen Schulen, in Preußisch-Polen gab es nur Volksschulen, in Galizien gab es Gymnasien, dann sogar zwei Universitäten, in Krakau und in Lemberg. Ihre Neugründung ging auf die polnischen Mitglieder des Parlaments in Wien zurück, den sogenannten Polenclub. Seine Wortführer, weitblickende polnische Herren, setzten sie in direkten Verhandlungen mit dem alten Kaiser durch, wobei sie ihrerseits vernünftige Zusicherungen machten, wie sie im Interesse der Gesamtmonarchie waren. So wurde auch in Galizien das Polnische zur Amtssprache für den innerprovinziellen Amtsverkehr; nur im Verkehr mit der Hauptstadt Wien war noch das Deutsche zu gebrauchen, welches zu lernen in den galizischen Schulen aber nun nicht mehr zu den unbedingten Pflichten der Schüler gehörte. Natürlich ein gewaltiger Unterschied zu den Verhältnissen in Preußisch-Polen, von dem bei weitem größten Teil Polens, der russisch war, zu schweigen. Während meines Militärdienstjahres, 1907, war der Statthalter in Lemberg ein Graf Andreas Potokki. Er war nicht nur Kaiserlicher Kämmerer und Geheimer Rat, sondern auch Ritter des Goldenen Vlieses und genoß des Kaisers vollkommenes Vertrauen. Jeden Winter während des Karnevals gab er einen Ball, das größte offizielle Fest des Jahres. Ich erhielt Urlaub, um dabei sein zu können. Natürlich war alles in Uniform, einige der polnischen Magnaten kamen in ihren schönsten Nationalkostümen. Der Statthalter selber aber war nicht als polnischer Magnat, auch nicht als Geheimer Rat gekleidet, sondern erschien in der Uniform des Staatsbeamten, um vor allen Gästen zu zeigen, daß er sich eben als österreichischer Beamter fühle. Mit diesem Potocki hat es dann ein tragisches Ende genommen, und zwar schon im nächsten Jahr, 1908. Damit hatte es die folgende Bewandtnis: Wie bekannt, wurde Galizien von zwei Völkern bewohnt, der Westen von Polen, der Osten von Ukrainern oder Ruthenen; die letzteren ganz überwiegend Bauern, standen auf einer tieferen kulturellen Stufe, als die Polen, die dem Bürgertum oder dem Adel angehörten. Man könnte das Verhältnis der Ruthenen zu den Polen in Galizien mit dem Verhältnis der Magyaren zu den Slowaken innerhalb des Königreichs Ungarn vergleichen. Nur langsam und gegen große Hindernisse entwickelte sich etwas wie

160

eine ruthenische Intelligenzschicht, die vom polnischen Nationalismus sich unterdrückt fühlte. Die St. Petersburger Politik sah hier ihre Chance; der »rollende Rubel«, wie wir schon damals sagten, tat das seine, um den schleichenden Konflikt zwischen Ruthenen und Polen zu vertiefen. Der Statthalter Potocki gehörte nun zu den Polen – es war unleugbar nur eine Minderheit –, die den Ruthenen eben das wünschten, was sie selber besaßen, Schulen in ihrer Sprache, auch eine Hochschule. Was ja doch kommen mußte, sollte allmählich und freiwillig getan werden. Aber genau das wollten die Russen nicht und wollten die radikalen Ruthenen nicht; vernünftige rechtzeitige Reformen ist ja immer das, was die Radikalen in solchen Situationen nicht wollen. Der Statthalter Potocki war nach Wien gereist, um dort die Gründung einer ruthenischen Universität zu betreiben, ein Ziel, das er mit Hilfe des »Polenclubs« vermutlich auch erreicht hätte. Es kam aber anders. Es meldete sich bei dem Statthalter ein ruthenischer Student aus Galizien, wurde vorgelassen, überreichte ein Bittgesuch und erschoß den Grafen Potocki, als der sich eben über die Schrift gebeugt hatte. Zu einem Hofrat, der aus dem Nebenzimmer hereinstürzte, konnte der tödlich Verwundete noch sagen: »Melden Sie Seiner Majestät, daß ich in Erfüllung meiner Pflicht als sein treuer Untertan sterbe.« Wenn dies Potockis letzte Worte waren, so sind sie durchaus bezeichnend für die Haltung des österreichischen Polen gegenüber der Monarchie. Der Eindruck des Mordes ging tief, wie ein übles Vorzeichen.

Aber es soll nicht nur von großen Herren die Rede sein. Viel später, während des Ersten Weltkrieges, in Rumänien, hatte ich in meiner Schwadron einen Korporal, der den Namen Zajonc trug, was »Hase« bedeutet. Dieser Pole war jedoch nichts weniger als ein Hase, viel mehr furchtlos bis zur Wildheit, die ich manchmal zügeln mußte; aber wertvoll war er mir als Soldat wie als Mensch, ich fühlte wirkliche Freundschaft für ihn. Einmal hat er mir das Leben gerettet. Die Rumänen waren in unseren Graben eingedrungen, man schlug sich die Handgranaten um die Ohren, plötzlich hatte ich keine mehr und fand mich von Rumänen umringt, derart, daß ich nur noch zwischen Gefangenschaft und Tod die Wahl hatte. Mein Zajonc, der sich mit Kameraden in einen anderen Teil des Grabens zurückgezogen hatte, merkte, daß ich fehlte, und es gelang ihm, mich aus meiner ärgerlichen Lage zu befreien; übrigens völlig ohne das Gefühl, da eine Heldentat begangen zu haben. Nun war es den Soldaten verboten, Artikel für Zeitungen zu schreiben. Das Verbot wurde streng eingehalten, unvermeidlicher Weise; solche Artikel hätten ja dem Feind wertvolle Hinweise geben können. Auch wollte man nicht die Stimmung in der Heimat noch mehr drücken, das Leben im Schützengraben war ja nichts weniger als angenehm, und was sollte es nützen, die Familien zu Hause noch unglücklicher zu machen. Nun erschien in einer sozialdemokratischen Zeitung in Krakau eine Reihe von Artikeln, die offenbar aus unserem Frontabschnitt stammten. Eines Tages wurde ich zu meinem Oberst gerufen, der mir einen der Artikel zeigte, mit der Bemerkung, daß er möglicher, ja wahrscheinlicherweise aus meiner Schwadron stamme; es sei eine hochverbotene Sache, der Schreiber, könnte man seine Identität feststellen, müßte strengstens bestraft werden. Ich las den Artikel genau und hörte, während ich las, geradezu meinen guten Zajonc sprechen. Der Mann war ein Bauernsohn, seine Schulbildung war dürftig, aber seine Intelligenz erstaunlich. Zu meinem Abschnitt zurückgekehrt, rief ich den vermutlichen Schreiber in meinen Unterstand und fragte ihn, ob er der Verfasser des Artikels sei. »Ja, natürlich habe ich das geschrieben!« – »Aber Sie wissen doch, daß das streng verboten ist!« – »Ich mußte doch den Leuten zu Haus erzählen, wie es hier wirklich zugeht.« Nun, ich wollte meinen Korporal vor einem üblen Schicksal bewahren, mußte ja aber gleichzeitig meine eigene Pflicht tun. Ich sagte also: »Wollen Sie mir versprechen, daß Sie es nie wieder tun werden? Wenn ja, dann weiß ich nicht, wer den Artikel geschrieben hat. Wenn nein, dann muß die Sache ihren Lauf nehmen; aber schauen Sie, das hätte doch keinen Sinn!« Er kratzte sich am Kopf und gab mir dann das gewünschte Versprechen; so daß ich ziemlich guten Gewissens melden konnte, in meiner Schwadron sei der Schreiber des Artikels nicht zu finden gewesen. Übrigens nahm es mit Zajonc später trotzdem ein dunkles Ende. Nach dem Krieg trat er in seinem heimatlichen Tarnow in die Stadtpolizei ein und wurde während einer Streiterei zwischen Polizisten und Soldaten totgeschossen. Ich habe ihm ein gutes Andenken bewahrt.

Mein Hort in Österreichisch-Polen während meines Militärdienstjahres und später war das Schloß Lancut, unweit Krakau. Es gehörte Verwandten von mir, Roman und Elisabeth Potocki, mit deren Söhnen, Alfred und Georg, ich nahe befreundet war. Die Verwandtschaft kam durch die Radziwills, welcher Familie Elisabeth Potocka angehörte. Ich spreche von einer untergegangenen Welt; in meiner Erinnerung ist Lancut das in allem perfekte Haus. Ende des 18. Jahrhunderts hatte es einer Fürstin Lubomirska gehört, die um 1790 in Paris lebte. Die ersten republikanischen Regierungen Frankreichs befanden sich stets in Geldnot, und so wurde das Inventar von Versailles versteigert. Das meiste, für sehr hohe Summen, ging nach England; jene Fürstin Lubomirska scheint kapitalkräftig gewesen zu sein, jedenfalls konnte sie vieles erwerben und von Versailles nach Polen bringen. So kam es nach Lancut. Der Zauber dieses Landsitzes beruhte aber nicht nur auf seinen auserlesenen Kunstschätzen, nicht auf den französischen Interieurs, nicht auf den Ställen und den Glashäusern, die nach englischer Art geführt wurden. Es war ein durchaus polnisches Haus, und doch hatte es auch wieder etwas von gemütlicher österreichischer Atmosphäre. Elisabeth Potocka war die ideale Hausfrau und Wirtin; und da hatte sie viel zu tun, denn wenn die Potockis in Lancut waren, füllte sich das Haus mit Gästen aus den meisten Ländern Europas. Natürlich war ein Hauptzweck solcher Aufenthalte die Jagd; und da, an Schleppjagden, an Fasanenjagden, hatte Lancut so Vollkommenes zu bieten, wie das Haus selber vollkommen war. Befreundet, wie ich mit den beiden Söhnen des Hauses war, wurde ich zu einer Art drittem Sohn, erhielt immer das gleiche Zimmer, fühlte mich wie zu Hause. Ein polnisches Familienleben, in das ich da hineinwachsen durfte; ein international gefärbtes, gewiß, aber darum kein weniger polnisches. In Lancut habe ich viel gelernt, über Galizien und über Polen als ganzes.

Mein Vetter, Georg Potocki, großer Reiter und Jäger, gut aussehend, intelligent auch, aber kein Freund des Studierens, war vor 1914 von seinem Vater nach Leipzig geschickt worden, um dort oder in der Nähe eine landwirtschaftliche Schule zu besuchen; da hielt er es aber nicht lange aus. Nach dem Tod seines Vaters erbte er, als jüngster Sohn, einen nicht sehr großen, aber wirtschaftlich günstigen Besitz in Ostgalizien mit einem verwahrlosten Schloß, ferner einen viel größeren Besitz in Russisch-Polen, den er in der Folge der russischen Revolution sehr bald verlor. Er heiratete nach dem Ersten Weltkrieg eine Peruanerin und lebte mit ihr in Warschau. Sie war ehrgeizig für ihren Gatten und tat ihr Bestes, um ihn in die Politik zu bringen. Dafür fehlte es ihm nicht an Fähigkeit, wohl aber an Lust, weil er befürchtete, als Politiker sein Jagdleben ganz oder beinahe aufgeben zu müssen. Immerhin verstand er sich dazu, als Senator seinen Bezirk in Warschau zu vertreten. Die Bewohner dieses Bezirkes waren ruthenisch und den Polen feindlich gesinnt; zwischen beiden Bevölkerungsteilen war versteckter Krieg, Räuberei, Bandenwesen, Überfälle auf polnische Dörfer, auf die der Staat und sein Militär nach altem Brauch reagierten. Georg Potocki, nun Senator der polnischen Republik für jenen Bezirk, wollte Frieden stiften. Den Rädelsführer der ukrainischen Aufrührer kannte er recht gut. Er lud diesen Räuber zu sich ein und sagte ihm etwa folgendes: »So geht es nicht weiter, oder geht immer schlechter weiter. Noch mehr Truppen werden noch mehr Dörfer besetzen und niederbrennen, mehr Leute werden obdachlos und wohl auch ermordet werden und immer schwerere Gefängnisstrafen verhängt. Können wir nicht ein Abkommen treffen: Wenn Sie mir zusagen, daß in meinem Senatsbezirk keine Überfälle und Raubzüge mehr vorkommen, und wenn Sie dies Versprechen auch halten, dann könnte ich Ihnen meinerseits garantieren, daß kein polnisches Militär mehr eingesetzt werden wird.« Der ukrainische Rebellenführer ging auf den Vorschlag ein. Die Wirkung ließ sich bald merken: Überall in Ostgalizien Unruhe, Brände, Überfälle und dagegen Standrecht als grausame Reaktion der polnischen Behörden – im Bezirk Georg Potockis Ordnung und Friede. Damals war General Pilsudski polnischer Staatschef.

Er ließ meinen Vetter kommen und fragte ihn, wie er diese Befriedung seines Bezirks fertiggebracht habe. Nachdem Pil-

164

sudski die Erklärung angehört hatte: »Um Sie ist es schade, wollen Sie nicht lieber Botschafter sein?« So wurde Potocki Botschafter in Ankara. Mustapha Kemal, Staatschef und Gründer der neuen Türkei, pflegte die Diplomaten in Verzweiflung zu bringen, durch seine Weigerung, sie zu empfangen, geschweige denn gesellschaftlichen Verkehr mit ihnen zu pflegen. Mein polnischer Vetter hatte auch da den rechten Instinkt. Er bat seinen älteren Bruder, den Erben von Lancut, ihm aus dem Gestüt zwei besonders schöne junge Araberhengste zu schicken, mit denen er in der Umgebung Ankaras paradierte, genau da, wo Kemal gewiß eines Tages zu Pferd vorbeikommen würde. Was auch geschah. Kemal, seinerseits ein gewiegter Pferdeliebhaber, ging in die Falle; das Ende war, daß er einen der Araber als Geschenk annahm und nun das gesellschaftliche Eis gebrochen war. Bald war mein Vetter der am besten orientierte fremde Diplomat in Ankara. Später wurde er nach Washington geschickt, konnte aber da nicht mehr viel ausrichten, und gar nichts, seit man das Jahr 1939 schrieb.

Unter meinen polnischen Freunden möchte ich noch einen besonders erwähnen: Graf Alexander Skrzynski. Auch ihn lernte ich in Krakau während meines Freiwilligenjahres kennen und fand ihn wenig sympathisch; er war etwa fünf Jahre älter als wir, schon ein erfolgreicher Diplomat, elegant, reich und dermaßen überheblich, daß er uns Freiwillige wie den Abschaum der Menschheit behandelte. Die jungen Damen sahen es anders; sie ließen uns stehen oder sitzen, wenn Skrzynski sich bei einem Balle zeigte. Das tat er eine Zeitlang, dann entschwand er wieder nach Paris, und bis 1914, also etwa sieben Jahre lang, sah ich ihn nicht. Nun war Krieg, und ich traf ihn wieder. Es war in der Gegend von Lublin, inmitten einer Kampfhandlung. Ich war mit irgendeiner Meldung nach vorn geschickt worden, es herrschte ein Durcheinander, ich konnte den General, dem ich die Nachricht zu überbringen hatte, nicht finden, endlich sagte mir jemand, daß er auf einer kleinen Höhe mit seinem Stab Aufstellung genommen habe. Ich ritt also dorthin, hinter der Erhöhung standen einige Pferde, von Soldaten gehalten. Ich sprang ab und ließ mein Pferd auch dort stehen, da bemerkte ich, wie mich einer der Ulanen, in einer schmutzigen Uniform,

165

scheinbar töricht angrinst. Was wollte der? Aber ich hatte anderes zu denken, überbrachte dem General meine Meldung, erhielt Gegennachrichten, die ich zurückzubringen hatte, und ging zu den Pferden zurück. Dort steht wieder der Mensch und grinst mich an. Ich trete an ihn heran und erkenne Alexander Skrzynski. »Was machst denn *Du* hier? Und als Gemeiner?« – »Ja, weißt Du, ich bin nie Soldat gewesen, ich habe mich aber natürlich gemeldet, als der Krieg ausbrach, no so bin ich halt momentan Ulan und Pferdewächter.« Was mich doch ein wenig beeindruckte, denn ich sah ihn noch vor mir, wie er vor sieben Jahren gewesen war. Ein paar Tage später geschah unser Rückzug über den San, über den ich anderswo berichte. Ich war buchstäblich tagelang zu Pferd gesessen, war am Ende meiner Kräfte und hatte nur einen Gedanken: irgendwo mich hinzulegen, um schlafen zu können. Wieder mußte ich einen Befehl überbringen, in einem kleinen Bauernhof, neben dem sich der übliche Misthaufen befand. Auf dem lag ein Ulan in friedlichem Schlaf, auf den ich geradezu neidisch war. Wieder war es kein anderer als Alexander Skrzynski! Ob ich ihn aufweckte, oder ob er von selber aufwachte, das weiß ich nicht mehr; jedenfalls sagte ich ihm: »Das hast Du Dir gewiß in Paris nicht träumen lassen, daß man auf einem Misthaufen so gut schlafen kann!« Er lachte herzlich. Kurz nachher begab es sich, daß Skrzynski, der mittlerweile schon Korporal geworden war und bei General Rozwadowski Dienst tat, sich in einer wichtigen Sache bewährte. Der General hatte entdeckt, daß einige Kisten mit den ganzen Papieren seines Stabes, darunter solchen, die durchaus nicht in die Hände des Feindes fallen durften, in der Eile nicht mit aufgeladen worden waren – eine Katastrophe. Der General war außer sich, denn die Russen waren schon in das Dorf eingedrungen. Da meldete sich Skrzynski und sagte: »Herr General, wenn ich zwei Ulanen mitbekomme, werde ich versuchen, die Kisten aus dem Dorf herauszuholen.« Er zog also los und sah beim Näherkommen das Dorf schon von Kosaken wimmeln. Darauf begannen er und die zwei Ulanen nach rechts und links zu schießen, die Kosaken hielten es nicht für möglich, daß drei Reiter allein einen Angriff machen würden und zogen sich in den Teil des Dorfes zurück, wo zum Glück nun gerade die gesuchten Geheimpapiere nicht geblieben waren, und so gelang es Skrzynski tatsächlich, alles in zwei Kisten zu packen und das Dorf unbehelligt wieder zu verlassen. Er brachte also das wertvolle Gut dem General zurück, der das Ereignis sofort weitermeldete, es kam sogar bis vor den Kaiser: Der Legationsrat Graf Skrzynski, der nie Soldat gewesen war und nun als Freiwilliger kämpfte, hatte eine solche Heldentat vollbracht. Skrzynski erhielt die große Silberne Tapferkeitsmedaille,und der Kaiser ernannte ihn zum Leutnant.Er wurde Adjutant des Generals Rozwadowski. Ich habe ihn in der Folge oft gesehen und sehr schätzen gelernt, einen klugen, überlegten Menschen. Der Krieg war kaum ein Jahr alt, als er mir sagte: »Das wird, das muß schlecht ausgehen, es bleibt uns nichts übrig,als das Bestmögliche zu erstreben.«Als der Krieg zu Ende war und das neue Polen gegründet wurde, stellte er sich dem Staatschef Pilsudski zur Verfügung. Er ist dann einige Jahre lang polnischer Außenminister gewesen und hat eine bedeutende, wohl auch nützliche Rolle in seinem Land gespielt. Zu früh kam er durch ein Autounglück ums Leben. Für ihn selber freilich wohl doch nicht zu früh, wenn man die Schicksale Polens bedenkt, die er nicht mehr erleben mußte.

Durch meine polnischen Freunde kam ich auch zum erstenmal mit Rußland in Berührung, damals natürlich mit dem zaristischen. Das ergab sich wie selbstverständlich daraus, daß eben ein Großteil Polens zu Rußland gehörte, ein kleinerer zu Österreich.

Mit einem Zaren hatte meine Familie schon etwa 200 Jahre früher Bekanntschaft gemacht, mit Peter dem Großen. Dieser kam im Jahre 1697 oder 98 nach Teplitz, um dort in unserer Thermalquelle Heil für ich weiß nicht welches Leiden zu finden; natürlich nicht ohne zeitige Voranmeldung. Weil in unserem Schloß für einen solchen Gast nicht gebührender Platz war, so wurde in aller Eile im Park für ihn ein Gastschlößchen oder Pavillon gebaut; die Tradition will, der Zar sei zur Vordertür hereingekommen, indes die Maler oder Tapezierer, eben kaum fertig mit ihrer Arbeit, zur Hintertür hinausflohen. Das Zarenschlößchen steht heute noch, stand jedenfalls zu meiner Zeit noch; zuletzt diente es als »Schloßcafé«. Also, der gewaltige

Selbstherrscher kam. Die ersten zwei Tage vergingen mit Begrüßungszeremonien und Festlichkeiten. Am dritten legte er sich ins heiße Bad, für das der Arzt eine Maximalzeit von einer halben Stunde vorgeschrieben hatte, und blieb zehn Stunden darin, während derer er ununterbrochen Wodka trank. Danach, begreiflicherweise, hatte er schwere Kopfschmerzen, erklärte die Quelle für untauglich und reiste am nächsten Tage mit seinem Gefolge wieder ab. Einen Bericht über diesen Besuch fand ich im Teplitzer Archiv. Eine andere, im ernsteren Sinn deprimierende Zarengeschichte hörte ich in Lancut. Dort sah ich in einer Vitrine zwei Dinge nebeneinander ausgestellt: Ein Goldenes Vlies, einem Vorfahren Potocki gehörend, und ein lederner Gürtel. Auf meine Frage, was denn der schmutzige Gürtel hier zu suchen habe, antwortete mein Vetter Alfred Potocki: »Das ist der Gürtel, den mein Urgroßvater auf dem Marsch nach Sibirien getragen hat.« Nun folgte die Geschichte. Im Jahre 1830, gelegentlich des polnischen Aufstandes oder unmittelbar vorher, war der junge Fürst Roman Sanguszko, der sich kurz vorher mit einer wunderschönen Potocka vermählt hatte, von Freunden gebeten worden, für eine nationale Sache eine Spende zu geben. Er wußte recht wohl, um was es sich handelte, nämlich um ein sehr gefährliches Abenteuer, aber, Patriot wie er war, gab er eine größere Summe. Der Aufstand begann, geriet auf seinen Höhepunkt, wurde von den Russen blutig niedergeschlagen, die meisten Anführer gelang es zu verhaften. Unglücklicherweise fand man auch eine Liste mit den Namen der Geldspender. Das geschieht ja immer wieder; auch im letzten Krieg wurden viele Menschen aufgeopfert, nur darum, weil ihre Namen auf einer Liste standen, die in die Hände der Gestapo fiel. So wurde also Fürst Sanguszko verhaftet und zur Verbannung nach Sibirien verurteilt. Er war ein angesehener, sehr reicher Mann, mit Besitzungen in Russisch-Polen wie in Österreich; durch seine Mutter, eine Prinzessin Czartoryska, besaß er einflußreiche Verwandte in mehreren europäischen Ländern. Er war, kurzum, eine Persönlichkeit, die man, so wie das russische Gesellschaftsgefüge war, lieber ausgespart hätte. Der Gouverneur von Warschau wirkte in diesem Sinn. Dem Verurteilten wurde ein Schriftstück zur Unterzeichnung vorgelegt, in dem er erklärte, daß er keineswegs geahnt habe, welchem Zweck seine Spende zugeführt werden sollte. Sanguszko lehnte jedoch ab: »Ich habe genau gewußt, wofür das Geld war, wenn meine Freunde jetzt ihr Vorhaben büßen müssen, so muß ich das auch.« Er machte es also seinen Gönnern nicht leicht, ihn zu retten. Aber Gönner und Gönnerinnen besaß er: So die Gattin des Zaren Nikolaus I., geborene Prinzessin von Preußen; so auch den Kaiser von Österreich und dessen Botschafter in St. Petersburg, Graf Ficquelmont. Dieser Ficquelmont ist mir nun auch wieder bekannt, denn er war mein Urgroßvater, ebenso wie der verurteilte junge Pole der Urgroßvater meines Vetters war. Ficquelmont war während der großen Französischen Revolution als junger Emigrant von Frankreich nach Österreich gekommen und hatte dort in der Armee es zum hohen Offizier gebracht. 1809 war er österreichischer Vertreter im Stabe Wellingtons, während des Spanischen Krieges (Peninsular War); ein Franzose von Geburt, österreichischer Offizier, im englischen Heer in Spanien gegen die Franzosen kämpfend. Als der Krieg zu Ende war, fiel es Ficquelmont nicht schwer, von der militärischen zur diplomatischen Laufbahn überzuwechseln; nachdem er einige Posten in Italien innegehabt hatte, war er nun unser Vertreter in Petersburg. Übrigens war er mit einer Russin verheiratet, und zwar mit einer Enkelin des Feldmarschalls Kutusow, dessen Name also auch in meiner Ahnentafel steht, denn eine Tochter aus dieser Ehe heiratete meinen Großvater. Auch Ficquelmont gehörte zu den Persönlichkeiten, die das steinerne Herz des Zaren Nikolaus erweichten, wenn auch nur halb. Er erklärte sich bereit, den jungen Sanguszko zu begnadigen, aber unter einer Bedingung. Es gab da die Gewohnheit, daß der Zar Sonntagvormittags nach dem Kirchgang eine gewisse Galerie des Winterpalais durchschritt, in welcher der Hof und zugelassene Bittsteller Spalier bildeten. Wollte die Mutter des jungen Fürsten sich unter die Bittsteller mengen und ihm ein Gesuch um die Begnadigung ihres Sohnes kniend überreichen, so werde er das Gesuch im günstigen Sinn erledigen. Was blieb der alten Fürstin anderes übrig, als diese demütigende Bedingung anzunehmen? Es ging schließlich um das Leben ihres Sohnes. Als sie aber den Zaren hereinkommen sah, umgeben von seinen Militärs und Günstlingen, erwachte in ihr, ohne Zweifel ihr selber unerwartet, ein Gefühl des Patriotismus und Stolzes und unbändigen Widerwillens. Sie, Trägerin eines der größten polnischen Namen, Czartoryska, konnte nicht vor dem Zaren niederknien. So versteckte sie sich in einer Fensternische hinter dem Vorhang. Zar Nikolaus, in der Erwartung, eine große Dame Polens vor sich knien zu sehen, hatte recht genau beobachtet, was sich da abspielte. In sein Arbeitszimmer zurückgekehrt, ließ er sich die Liste der Verurteilten reichen und schrieb neben den Namen des Fürsten Sanguszko: »A pied et pour toujours.« So also wanderte der junge Fürst zu Fuß nach Sibirien, sein Pelz wurde von dem Gürtel zusammengehalten, den ich in der Vitrine sah. Er blieb viele Jahre in der Verbannung; seine Frau, die bald nach der Verurteilung einer Tochter das Leben geschenkt hatte, starb früh. Als es Krieg im Kaukasus gab, wurde der Verbannte in die dort kämpfenden russischen Truppen eingereiht, aber auch dann nicht freigelassen; erst, als er erblindet war – man erzählt, geblendet durch den Schnee, aber es mag auch einen anderen Grund gehabt haben – kehrte er als alter Mann aus Sibirien zurück.

Seine Tochter hatte inzwischen einen Potocki geheiratet und wurde so die Großmutter meines Vetters. Ihr Vater verlebte seine letzten Jahre auf einem Gut nicht weit von Lancut, wie man mir erzählte, abgeklärt und weise, niemandem etwas nachtragend. Da also, in der Vitrine, war nun sein Gürtel. Vielleicht ist er heute noch dort.

Im Jahr 1908 lud mein Vetter Alfred Potocki mich ein, mit ihm nach Polen, also nach Russisch-Polen zu fahren, zu seinem Onkel, Joseph Potocki. Der war ein Bruder von Alfreds Vater und hatte zudem die Schwester von Alfreds Mutter geheiratet, Hélène Radziwill. Von den Jagden, die es jeden Herbst auf seinem Besitz gab, der Ort hieß Antoniny, hatte ich schon Verlockendes gehört. Vor allem aber: eine Reise nach Rußland war für mich als solche schon ein Abenteuer. Für diese Reise mußte man einen Paß haben, für uns etwas Unerhörtes. Das Land war nah, es grenzte ja an Österreich, und doch so fremd. Ich werde diese erste Fahrt nach Podolien nie vergessen.

Wir fuhren im Auto bis zur Grenze, dort führte eine Holz-
brücke über ein kleines Flüßchen, an dem der Grenzort Podwo-
loczyska lag. Auf der österreichischen Seite waren keinerlei
Formalitäten zu erfüllen; anders am anderen Ende der Brücke,
über die dort eine Eisenkette gespannt war. Es näherten sich
russische Soldaten in langen Mänteln, die unsere Pässe höflich,
aber genau prüften, auch das Auto durchsuchten. Erst dann fiel
die Kette, und wir konnten über sie hinwegfahren, hinter dem
Auto wurde sie alsbald wieder hochgezogen – man hatte das
Gefühl: »So, jetzt sind wir drinnen!« Es war das Gefühl, das
heute wohl jeder hat, der das Territorium eines »Ostblockstaa-
tes« betritt; freilich sind die Grenzen dieser Territorien heute
mit bedeutend mehr technischer Phantasie ausgestattet. Nun,
mir genügte die Kette schon; dergleichen hatte ich an den
Grenzen des »Völkergefängnisses Österreich-Ungarn«, wie
man heute das alte Österreich zu nennen liebt, eben niemals gesehen. Ein oder zwei Jahre später reiste ich noch einmal nach
Podolien, diesmal auf der Eisenbahn und mit einem polnischen
Vetter, der russischer Untertan war. Der Zug, schon in Rußland, hielt an einer kleinen Station, und zwar sehr lange. Man
benützte diese Zeit, um eine Mahlzeit einzunehmen, es gab
keine Speisewagen, dafür aber an einzelnen Stationen ausgezeichnete Buffets. Mein Verwandter ging nach dem Essen sofort in sein Abteil zurück, ich wanderte mittlerweile noch auf
dem Bahnsteig auf und ab, für mich war ja alles ungewohnt und
höchst interessant. Ich sehe einen weißen Salonwagen, der an
unseren Zug angehängt wird und will ihn aus der Nähe betrachten. Ein russischer Soldat, der dort steht, sagt mir etwas, was ich
nicht verstehe, ich gehe weiter. Aber nur ein paar Schritte, dann
bekomme ich einen gewaltigen Fußtritt von dem Soldaten, falle
der Länge nach hin und werde, liegend, mit Fußtritten traktiert.
Ich bin noch jung, ich bin noch gewandt, ich komme blitzschnell
wieder auf die Beine, ich bin aber klug genug, nicht zurückzu-
schlagen, sondern meinen Vetter im Abteil aufzusuchen, um
ihm mein Erlebnis zu erzählen. Da müsse etwas geschehen; das
beleidigte Recht müsse wieder hergestellt werden. Er sah mich
verwundert an: »Erstens solltest Du doch wissen, daß man sich
hier niemals beschwert; und zweitens mußt Du etwas Dummes

angestellt haben, damit der Soldat Dich so behandeln konnte!«
– »Etwas Dummes? Einen Salonwagen habe ich mir angesehen . . .« – »Salonwagen? Ja, dann wundert mich gar nichts
mehr. Da wird eben ein Minister oder ein Großfürst reisen; natürlich konnte man Dich nicht in seine Nähe kommen lassen!«
Es war eben alles anders als bei uns. Und so ist es wohl auch
heute noch. Aber solche ärgerlichen Erlebnisse konnten mir
das Interesse an dem Land und an seiner uferlosen Größe nicht
nehmen. Alles war überdimensional; der Reichtum der Reichen, die Zahl der Menschen, die das Land bevölkerten, die
Fruchtbarkeit der Erde. In der Richtung, in der meine Reise
ging, gab es keine Straßen, nur Feldwege, so daß, wenn es stark
geregnet hatte, an den Gebrauch eines Autos auf den zum
Sumpf gewordenen Wegen nicht zu denken war. Die nächste
Eisenbahnstation war ungefähr 50 km von Antoniny entfernt.
Diese Strecke konnte nicht in einem durchgefahren werden,
und so war auf halbem Weg ein »relais« eingerichtet, wo die
Pferde gewechselt wurden. Man fuhr in kleinen Wagen, die mit
je fünf Pferden bespannt waren, zwei Stangenpferden und drei
als Vorspann; in jedem Wagen nahmen nur zwei Personen
und der Kutscher Platz, man wollte ein größeres Gewicht
vermeiden, um die Wagen am Versinken im Schlamm zu verhindern. Einmal kamen wir an der Bahnstation an, wir, eine
große Zahl von Jagdgästen, aus Österreich, England, Italien,
was noch; Herren und Damen und Diener und dazu viel Gepäck. Wir wurden von 30 Wagen erwartet, alle mit Fünferge-
spann; diese dreißig Wagen erhielten auf halbem Weg frische
Pferde, das bedeutete also, daß für dieses einmalige Abholen
300 Pferde notwendig gewesen waren – die alle aus den Ställen
des Schlosses kamen! Dazu noch ein paar Dutzend herrliche
Reitpferde, die in den folgenden Tagen für Hirschjagden gebraucht wurden. Aus den Angestellten in Haus, Ställen und
Gärten hatte Joseph Potocki eine Feuerwehr gebildet, die oft in
Anspruch genommen wurde, denn die strohgedeckten Holz-
häuser in den Dörfern gerieten leicht in Brand; sie bestanden
meistens aus zwei Hälften, in der einen wohnte die Familie, in
der anderen die Tiere. Mir fiel der Geruch auf, der ständig über
diesen Dörfern schwebte – es war eine fast waldlose Gegend,

172

und so heizten die Bauern mit gedörrtem Dung. Sie konnten das, weil der überaus fruchtbare, fette Boden eigentlich keine Düngung brauchte. Der Stallmist wurde mit reichlichem Stroh zusammengetreten, dann die Masse getrocknet und zum Schluß in Ziegel geschnitten; als Heizmaterial war das gar nicht schlecht, aber an den fürchterlichen Geruch mußte man sich erst gewöhnen. An einen Abend erinnere ich mich besonders. Wir saßen bei Tisch, die Herren alle im roten Frack, denn man hatte zu Pferd gejagt, plötzlich stürzt ein Diener herein und meldet, daß es in dem Dorf Soundso brenne. Die Feuerwehr wurde sofort mobilisiert, auch wir jungen Leute sprangen gleich in einen Wagen, um zur Brandstätte zu fahren, ob aus Neugierde oder aus dem Wunsch zu helfen, weiß ich nicht mehr. Als wir zu den brennenden Häusern kamen, sahen wir den Besitzer des einen am Boden liegen und hörten ihn jammern, daß seine Kuh verbrennen müsse – aber niemandem fiel es ein, etwas zur Rettung des Tieres zu unternehmen. Einer meiner Vettern Potocki lief daraufhin in das brennende Haus, und es gelang ihm tatsächlich, die Kuh lebend und halbwegs gesund herauszuziehen; sonst wäre eigentlich gar nichts mehr zu tun, Menschenleben waren keine in Gefahr, und das Dorf brannte wie Zunder, dem war nicht mehr zu helfen. Mein Vetter beugte sich also über den jammernden Mann und sagte ihm: »Sei doch froh, Deine Kuh ist wenigstens gerettet und gesund!« Der Bauer blickte nur einen Augenblick auf, dann schlug er weiter mit der Stirn gegen den Boden und jammerte: »O Gott, o Gott, warum strafst Du mich so furchtbar?« Dieser untätige Fatalismus, diese Wollust des Leidens beeindruckte mich. Die Bauern der Gegend waren Ukrainer und orthodox, die Potockis dagegen polnisch und katholisch, wie auch ihre Beamtenschaft und die meisten ihrer Angestellten. Im Park stand eine kleine Kapelle, wo am Sonntag katholischer Gottesdienst gehalten wurde. Als ich zum ersten- oder zweitenmal in Antoniny war, sah ich bei einer solchen Gelegenheit zwei Zwerge, ein schon recht altes Paar; ich fragte einen meiner Vettern, wer denn die seien? Der Vetter: »Das sind noch Zwerge von meiner Großmutter.« – »Von Deiner Großmutter? Ja wieso denn?« – »Ja, weißt Du, meine Großmutter liebte Zwerge; wenn sie von einem zwergenhaften Kind in einem der Dörfer hörte, schickte sie gleich einen Boten hin, und die Eltern desZwergleins waren nur zu froh, das arme Kind gegen eine schöne Geldsumme herzugeben. Meine Großmutter ließ für ihre Zwerge kleine Häuser bauen, sie stiftete auch Ehen. Aber Zwerge können sich nur in den seltensten Fällen vermehren. Also mußte dieser Stand durch immer neue Erwerbungen auf der Höhe gehalten werden. Die Zwerge dienten als Spione; sie schlüpften unbemerkt in die Häuser der Beamten und Angestellten und berichteten von Mißbräuchen, Streitereien usw. Wenn diese Berichte sich als wahr herausstellten, wurden die Spione gut belohnt. Schön war das ja eigentlich nicht! Die Zwerge waren überall gefürchtet, aber da sie unter dem direkten Schutz meiner Großmutter standen, wagte man nicht, sie zu behelligen. Das Pärchen, das Du eben gesehen hast, sind wohl die letzten; sie essen nur noch Gnadenbrot.« Über diese Zwerge hörte ich noch weiteres. Zum Beispiel: die beiden Schwiegertöchter der alten zwergensammelnden Gräfin, die ja Schwestern waren, waren mit der Schwiegermutter oft nicht gleicher Ansicht. Einmal nun waren die beiden Damen nach dem Tee in ihrem Privatsalon versammelt, wo sie über die feindliche Schwiegermutter sich in nicht mißzuverstehenden Worten aussprachen. Beim Abendessen merkten sie dann, daß die alte Dame genau wußte, was sie vor kurzem noch privatim gesprochen hatten; dergleichen merkt man ja aus bloßen Andeutungen. Als nun die beiden jungen Frauen am nächsten Abend wieder in ihrem Zimmer waren, begannen sie dessen Details gründlich zu untersuchen – und richtig, hinter einem Vorhang saß ein Zwerg und unter einem mit Stoff behangenem Tisch ein anderer; die beiden Pygmäen wurden abgestraft und vor die Tür gesetzt, und seither war Ruhe. – Eigentlich war es noch Mittelalter, wovon ich da Überbleibsel sah. Und da es harmlose Überbleibsel waren, so konnte ich nicht umhin, mich tief über sie zu unterhalten.

Etwas, was sich mir in jungen Jahren eingeprägt hat, ist, daß die Russen, ich meine, die russischen Machthaber, immer alles wissen. Wir haben dafür zu meiner Militärzeit schwerwiegende Beispiele gehabt; z. B. die Geschichte jenes unseligen österreichischen Obersten Redl, der gegen viel Geld im Dienste der

Russen stand und ihnen den österreichischen Aufmarschplan von 1914 verriet. Russische Allwissenheitsgeschichten kleineren Umfangs habe ich selber, wenn nicht erlebt, so doch authentisch erzählt bekommen.

Als ich 1906 nach Galizien kam, wo ich mein Freiwilligen-Jahr bei den 2er Ulanen abdienen sollte, stand man in Krakau noch unter dem Eindruck einer Begebenheit, die sich nicht lange vorher ereignet hatte. Man wußte, daß die Russen mit dem Bau neuer Befestigungen bei Lublin begonnen hatten, doch wollte man dazu gerne noch mehr Einzelheiten haben. Nun gab es einen jungen Offizier, einen Polen, der ausgezeichnet jiddisch sprach und sich äußerlich als jüdischer Händler zu verkleiden wußte. Er wurde zu seinen Vorgesetzten gerufen und gefragt, ob er bereit sei, in Verkleidung nach Lublin zu reisen und dort möglichst viel über die neuen Befestigungen herauszufinden. Er war bereit dazu und ging gleich an die Vorbereitungen.

Seinen Kameraden erzählte er, daß er auf einige Tage nach Wien Urlaub bekommen habe, ging dann in Begleitung zum Bahnhof und stieg, von allen beneidet, in den Wiener Schnellzug. Doch schon in Krakau stieg er aus und verschwand im Kazmierz, dem jüdischen Stadtviertel. Wenige Tage später reiste ein jüdischer Pelzhändler, mit allen notwendigen Papieren ausgestattet, von Krakau nach Lublin und begab sich dort in ein Gasthaus, dem Treffpunkt jüdischer Händler. Er wurde gerne aufgenommen, da er alle Krakauer Neuigkeiten wußte.

Es wurde vereinbart, daß man sich am Tag darauf zu weiteren geschäftlichen Gesprächen am gleichen Ort wieder treffen sollte. So geschah es denn auch, alle waren versammelt, da geht plötzlich die Tür auf, herein kommt ein baumlanger russischer Soldat, blickt über die ängstlich bestürzten Gäste, geht dann auf den neuen Ankömmling zu, legt einen Brief vor ihn hin, salutiert und verschwindet. Der Krakauer Pelzhändler öffnet den Brief und liest: »Der Gouverneur von Lublin und Madame X geben sich die Ehre, Herrn Leutnant Y zum Tee einzuladen.« – So genau kannte man das Spiel, und so wenig gefährlich erschien den russischen Behörden der Hauptakteur! Mit dessen Spiel war es nun freilich zu Ende.

Das andere Erlebnis hatte ein mir bekannter polnischer Fürst um 1905. Seine Güter lagen in Russisch-Podolien, wo es ihm wirtschaftlich gutging; mit den Behörden kam er befriedigend aus, zumal er sich in keiner Weise politisch betätigte. Den Gouverneur der Provinz kannte er nur ganz flüchtig und hielt sich von ihm fern, weil er durch seine russischen Freunde gehört hatte, daß in seinem Amt eine arge Mißwirtschaft herrsche.

Der Fürst hatte eine junge, schöne und sehr lebenslustige Frau, mit der er sich oft nach St. Petersburg begab, wo beide in den großfürstlichen Kreisen sehr beliebt waren.

Eines Tages kamen einige seiner russischen Bekannten zu ihm mit einem Memorandum, in dem die Missetaten des Gouverneurs genauestens aufgezählt waren, und baten ihn, dieses Schriftstück dem ihm befreundeten Großfürsten zukommen zu lassen; dies nicht etwa, um dem Gouverneur zu schaden, sondern zu Nutzen und Ehre des Vaterlandes.

Mit Hilfe eines Vertrauensmannes gelang es, das Memorandum in die Hände des Großfürsten zu spielen, zugleich mit der Bitte, den Namen des Absenders unter keinen Umständen zu erwähnen. Nicht lange danach sagte sich der Gouverneur, der den Fürsten noch nie auf seinem Landsitz besucht hatte, zum Mittagessen an, sehr zur Beunruhigung des Gastgebers. Indessen, der Gouverneur hätte nicht liebenswürdiger sein können – er wollte alles sehen und inspizieren, er war des Lobes voll über die treffliche Verwaltung in der Landwirtschaft und in der Zuckerfabrik. Als dann, nach dem Essen, der Gouverneur mit seinem Gastgeber noch die Parkanlagen besichtigte, pries er den Hausherrn in wahrhaft überschwänglicher Weise und meinte, daß Grundbesitzer seiner Art eine Zierde des Landes und ein Vorbild für alle anderen seien. »Aber wie wenige nehmen sich doch Sie zum Vorbild! *Ganz* vertraulich muß ich Ihnen da eine Geschichte erzählen. Hat doch da tatsächlich ein Großgrundbesitzer aus unserer Gegend eine Anzeige gegen mich nach St. Petersburg gesandt! Wie töricht war doch dieser Ihr Kollege! Erstens wußte er nicht, daß man natürlich mir mehr glauben wird als ihm. Und zweitens wußte er nicht, daß ich im Besitz der Liebesbriefe seiner Frau bin! Nein wirklich, dieser Mensch hätte besser getan, sich an Ihnen ein Beispiel zu nehmen und

176

sich nur um die Verwaltung seiner Güter zu kümmern!« Damit verabschiedete er sich in liebenswürdigster Weise von meinem Bekannten, dem nichts anderes übrigblieb, als eilends nach Petersburg zu reisen und irgendwie des Memorandums wieder habhaft zu werden: es habe sich da um ein Mißverständnis gehandelt . . . – So daß die Angelegenheit gewissermaßen ein Happy-End hatte. Der Großfürst war erleichtert, nicht intervenieren zu müssen, der Gouverneur – vorsichtiger geworden – blieb im Amt, nicht ohne sich weiterhin gegenüber dem Fürsten mit vollkommener Liebenswürdigkeit zu verhalten; dieser war immerhin einem ehelichen Skandal entronnen!

Immer ist mir Rußland ein gewaltiges, schwer faßbares Phänomen gewesen. Was ist es denn, das in allem Russischen die anderen Europäer, ja sogar die Amerikaner, immer wieder bezaubert, in seinen Bann schlägt und so viele dazu bringt, den Russen fast alles zu verzeihen, was man anderen europäischen Völkern niemals verzeihen würde?

In den Jahren vor dem Ersten Weltkrieg kannte ich einen jungen Polen, einen glühenden Patrioten, der nach fast 150 Jahren noch immer unter der Teilung seines Vaterlandes litt. Er sagte mir damals, daß Rußland der größte, der tödlichste Feind des polnischen Volkes sei, daß ein Aufgesaugtwerden durch die Russen für Polen eine immer drohende Gefahr bleibe.

Ist es die Größe des russischen Imperiums, die Urkraft des Volkes, die Unbesiegbarkeit seiner Herrscher, seien es die Zaren oder die Sowjets? Mein polnischer Freund meinte, daß es den unter österreichischer Regierung lebenden Polen bei weitem am besten gehe – dort hatten sie vollständige Freiheit in allen Dingen, welche ihre eigene Verwaltung, Sprache, Schulen und Universitäten betrafen; Politisch loyal gegenüber der Monarchie, blieben sie doch immer national führende Polen. In Preußen ging es ihnen in vielen Hinsichten schlecht, sie wurden hinter den Deutschen, wo es möglich war, zurückgesetzt und in kleinlicher Weise schikaniert; folglich wurde man auf diesem Gebiet zusehends mehr anti-preußisch. Mit weitem Abstand am schlechtesten ging es ihnen in Rußland; und trotzdem war die Gefahr einer fortschreitenden Assimilierung durch die Russen hier die größte.

So empfand ich das immense russische Reich auch selber als in fast magischer Weise anziehend. Einen Fremden konnte Rußland wohl mit Angst erfüllen; gleichzeitig aber fühlte er sich vom Land und seinen Bewohnern zutiefst angezogen.

Kaiser und Thronfolger

Aus einer Familie stammend, die seit Jahrhunderten dem Haus Habsburg gedient hatte, war mir »der Kaiser« seit jeher ein vertrauter Begriff.

Die Bewohner der meisten Staaten Europas gehörten damals einem einzigen Volk an, oder doch nur einem herrschenden. Wenn neben diesem auch Minderheiten lebten, so hatten sie recht wenig zu sagen, wenn sie nicht, wie die Polen Rußlands, recht eigentlich unterdrückt wurden. In der k.u.k. Monarchie gab es vor 1914 unter 51 Millionen Bürgern zwölf verschiedene Völker: ihrer Muttersprache nach waren es Deutsche, Magyaren, Tschechen, Polen, Slowaken, Ruthenen, Kroaten, Serben, Slowenen, Rumänen, Italiener und Türken. Es gab sieben Religionen: römisch-katholisch, griechisch und armenisch mit Rom uniiert, griechisch-orthodox, evangelisch Augsburger Konfession, calvinisch, israelitisch und muselmannisch.

Die Heimat war für jeden die Gegend, in der er geboren oder aufgewachsen war; das Vaterland überall dort, wo das Haus Habsburg regierte.

Vor kurzem kam ein Journalist zu mir, der die Absicht hatte, ein Buch über die Revolution von 1848 zu schreiben. Seine erste Frage war: »Wie können Sie das Folgende erklären. Im Jahre 1848 war überall Revolution, in Wien, Budapest, Prag, Krakau, Mailand und Venedig; wenn es auch noch einmal nach schweren und blutigen Kämpfen gelang, alle diese Rebellionen niederzuringen, so schien doch das Ende Österreichs gekommen. Und trotzdem bestand es weiter fort, noch siebzig Jahre lang, widerstandsfähig genug, um die Niederlagen von 1859 und 1866 zu überleben. Und selbst im Ersten Weltkrieg bewies die alte Monarchie noch eine starke Kraft des Zusammenhalts und militärischen Widerstandes, und zwar in den ersten Jahren unter allen ihren Völkern. Noch einmal, wie erklären Sie sich das?« Meine Antwort war: Man müsse sich zunächst einmal von allem Schutt der Österreich feindlichen Propaganda befreien, den immer wiederholten Unwahrheiten oder Ungenauigkeiten, stammend von Schriftstellern, die sich nicht die Mühe nähmen, die Wahrheit zu ergründen oder an ihr nicht interessiert seien. In ihrer Mehrzahl wußten die noch nicht durch die Krankheit des Nationalismus vergifteten Bürger Alt-Österreichs, daß sie in *einem* Reich lebten, daß sie regiert wurden von einem konstitutionellen Monarchen und von einer Beamtenschaft, die unbestechlich und rechtlich dachte. In der Verwaltung kamen überstürzte Maßnahmen sehr selten vor, eine jahrhundertelange Erfahrung hatte die kaiserliche Bürokratie gelehrt, mit großer Vorsicht zu operieren. Letzten Endes aber fand jedes Volk sein Recht und vor allem die Freiheit, seiner nationalen Eigenheit gemäß zu leben, soweit dies eben möglich war. Die letztere Einschränkung hatte einen tiefen Sinn. Durchaus sollte vermieden werden, daß ein Volk die im selben Kronland lebende Minderheit unterdrückte, ein leider oft wirksames, schwer auszurottendes Bestreben.

Der Kaiser fühlte sich in seinem Reich sicher; während seiner langen Regierungszeit ist nur ein einziges Attentat auf ihn verübt worden, im Jahre 1853, wobei er leicht verletzt wurde. Sicherheitsmaßnahmen, etwa heutigen Stils, gab es auch in den folgenden sechzig Jahren nicht. Ich erinnere mich gut, schon als Kind den Kaiser oft gesehen zu haben, wenn er in der offenen Equipage von Schönbrunn zur Hofburg oder von dort zurückfuhr, nur von einem Adjutanten begleitet, ohne jeden Polizeischutz. Von weitem schon sah man den Wagen mit den goldenen Rädern kommen, man sah die Leute grüßen, immer mit Anstand und Ehrfurcht. Sie wußten, da kam der alte Herr, der es gut meinte, der sich Mühe gab, nicht nur für sein Reich, sondern auch für das Wohl seiner Völker. Die Menschen, die ihn persönlich kannten, Mitglieder seines Hofstaates, Jäger, Diener etc., waren ihm treu ergeben. Sie kannten seine Güte, seinen feinen Takt, sein Pflichtgefühl, seinen Humor. Als Kinder

180

hörten wir durch unsere Verwandten, die bei Hof aus und ein gingen, allerhand Geschichten. Zum Beispiel war einer der Flügeladjutanten mehrere Nächte hindurch auf Bällen gewesen und daher schließlich so verschlafen, daß er bei einer Ausfahrt mit dem Kaiser im offenen Wagen einschlief und mit dem Kopf auf die Schulter des Kaisers sank. Dieser weckte ihn durch einen leichten Stoß und bemerkte: »Sie haben aber Glück, daß Sie nach rechts gefallen sind, nach links wären Sie aus dem Wagen gestürzt . . .« Nahezu untrüglich war der Takt Franz Josephs. Dafür eine kleine Anekdote als Beispiel. In Lemberg lebte um 1880 eine Dame, Gattin eines der einflußreichsten Magnaten des Landes, der dem Kaiser treu ergeben war. Die Gräfin, aus Russisch-Polen stammend, wollte jedoch die Teilung Polens niemals anerkennen; so war für sie der Kaiser zwar in Wien der Herrscher, aber nicht in Galizien. Franz Joseph wußte von ihrer Gesinnung und war daher nicht unvorbereitet, als er gelegentlich eines Staatsbesuches in Lemberg zu einem Empfang in ihr Haus kam. Als er sie begrüßen wollte, blieb die Dame sitzen. Ihre Unhöflichkeit übersehend, nahm er sofort neben ihr Platz und verblieb eine ganze Weile in angeregter Konversation. Diese ebenso freundliche wie taktvolle Art, den peinlichen Zwischenfall zu ignorieren, wurde ihm von den Gästen hoch angerechnet.

Wie beliebt, ja geliebt der Kaiser war, konnte man immer wieder erleben. Im August 1905 wurde die Tauernbahn eröffnet, der Kaiser sollte in einem Aussichtswagen als erster die Strecke befahren. Da ich damals in der Nähe Gast bei Verwandten war, konnte ich Zeuge dieser Eisenbahnzeremonie sein. Der Kaiser stand in dem offenen Wagen wie auf einem Balkon, auf jeder kleinen Station wurde haltgemacht. Plötzlich schoben die Bauern in ihren schönen Salzburger Trachten die wenigen Gendarmen einfach beiseite, um an den Wagen heranzukommen; während der Kaiser mit den Leuten sprach, ergriff eine alte Bäuerin seine linke Hand, hielt sie fest und sagte, ich habe es gehört, immer wieder: »Du guater, liaber alter Herr!« Diese tiefe und herzliche Verbundenheit des Kaisers mit dem Volk wird in Memoiren nur selten erwähnt, von den Historikern allenfalls als Sentimentalität verspottet. Sie war aber so ernst,wie sie nützlich war. So hatte es seinen guten oder bösen Sinn, daß jene, die für die Zerstörung Österreich-Ungarns arbeiteten, ihre Propaganda vor allem gegen das Haus Habsburg richteten. Diese Wühlarbeit wurde besonders wirksam nach des alten Kaisers Tod.

Der erste britische Gesandte in der tschechoslowakischen Republik, Sir George Clerk, wurde mein guter Freund, jemand, mit dem ich offen reden konnte. Als ich einmal zum Mittagessen auf die Gesandtschaft kam, sagte er mir, daß Professor Seton Watson als Gast erwartet werde; er habe uns jedoch möglichst weit auseinander placiert. Natürlich war mir klar, warum; Seton Watson war in Wort und Schrift ein erbitterter Feind Österreichs gewesen. Nun, nach dem Essen verwickelte Seton Watson mich in ein Gespräch, vielleicht kannte er meine Gesinnungen nicht. Ich wußte, daß er unter dem Presselord Rothermere in Crewe House in London während des Krieges gearbeitet hatte und fragte ihn danach: Wie beurteilte er die Erfolge seiner Propagandatätigkeit? Instruktiv war seine Antwort. Er habe, erzählte er mir, früh erkannt, daß der Kaiser und sein Haus das stärkste Band seien, welches die Völker Österreichs zusammenhielte, daß man daher die psychologische Kriegführung vor allem gegen das Haus Habsburg selbst führen müsse, und zwar innerhalb Österreich-Ungarns; genau das habe man mit ganz hervorragendem Erfolg getan. Nun verstand ich, woher die Gerüchte kamen, die mich während meiner Urlaube von der Front so oft empört hatten.

Durch einen jüngeren Bruder meines Vaters, Statthalter in der Steiermark, im Jahre 1898 für kurze Zeit Chef der Regierung in Wien – ohne Titel eines Ministerpräsidenten übrigens, er blieb Landwirtschaftsminister, aber es gab doch ein »Ministerium Clary« – von diesem sehr klugen Manne also konnte ich manches über den Kaiser und seine Art hören. Es heißt, er sei unwissend gewesen. Nichts könnte falscher sein. Bis ins hohe Alter informierte er sich so gut und genau, wie er irgend konnte. Er las nicht nur präparierte Zeitungsausschnitte, wie die Monarchen sonst wohl zu tun pflegten, sondern von niemandem zensurierte Zeitungen, ganz. Er wollte hören und sehen. Er nahm keine Wahrheit übel, wohl aber ihr Verschweigen. Einem Kollegen meines Onkels, Statthalter eines anderen Kronlandes, geschah das folgende. In seinem Amtsbereich war irgendeine Peinlichkeit vorgefallen, die er während einer Audienz bei Kaiser Franz Joseph nicht erwähnte. Er berichtete sehr genau, nur gerade diese ärgerliche Kleinigkeit nicht. Franz Joseph, wie er mit seinem Bericht fertig war, sehr höflich: »Nun, und da ist doch noch etwas, was Sie, wie es scheint, vergessen haben, mir zu berichten?« Er war bereits informiert; seine Minister sollten wissen, daß er es war und daß sie besser daran täten, ihm nichts zu verschweigen.

Es ist hier der Ort, kurz von jenem Onkel zu erzählen, dem Ministerpräsidenten-Platzhalter des Jahres 98. Zu diesem Amte gelangte er folgendermaßen. Es hatte im Jahre 97 die Sprachgesetze oder Dekrete des Ministerpräsidenten Grafen Badeni gegeben, eines polnischen Magnaten. Diese Gesetze hatten unter den Österreichern deutscher Sprache leidenschaftliche Proteste hervorgerufen; Badeni sah sich zum Rücktritt gezwungen. Mein Onkel Clary wurde sein Nachfolger, und zwar mit der unmittelbaren Aufgabe, die Badenischen Gesetze wieder aufzuheben und durch etwas anderes zu ersetzen. Die Aufhebung konnte nur mit Hilfe des Paragraphen 14 der österreichischen Verfassung erfolgen, eine Art von Notverordnungs-Paragraphen. Mein Onkel war wohl oder übel bereit, sich dieses Paragraphen zu bedienen, aber nur ein einziges Mal. Diese Zusage machte er den Abgeordneten des Reichsrats; er hielt es für sehr ungut, den Gebrauch des Paragraphen 14 zur Regel zu machen. Bald nachher sollte eine Gesetzesvorlage dem Abgeordnetenhaus vorgelegt werden. So wie die Dinge lagen, war keine Aussicht vorhanden, dafür eine Mehrheit zu finden. Mein Onkel meldete dies dem Kaiser mit dem Bemerken, daß das Ministerium wohl zurücktreten müßte. Der Kaiser fragte, ob das Gesetz nicht mit dem Paragraph 14 durchgebracht werden könnte. Mein Onkel erklärte, daß dies nicht möglich sei, da er sein Wort gegeben habe, und fügte hinzu: »Eure Majestät können jederzeit über mein Leben, nicht aber über meine Ehre verfügen.« Worauf der Kaiser sagte: »Dann gehen Sie eben als Statthalter in die Steiermark zurück!« Was auch geschah, und mein Onkel blieb weiter in seiner Gnade.

Im Jahre 1912 wurde ich zum k.u.k. Kämmerer ernannt. Es war dies eine sehr begehrte Ehre, brachte aber auch eine ernste Verpflichtung mit sich, jene nämlich, dem Kaiser und seinen Nachfolgern zu dienen und die Treue zu halten, was durch eine Eidesleistung bekräftigt wurde. Natürlich mußte ich bitten, vom Kaiser in Audienz empfangen zu werden, um ihm für die Gnade meiner Ernennung zum Kämmerer zu danken. An dem Tag, an dem ich mich in der Hofburg einzufinden hatte, hatte gerade die Königlich-Ungarische Garde Dienst. Wer diese nie in Gala gesehen hat, kann sich von der Pracht ihrer Uniformen, den Pantherfellen, dem Grün und Silber kaum eine Vorstellung machen. Die zur Audienz Befohlenen warteten in einem prunkvollen Salon. Unter den Anwesenden waren Fürst Esterhazy, der die Collane des Goldenen-Vlies-Ordens seines verstorbenen Onkels zurückbrachte, ein Bischof, ein Botschafter, ein General, Geheime Räte usw. Auch eine alte Frau saß da, sehr bescheiden in Schwarz gekleidet, was unter all den prunkenden Uniformen auffallen mußte. Ich fragte den diensttuenden Adjutanten, wer die Dame denn sei. Seine Antwort: »Sie ist die Witwe eines im Dienst verunglückten Feldwebels der Infanterie, sie kommt, um sich für den Tabaktrafik zu bedanken, der ihr zugewiesen wurde.« Sie blieb dann so lang in des Kaisers Arbeitszimmer wie die anderen.

Es war für mich ein Erlebnis, zum erstenmal vor dem Kaiser zu stehen. Ich bemerkte, daß seine ehedem schlanke Gestalt zusammengesunken, daß er entschieden kleiner geworden war. Aber sein Gespräch war noch immer liebenswürdig und lebendig; über meine Familie zeigte er sich genauestens orientiert. Kein Wunder, daß, als ich die Hofburg wieder verlassen hatte, mein Vorsatz, diesem Herrn, und dann seinen Nachfolgern zu dienen, noch fester war als vorher.

Im Jahr 1914 fiel der Festtag von Peter und Paul (29. Juni) auf einen Montag, so hatte ich zwei Tage frei von meiner Arbeit in der k.u.k. Statthalterei in Prag und fuhr zu meinen Verwandten Kinsky nach Adlerkosteletz. Am Sonntag nachmittag war ich mit meinem Onkel und meiner Tante in den Wald gefahren, um auf Rehböcke zu pirschen. Als wir uns bei Dunkelwerden auf der Straße am Waldesrand trafen, erschien plötzlich der Koch des Hauses auf seinem Fahrrad und teilte uns in größter Aufregung mit, vom Postmeister des Städtchens sei telefonisch die Nachricht gegeben worden, daß in Sarajevo ein Attentat auf den Thronfolger und seine Gattin verübt worden sei und beide tot seien. Wir waren wie erstarrt vor Entsetzen, kaum eines Wortes fähig; wenn wir auch nicht ahnen konnten, welche Katastrophe Europa bevorstand, so fühlten, ja wußten wir, daß es den Feinden gelungen war, unser Vaterland ins Mark zu treffen.

Die Familie meines Onkels und einige Nachbarn, die am nächsten Tag zu Besuch kamen, sowie auch ich, dachten noch gar nicht an die weiteren Folgen des Attentats. Wir zweifelten aber nicht daran, daß dieser Mord ein Werk der »Schwarzen Hand« in Belgrad war, und daß die Regierung in Serbien durch ihr jahrelanges Hetzen die Verantwortung trug.

Sehr bald setzte die Kritik an den mangelhaften Sicherheitsmaßnahmen ein, manche wieder meinten, das sei nicht zu verwundern, da bei uns strenge polizeiliche Absperrungen nicht üblich waren, selbst wo es sich um den Kaiser handelte. Österreich war ein freies Land, dessen Bewohner zum allergrößten Teil zufrieden waren und an Mord gar nicht dachten. In Österreich wollte man ja keine Vergrößerung des Reiches, sondern nur seine Erhaltung und Sicherung gegen die Gelüste seiner Nachbarn. Wir verehrten den alten Kaiser, dem wir gern und in Treue dienten, aber wir wußten auch, daß er die notwendigen Umgestaltungen unseres Vaterlandes nicht mehr würde durchführen können, denn, von seinem Alter abgesehen, waren ihm die Hände durch den ungarischen Krönungseid gebunden. So schauten wir auf den Thronfolger, den Erzherzog Franz Ferdinand, von ihm hofften und glaubten wir, daß er der rechte Mann für das notwendige große Werk sein würde. Wenn ich das Wort »wir« gebrauche, so meine ich damit nicht nur eine kleine Minderheit, sondern die meisten nachdenklichen Menschen unter allen zwölf Völkern der Monarchie. Die erste nach dem 28. Juni erscheinende Nummer der illustrierten Wochenschrift »Die Muskete«, eines eher »linken« Blattes, zeigte als Titelbild eine auf tobenden roten Wellen vom Sturm gepeitschte Segelfregatte mit einer schwarz-gelben Fahne. Darunter stand: »Steuermann über Bord.« So war instinktiv auch uns zumute.

Am 29. Juni mußte ich zurück nach Prag in die Statthalterei. Es bewegten mich die allertraurigsten Gedanken. Ich hatte den Erzherzog ehrlich bewundert, hatte an seine große politische Mission geglaubt. Der Tod seiner Frau, der Herzogin von Hohenberg, schmerzte mich persönlich sehr, denn sie war mir seit der Kindheit eine der liebsten und gütigsten Tanten gewesen. Eine Schwester meines Großvaters Kinsky hatte einen österreichisch-ungarischen Diplomaten, Graf Bohuslav Chotek, geheiratet, mit dem sie einen Sohn und sieben Töchter hatte, die letzteren standen zu meiner Mutter und deren Schwester wie Geschwister. Tante Sophie war mit meiner Mutter gleichaltrig und wurde ihre beste Freundin. Schon als Kinder liebten wir sie sehr, weil sie uns so gut verstand, immer gütig und fröhlich war, Charme und Herzenswärme ausstrahlte. Während der neunziger Jahre, als wir in Wien lebten, sahen wir sie viel im Clary-schen Haus in der Herrengasse, auch von dieser Seite her war sie mit uns verwandt. Natürlich waren wir dann recht stolz und freudig, als wir hörten, daß sie den Thronfolger heiraten werde. Von den Schwierigkeiten, die eine solche morganatische Ehe mit sich brachte, verstanden wir noch nichts, und es konnte uns nur empören, wenn wir kritische oder gar abfällige Bemerkungen über die geplante Verbindung hörten. Zur Zeit der Hochzeit war mein Vater k.u.k. Gesandter in Dresden, zwei Schwestern von Tante Sophie, die nun vom Kaiser den Titel einer Fürstin von Hohenberg erhalten hatten, waren in Sachsen verheiratet, ihre Gatten dienten im sächsischen Heer, Adam von Wuthenau bei den Gardereitern in Dresden, Graf Joachim Schönburg bei den Husaren. So kamen der Erzherzog und die Fürstin manchmal inkognito nach Dresden. Bei solchen Gelegenheiten lud der Erzherzog die Verwandten seiner Gattin zum Essen ins Bellevue-Hotel ein, auch meine Eltern, sogar meine Schwester Elisalex und ich durften mitkommen. Wie stolz waren wir Kinder, dem Erzherzog vorgestellt zu werden, und wie nett war es, die Tante nun in ihrer neuen Stellung als Gattin des Thronfolgers wiederzusehen. In späteren Jahren, wenn ich zu meinen Gymnasial-Prüfungen bei den »Schotten« nach Wien kam, durfte ich sie im Belvedere besuchen. Mein letztes Gymnasialjahr absolvierte ich als öffentlicher Schüler bei den Schotten und wohnte im Claryschen Haus in der Herrengasse. Ich sah die Tante öfter im Verlauf dieses Jahres; auch holte sie mich hie und da ab, um mit mir als Begleiter ins Theater zu fahren.

Im Ordnungsstaat Österreich gab es eine viele Jahrhunderte alte Bürokratie und daher für fast alle Fragen einen »Vorakt«, so auch für die Stellung der morganatischen Gattin eines Erzherzogs. Der Kaiser war ein streng konstitutioneller Monarch und hielt darauf, daß die einzelnen Fragen von dem zuständigen »Ressort« behandelt würden. Für alle Fragen, die die Ehe des Erzherzogs betrafen, war der Erste Obersthofmeister Fürst Montenuovo zuständig. Vielen von uns jungen Leuten kamen seine Ideen antiquiert und höchst unpraktisch vor. So durfte der Thronfolger in der Hofoper oder dem Burgtheater nur die Hofloge benutzen, seine Gattin aber nicht, ihr stand eine andere Loge zur Verfügung, was den Erzherzog so ärgerte, daß er nur noch selten ins Theater ging. Wenn er von Wien abwesend war, besuchte die Fürstin sehr gern die Hofoper und nahm mich dann mit. Ihre große musikalische Begabung schuf eine Atmosphäre, in der auch ich die Musik doppelt genoß. Wie hat mich die »Bohème« von Puccini begeistert, denn ich war im Sturm und Drang einer romantischen Phase meines Lebens.

Als meine Schwester Elisalex sechzehn- und siebzehnjährig war, verbrachte sie oft Wochen bei Tante Sophie und erzählte mir dann immer von dem glücklichen Familienleben dort. In den letzten Jahren vor 1914 durfte sie auch das erzherzogliche Paar bei Besuchen in England begleiten. Inzwischen hatte der Kaiser die Fürstin zur Herzogin von Hohenberg mit dem Prädikat »Hoheit« ernannt, so daß die Stellung von Tante Sophie gewissen ärgerlichen Beschränkungen nicht mehr unterlag.

Als ich in Krakau Freiwilliger war, erkrankte meine Großmutter Kinsky schwer in Wien, wo sie zu Besuch weilte. So erhielten mein Vetter Cary Schwarzenberg und ich zwei Tage Urlaub, um sie sehen zu können. Tante Sophie lud uns zwei Gefreite zur Jause ins Belvedere ein, unerwartet erschien plötzlich der Erzherzog – wir erstarrten förmlich in unserer Habt-Acht-Stellung. Er begrüßte uns freundlich und fragte uns nach dem

Dienst in der Militärschule aus. Wir waren damals von seiner Persönlichkeit stark beeindruckt, man spürte deren Kraft; wir waren froh, unseren zukünftigen Kaiser in einer so gelösten Stimmung zu sehen.

Solche Begegnungen wiederholten sich noch öfters, als ich an der Prager Universität studierte und manchmal nach Konopischt eingeladen wurde, sowohl zu Jagden, bei denen ich allerdings nur Zuschauer war, als auch an Sonntagen zum Mittagessen im engsten Familienkreis. Hier lernte ich den Erzherzog als freundlichsten Hausherrn kennen, als glücklichen Familienvater, der mit seinen Kindern spielte und lachte. Die Kinder, schien mir, wuchsen in der besten Atmosphäre auf, die für sie überhaupt denkbar war. Wie gut verstand ich nun, daß der Erzherzog auf seiner Liebesheirat bestanden und seinen Willen gegen die schwersten Hindernisse und auch Opfer durchgesetzt hatte. Er brauchte ganz einfach ein glückliches Heim seiner eigensten Wahl, um sich für die gewaltigen Aufgaben vorzubereiten, die ihm bevorstanden, und erst recht, um sie zu bewältigen.

Wenn in Konopischt, etwa am späteren Abend nach einer Jagdpartie, die Damen sich zurückgezogen hatten, so durften ein paar junge Gäste, darunter ich, dabeibleiben, wenn der Erzherzog mit seinen nahen Freunden und Beratern ernste Gespräche führte. Sie wurden mit vollendetem Takt geführt. Niemals hätte jemand zu sagen gewagt, nach dem Tode des alten Kaisers werde man das und das tun. Die Gespräche waren, in diesem Sinn, indirekte, und die Berater des Erzherzogs zu strengster Diskretion verpflichtet. Trotzdem konnte man einiges über seine Ansichten erfahren, was ja später dann auch in die Öffentlichkeit sickerte. Er wußte, daß einschneidende Reformen notwendig seien, und er war willens, sie durchzusetzen. Mein Eindruck war jedoch, daß er nicht so sehr auf eine verstärkte Autonomie der einzelnen Kronländer hinzielte, wie vielmehr auf eine staatsrechtlich gesicherte und verstärkte Identität der einzelnen Nationalitäten in den Kronländern und über ihre Grenzen hinaus. Im Kreis seiner Berater war jedes Volk durch einen politischen Fachmann vertreten. Zum Beispiel war es für die Slowaken, die damals bekanntlich noch zu Ungarn gehörten, ein gewisser Hodza. Dieser Hodza ist dann in den dreißiger Jahren ein sehr angesehener Ministerpräsident der Tschechoslowakai gewesen; ein Beispiel dafür, daß Franz Ferdinand sich auf Talente verstand, und daß er gerade solche Berater haben wollte, die für ihre Nationalitäten sich im Ernst einsetzten.

Als vorzüglicher Gastgeber liebte der Erzherzog es auch, seinen Gästen den Park zu zeigen, den er angelegt hatte und als wahrer Gartenkünstler pflegte. Ihn solchen Leuten zu zeigen, die ihrerseits etwas davon verstanden, machte ihm Vergnügen, während Schwätzer und Dilettanten ihn ungeduldig stimmten. Als im Jahre 1913 die Herzogin von Portland, die in Welbeck Abbey einen großartigen Garten angelegt hatte, in Konopischt zu Besuch war, beeindruckte sie das dort Geschaffene sehr, ebenso das Fachwissen des Erzherzogs. Allzuhäufig liest man von seiner Jagdpassion; wirklich war er einer der besten Schützen, die ich gekannt habe, und so ist es begreiflich, daß Jagden ihn unterhielten. Viel zu selten wird aber sein Kunstverständnis erwähnt, wie auch sein reges Interesse für Museen und Sammlungen. Einen Sommer war er mit seiner Familie im Seebad Blankenberghe, von wo aus er über einen Tag nach Brüssel kam, um, von meinem Vater und mir begleitet, die Museen zu besuchen, die er noch nicht kannte. Er und die Herzogin frühstückten dann auf der Gesandtschaft, wo seine Konversation besonders anregend war.

Im Frühjahr 1913 weilten die Portlands mit ihrer Tochter in Wien. Der Erzherzog gab ihnen zu Ehren ein Mittagessen im Belvedere. Ich hatte das Haus noch nie »in Gala« gesehen und staunte über seine Pracht, über die Schönheit von Porzellan und Silber. Anfang Juni 1914 waren Gäste zu einem Taubenschießen nach Konopischt eingeladen. Ich war auch diesmal nur ein Zuschauer, denn meine Schießkünste waren nicht auf der Höhe. Es wurde gerade im Schloß am Anbau eines großen Speisesaals gearbeitet, denn Kaiser Wilhelm II. und König Georg V. hatten ihre Teilnahme an den Fasanenjagden im Herbst zugesagt. Uns schien es als ein gutes Omen, daß die beiden Monarchen, von Ratgebern begleitet, sich im Haus des Erzherzogs treffen würden, denn der war immer bestrebt, Verständigungsmöglichkeiten zu suchen und drohende Gegensätze auszugleichen. Franz Ferdinand war besonders guter Laune und fröhlich, und als ich nach Prag zurückkehrte, war ich voll Hoffnung für die Zukunft.

Wie anders war nun diese Rückkehr nach dem 28. Juni! Ich erhielt einen Urlaub, um an den Beerdigungsfeierlichkeiten teilzunehmen, sowohl in der Burgkapelle wie auch danach in Artstetten. Die nächtliche Überführung der Särge von der Kapelle zum Bahnhof, der ich in einer großen Gruppe von Generälen, Geheimen Räten und Kämmerern folgte, war wohl einer der traurigsten Momente meines Lebens. Ich glaube, alle anderen fühlten dasselbe, es war wirklich, als trügen wir unsere Hoffnung auf die Zukunft zu Grabe.

Wenn ich an die Wochen nach dem Attentat zurückdenke, bleibt mir vor allem die Verwirrung in Erinnerung, die unter den Menschen herrschte. Ich arbeitete weiter in der Prager Statthalterei und traf so manchen, der eine wichtige Stellung im Staat bekleidete. Ein Gerücht jagte das andere, manche sprachen schon von einem drohenden Krieg, andere konnten nicht daran glauben. Nicht, daß Gefühle des Hasses oder der Rachsucht zu spüren gewesen wären; nur ein tiefer Groll darüber, daß es finsteren Mächten gelungen war, unseren Thronfolger zu töten, Mächten, die in Mord etwas Normales sahen. Dieser Politik des Mordes mußte unbedingt ein Riegel vorgeschoben werden. Dabei hielten viele es für ausgeschlossen, daß der Kaiser von Rußland oder gar der König von England Krieg beginnen und die Zukunft ihrer Dynastien oder ihrer Reiche aufs Spiel setzen würden, um zu verhindern, daß einer Mörderclique in Belgrad Einhalt geboten werde. England hatte doch nie solche Mordtaten gebilligt. Nachdem der letzte König von Serbien aus dem Hause Obrenovič, König Alexander, und seine Gattin, die Königin Draga, von Anhängern der Dynastie Karageorgevič ermordet worden waren, wurde sofort der englische Gesandte in Belgrad abgerufen. Auch war England ja traditionell immer ein Freund Österreichs gewesen. Manche Leute hofften, London werde eine Konferenz vorschlagen, um einen Ausweg zu finden. Skeptischer urteilte ein alter Diplomat: »Die englische Politik ist nicht mehr so. Sie hat sich geändert in jenem unseligen Jahr, in dem König Eduard VII. die

Entente Cordiale mit Frankreich erreichte. Seitdem ist England an Frankreich gebunden, dieses aber mit Rußland verbündet, und der Zar gibt sich als Beschützer aller Balkan-Slawen. So kann ein Funke in Belgrad auch in London zünden.«

Als die Mobilisierung begann, hatte ich alle Hände voll zu tun, da das Prager Korps für die Balkanfront bestimmt war. Ich hatte gerade Dienst an einem Bahnhof, als die 14er Dragoner einwaggoniert wurden, unter ihnen waren viele Freunde und Verwandte, Mütter, Frauen und Schwestern waren gekommen, um sich zu verabschieden. Dann kam die Mobilisierung des Krakauer Korps, dem ich angehörte. Ich erhielt einen Tag Urlaub und fuhr nach Teplitz, um meinen alten Onkel Carlos und seine Frau zu sehen, und um zwei Pferde abzuholen, die ich von unserem Nachbar, Graf Westphalen, erworben hatte. Unser Transport ging im Morgengrauen nach Osten ab, ich fühlte mich sehr, sehr einsam, weil niemand von meiner Familie anwesend war. Die ganze Fahrt nach Krakau verbrachte ich im Viehwagen mit den beiden Pferden und ihrem Wärter. Es war mir klar, daß wir jetzt mit Aufgebot aller unserer Kräfte für unser geliebtes Vaterland würden kämpfen müssen. Aber begeistern konnte ich mich für den Krieg vom ersten Tag an nicht. Denn ich wußte, daß ein Armageddon bevorstand.

Aus dem Ersten Weltkrieg

Bei Kriegsausbruch hatte ich eigentlich nur ein Gefühl: Mein großes, geliebtes österreichisches Vaterland war angegriffen und in tödlicher Gefahr. Natürlich weiß ich, daß spätere Forschung anderes zutage gebracht hat; nicht so sehr für die österreichische Politik, die im Kern immer defensiv war und von keinem anderen Staat irgend etwas wollte, wohl aber für die deutsche, die Österreich zu einem Auftrumpfen gegenüber den Serben anspornte. Auf die »Kriegsschuldfrage«, wie es in den zwanziger Jahren hieß, will ich mich hier gar nicht einlassen. Ich spreche von meinem Erlebnis, das eindeutig war und auch im fernen Rückblick noch eindeutig ist: Nicht durch die Serben, die konnten uns ja im Ernst nichts anhaben, aber durch die ungeheure russische Macht war mein Vaterland bedroht; und dann, in immer wachsendem Maße, nicht eigentlich durch Völker, sondern durch Politiker oder politische Gruppen, die es auf die Zerstörung Österreich-Ungarns abgesehen hatten. Ich war österreichischer Offizier, woraus alles weitere sich für mich von selber ergab. Wäre ich aber keiner gewesen, so hätte ich mich jetzt freiwillig gemeldet und meine Pflicht getan von Anfang bis Ende. Da gab es für mich damals und gab es auch später nichts zu diskutieren, nichts zu bezweifeln.

Laut meiner Kriegsdienstbestimmung war ich als Ordonnanz-Offizier beim I. Korpskommando in Krakau eingerückt. Das ganze erste Jahr hindurch war die Tätigkeit dieser Ordonnanz-Offiziere von großer Wichtigkeit und auch interessant. Im Sommer 1916 war das Korpskommando in der Ostslowakei, der Bewegungskrieg hatte fast aufgehört, die Feldtelefone arbeiteten nun verläßlich, und wir schienen eigentlich unnötig geworden zu sein. Ich wollte weg, zum Regiment, zu dem ich ja gehörte, um so mehr, weil ich wußte, daß viele unter meinen Regimentskameraden gefallen oder in Gefangenschaft geraten waren und Mangel an Offizieren herrschte. In solcher Zeit bei einem Kommando zu sitzen und womöglich Kanzleidienst zu versehen, kam mir unerträglich vor. Auf Umwegen hatte ich mich schon an den Kaderkommandanten des Regiments gewendet, von dem ich nach kurzer Zeit angefordert wurde; zu meinem Erstaunen wurde dies vom Korps abgelehnt. Nach einer zweiten Anforderung konnte ich jedoch wenigstens zum Kader des Regiments einrücken, dessen Ergänzungs-Bezirkskommando, im Frieden Tarnow in Galizien, bei Kriegsbeginn zuerst nach Mähren und später nach Russisch-Polen verlegt worden war. Dort meldete ich mich. Der Kaderkommandant war ein alter Freund, Graf Ottokar Dobrzensky, während meines Freiwilligen-Jahres war er Regimentsadjutant gewesen. Das Kommando befand sich in einer stillgelegten Fabrik, die Offiziere, zu einem guten Teil ältere, nicht mehr Frontdienst taugliche Herren oder Kriegsverletzte, fand ich in den Wohnungen der früheren Angestellten untergebracht. Auf die Dauer konnten mich die dort gestellten Aufgaben auch nicht befriedigen. Schließlich erreichte ich mein Ziel und wurde zu meinem Regiment an die rumänische Front versetzt.

Schlechter Beginn. Der Fall des Obersten Redl.

Wir wußten nicht, daß die Russen unseren gesamten Aufmarschplan genauestens kannten, die Scheinangriffe wie die Ziele des ersten Hauptangriffs; und zwar durch den unseligen Obersten Redl. Daß er Verrat begangen hatte, war mir natürlich bekannt; wieweit aber seine Verrätereien gegangen waren, das wußten auch unsere höchsten Stellen nicht. Ich will hier die Geschichte Redls kurz erzählen.

Oberst Redl war ein hochbegabter und ebenso ehrgeiziger Generalstabsoffizier, einer von denen, die um jeden Preis vorwärts kommen wollen. Er hatte auch Glück gehabt und das volle Vertrauen seiner Vorgesetzten gewonnen. Einige Jahre lang wirkte er als Chef des »Evidenzbüros« in Wien, also unserer militärischen Spionage und Contre-Spionage. Sein Unglück waren seine homosexuellen Neigungen, etwas, was damals für einen Offizier als völlig unmöglich galt. So war er gezwungen, seine Veranlagung auf das peinlichste geheimzuhalten, andernfalls wäre seine Karriere sofort beendet gewesen. Aber die Russen bekamen doch heraus, wie es mit Redl stand; ich habe das ja schon anderswo bemerkt, die Russen bringen immer alles heraus. Alsbald begannen sie, den Obersten zu erpressen. Der Unglückliche meinte noch, er könnte sich aus der Affäre ziehen, indem er ihnen Nachrichten ohne jedes wirkliche Gewicht zugehen ließ. Das half nichts, die Russen wollten mehr. Nur zu bald war Redl verloren. Teils, weil er sich bereits im russischen Netz völlig verfangen hatte; teils weil er obendrein einem jungen österreichischen Ulanoffizier verfallen war, der viel Geld brauchte. Um nicht denunziert zu werden, um immer mehr Geld zu bekommen, mußte Redl immer mehr von den schwerwiegendsten Geheimnissen unseren potentiellen Feinden liefern. Unter anderen natürlich auch Geheimnisse, die unser eigenes Spionagesystem betrafen. Das ging eine Weile, dann wurde man in Wien aufmerksam.

Spione, die wir in Rußland unterhielten, wurden dort rätselhaft entlarvt. Ein russischer General in Warschau beging Selbstmord; »unser« bester Mann dort. Wie konnte dergleichen geschehen? Mittlerweile war Redl versetzt worden, und zwar zum Korpskommando nach Prag, als Oberst im Generalstab. Von Prag aus hatte er seinen russischen Erpressern nicht mehr ganz so gewichtige Nachrichten zu geben wie als Chef des Evidenzbüros in Wien. Noch immer aber sickerten Geheimnisse nach Rußland hinüber. Die Wiener hatten einen guten Einfall. An alle Korpskommandanten, im ganzen 15, wurden verschiedene Nachrichten ausgesandt, die alle falsch waren. Nur eine dieser falschen Nachrichten kam zurück, aus Prag; jetzt wußte man immerhin die Stelle, aber mehr nicht. Das war nur der Anfang, weiteres folgte prompt. An der ostpreußischen Grenze fiel es deutschen Anti-Spionageagenten auf, daß hin und wieder ein Zivilist aus Rußland herüberkam und am Postamt Briefe aufgab. Man öffnete ein solches Couvert. Es war nach Wien, an das Postamt Soundso, poste restante, adressiert. Und es enthielt einen hohen Geldbetrag in Banknoten. Wien wurde von Berlin aus avisiert, darauf das betreffende Wiener Postamt insgeheim benachrichtigt; zwei Detektive mußten dort permanent Wache halten. Sobald jemand den Brief verlangte, hatten sie ihn zu stellen. Wochen vergingen. Es war der Juni des Jahres 1913 und sehr heiß, die Detektive langweilten sich, sie zogen der Hitze wegen ihre Röcke aus, sie vergaßen vermutlich, daß der »Detektivknopf« am Revers saß, sie spielten Karten. Nun kommt jemand herein und erkundigt sich nach einem Brief, der Postbeamte macht ihnen das verabredete Zeichen. Sie springen auf, ziehen ihre Röcke an und stürzen nach vorn, aber schon ist der Abholer verschwunden. Sie eilen auf die Gasse und sehen gerade noch, wie ein Herr in einem grauen Anzug in ein Taxi steigt und davonfährt. Es ist zu spät, ihn zu verhaften; wenigstens kann man die Nummer des Taxis noch notieren. Der Stand des Taxifahrers am Graben war leicht zu ermitteln. Bald stellte sich auch der Fahrer ein. Er gab Auskunft: er habe einen Herrn zum Postamt Soundso gefahren und danach ins Hotel Klomser in der Herrengasse. Die beiden Detektive untersuchten den Wagen auf das genaueste. Zunächst fanden sie gar nichts, zuletzt aber doch etwas, einen halb unter dem Fußteppich eingeklemmten kleinen Gegenstand, die Hülle eines Taschenmessers. Damit gingen sie zum Hotel Klomser. Dort gaben sie sich als Detektive zu erkennen und fragten den Portier, ob zu der und der Stunde ein Herr im Taxi vor dem Hotel vorgefahren sei, ein Herr in einem grauen Anzug. Der Portier konnte Auskunft geben: »Freilich, das war ja der Herr Generalstabsoberst Redl; ich habe mich noch gewundert, daß er in Zivil war. Aber da kommt er ja selber die Stiege herunter.« Die Detektive sahen den Oberst in Uniform die Treppe herunterkommen. In diesem Augenblick, soviel war ihnen klar, konnte von einer Verhaftung nicht die Rede sein. Der eine aber, sehr schlau, ging ihm entgegen und ließ im Vorübergehen die Hülle des Messerchens fallen, nur um sie gleich wieder aufzuheben und den Oberst anzureden: »Oh . . . Sie haben da eben etwas fallen lassen!« Redl sah auf, dankte und steckte den Gegenstand in die Tasche. Offenbar hatte er mit diesem Messerchen im Taxi das Couvert geöffnet.

Die beiden eilten zur Polizeidirektion. Deren oberster Chef, ebenso entsetzt und ratlos, begab sich zum Chef des Generalstabs, dem späteren Feldmarschall Conrad von Hötzendorf. Man kennt den genauen Verlauf der folgenden Gespräche nicht. Jedenfalls waren die Herren tief erschüttert und wie verwirrt: ein Oberst im Generalstab, kurz vorher noch selber Chef des Evidenzbüros, war offenbar in eine Spionageaffaire verwickelt. Um jeden Preis mußte man diesen ungeheuren Skandal vertuschen. Am Abend warteten einige hohe Offiziere des Generalstabs vor dem Hotel Klomser, bis Redl ins Hotel gekommen und in seinem Zimmer war. Dann folgten ihm zwei der Herren, darunter der Ritter von Urbanski, den ich persönlich kannte. Sie sagten zu Redl wohl ungefähr: »Herr Oberst, es ist alles bekannt, hier ist ein Revolver, wir gehen vor die Türe; hören wir binnen fünf Minuten einen Schuß, gut, wenn nicht, so müssen wir Sie arretieren.« – Der Schuß fiel in der Tat. Ein Zufall wollte, daß ich dieselbe Nacht in Wien war und bei Verwandten in der Herrengasse wohnte. Beim Nachhausegehen kam ich am Hotel Klomser vorbei. Ich sah, wie zwei oder drei hohe Generalstabsoffiziere aus dem Hotel traten und scheinbar sehr aufgeregt miteinander sprachen. Damals, es war ja das Jahr 1913, gab es den sogenannten zweiten Balkankrieg, und unsereiner war immer gespannt, Neuigkeiten zu erfahren. So blieb ich stehen. Die Herren gingen aber schnell auf die andere Straßenseite und redeten dort weiter. Dabei dachte ich mir nicht viel. Die Wahrheit, oder doch einen geringen Teil der Wahrheit, lernte ich am nächsten Tag.

Der Stellvertretende Oberkommandierende des Heeres, Erzherzog Franz Ferdinand, geriet vor Zorn außer sich, als er von der Affaire erfuhr. Erstens, weil es ein Unrecht sei, jemanden in den Selbstmord zu treiben, bevor er überführt sei; zweitens, weil hier keine Vertuschung sein durfte, sondern ein öffentlicher Prozeß hätte sein müssen. Bekannt würde der Skandal ja auf jeden Fall, und jetzt, nach Redls Tod, würde man sobald nicht erfahren, *was* er denn alles verraten hätte.

Wie recht der Erzherzog hatte, erfuhren wir wenig mehr als ein Jahr später. Redl hatte den Russen den gesamten Aufmarschplan der österreichisch-ungarischen Armee verkauft,

das Geheimste und Lebenswichtigste, was es für uns im Kriegsfall überhaupt geben konnte. Die Gegner wußten jetzt, daß es
unsere Absicht gewesen war, sie zu täuschen durch einen Vorstoß in der Lubliner Gegend, während wir in Wahrheit in Ostgalizien nur ganz schwache Kräfte unterhielten. Nun massier-
ten sie selber ihre Hauptmacht dort. So kam es zu der vernich-
tenden österreichischen Niederlage bei Lemberg. Ohne Redls
Verrat wäre das kaum möglich gewesen.

Pilsudski

Als ich Anfang August 1914 als Ordonnanz-Offizier zum I.
Korpskommando nach Krakau einrückte, verbrachte ich dort
zwei Wochen, bevor der Stab sich in Bewegung setzte. Eines
Tages erhielt ich den Befehl, mich bei einem Generalstabs-
hauptmann Rybak zu melden, um Telephondienst zu machen,
was nur einem Offizier anvertraut werden könne; auch wurde
strengste Diskretion von mir gefordert. Ich meldete mich also
bei Hauptmann Rybak in seiner Privatwohnung und wurde ans
Telephon gesetzt. Streng vertraulich wurde mir mitgeteilt, daß
zugleich mit unserer Armee eine polnische Legion unter dem
Befehl eines Mannes namens Pilsudski in Russisch-Polen ein-
marschieren würde. Die Telephongespräche, die ich zu führen
hatte, handelten von Zusammenkünften, Uniformierungsfra-
gen und der Zusammenarbeit mit dem Korpskommando. Das
Ganze klang recht geheimnisvoll. Bei Rybak traf ich einige
junge Polen aus dem russischen Teil Polens, die von glühendem
Patriotismus erfüllt schienen und von nichts als Befreiung ihres
Vaterlandes sprachen.
Wie geplant, überschritten die Soldaten der Legion zugleich
mit unseren Truppen die Grenze, von der Bevölkerung als
Brüder empfangen. Im Spätherbst 1914 geriet unser Krakauer
Korps in schwere Kämpfe mit den Russen, während derer sich
die an das Korps angeschlossene Polnische Legion hervorra-
gend bewährte. Bei uns schien alles aufs beste, aber an anderen
Frontabschnitten waren Rückschläge erfolgt, welche Umgrup-
pierungen notwendig machten. Es hatte geregnet, die Wege –
Straßen in unserem Sinn des Wortes gab es längs der Grenze

überhaupt keine – waren für Autos unpassierbar, so daß wir die Befehle zu Pferd überbringen mußten. Einmal wurde ich mit einem schriftlichen Befehl zum Kommandanten der Polnischen Legion, Oberst Pilsudski, geschickt. Ich hatte ihm das Schriftstück persönlich zu übergeben und eine Bestätigung darüber zu erbitten, daß er den Inhalt zur Kenntnis genommen habe. Schon daraus erriet ich, daß zwischen unserem Korpskommandanten und dem polnischen Obersten nicht völlige Harmonie herrschte; auch, daß die Befehlsverhältnisse keine eindeutigen waren. Wohl unterstand die Legion unserem Korpskommando, aber zur k.u.k. Armee gehörte sie nicht; sie war etwas wie ein Verbündeter, kein Untergebener.

Die Legion befand sich auf dem Marsch, und ich wußte nicht sicher, wo ich sie finden würde. Nur dank meiner Kenntnis der polnischen Sprache gelang es mir endlich, das Kommando in einem Bauernhaus zu entdecken – ich atmete auf, als ich die polnische Fahne sah! Ich meldete mich. Es erschien ein junger Offizier, der mir mehr kostümiert als uniformiert vorkam, er sah wirklich aus wie aus der Zeit der polnischen Revolution von 1830, wenn nicht gar aus Kosciusko's Zeiten. Es stellte sich heraus, daß er aus Warschau stammte, aber in Paris studiert hatte und das schönste Französisch sprach. Als Adjutanten des Obersten Pilsudski ließ ich ihn den Befehl lesen. Er las, zögerte, meinte, es wäre besser, wenn er seinen Chef auf etwas vorbereitete, dem dieser sicher nur ungern Folge leisten würde. So verschwand er, kam nach einer Weile zurück und brachte mich zu Pilsudski. Der Oberst stand mit dem Rücken zu mir und blickte zum Fenster hinaus. Ich meldete mich militärisch, seine Antwort war nur ein Knurren. Sein Adjutant, mein neugewonnener Freund, redete ihm leise zu, da drehte er sich um, sah mich durchdringend an, schwieg jedoch. Er schien mir reichlich ungepflegt, aber er imponierte mir auf den ersten Blick. Mein Gefühl war: Mit dem Mann ist nicht zu spaßen, und Respekt verdient er. So blieb ich weiter in »Habt Acht« Stellung, meldete mich noch einmal und bat gehorsamst, Einsicht in den Befehl zu nehmen und mir den Empfang bestätigen zu wollen. Pilsudski nahm, las und unterschrieb. Danach wurde seine Haltung entschieden freundlicher. Ich möge dem Korpskommandanten melden, daß er den Befehl befolgen werde, daß er aber eine ganz andere Ansicht habe, und zwar die richtige. (Was ich mich natürlich hütete, meinem General mitzuteilen.) Dann bat der Oberst seinen Adjutanten, mir ein Glas Schnaps zu bringen. Bei der Bärenkälte eine angenehme Stärkung, bevor ich meinen vielstündigen Ritt zurück antrat. Derweil war mein Gefühl, eine merkwürdig starke Persönlichkeit kennengelernt zu haben. Wer recht hatte, der polnische Oberst oder der österreichische General, wußte ich nicht und weiß es auch heute nicht. Offenbar hoffte Pilsudski, nach seinem ersten militärischen Erfolg, den Russen weitere schwere Schläge zu versetzen. Über die umfassende Lage, besonders über die Katastrophe der k. u. k. Armee bei Lemberg, war jedoch unser Korpskommando ganz anders im Bild.

Zunächst kämpften die polnischen Legionen tapfer zusammen mit uns; aber gegen Ende des Krieges, besonders nach dem Zusammenbruch des zaristischen Rußland, gab es immer größere Schwierigkeiten, denn die Endziele waren eben verschieden. Stark erschwerend kam hinzu, daß auch zwischen Wien und Berlin kein Einvernehmen über die Lösung der polnischen Frage bestand. Viele Polen, wohl auch Pilsudski, wünschten den Sieg Österreichs über Rußland und gleichzeitig den Sieg Frankreichs über Deutschland; so würden sie den russischen Erzfeind loswerden, und die Preußen auch. Eine höchst komplizierte Doppelhoffnung. Im Sommer 1917 verweigerte General Pilsudski, das war er inzwischen geworden, eine Eidesleistung der Legionen zugunsten der Mittelmächte, worauf er von den Deutschen in Haft genommen und in der Festung Magdeburg interniert wurde. 1918 ließ man ihn frei, später wurde er Marschall von Polen und Oberhaupt des polnischen Staates. Für mich ist er nicht nur ein großer polnischer Patriot, sondern auch einer der Staatsmänner Osteuropas, welche die russische Gefahr für ihr Land frühzeitig erkannt hatten. In den zwanziger Jahren fuhr ich ein paarmal nach Warschau und traf dort Freunde, die an Pilsudski glaubten, darunter den späteren Außenminster Graf Alexander Skrzynski, der mich zu dem Staatschef führen wollte. Aber es kam nicht dazu, was ich bedauerte. Gern hätte ich ihn gefragt, warum er damals, 1914, gegenüber einem jungen österreichischen Ordonnanz-Offizier so zornig gewesen war.

An der russischen Front

Planmäßig stieß unser I. Korps vor über den San, gegen Lublin. Es gab Erfolge, besonders bei Krasnik; dort wurde ein russischer Brigadestab gefangengenommen und bei ihm ein Bündel von Befehlen entdeckt, aus dem völlig klar wurde, daß die Russen unseren Aufmarschplan genauestens kannten. Unsere Erfolge, der Vormarsch gegen Lublin, der Sieg unseres Generals Auffenberg bei Komarov, erwiesen sich als völlig unnütz angesichts der Katastrophe unseres Heeres bei Lemberg. Durch sie wurden auch wir wieder zum Rückzug über den San gezwungen, in aller Eile, um nur nicht abgeschnitten zu werden; eine schwer enttäuschende Erfahrung. In kurzer Zeit schon mußte ich meine Vorstellung vom Krieg völlig verändern. Ich hatte ja an einen Krieg alten Stils gedacht, als nach wenigen Wochen oder doch Monaten schon alles entschieden gewesen war. Nun, im Spätherbst 1914, standen wir vor einer Situation, für welche die Begriffe uns noch fehlten. Kein Mensch konnte jetzt sagen, wie viele Monate oder sogar Jahre das dauern würde. Etwas anderes kam dazu. Den Krieg aus Büchern zu kennen, aus Manövern, und ihn in der Wirklichkeit zu erfahren, das sind zwei ganz verschiedene Dinge. Kein Buch, keine Theorie hatte mich lehren können, mit welch fürchterlichen Leiden der Krieg verbunden ist. Leiden der sterbenden oder verwundeten Soldaten; vor allem aber auch den ungeheuerlichen Leiden der Zivilbevölkerung. Was wußte ich vorher davon? Das Zerstören von Dörfern, von ganzen Ernten bei diesen Vor- und Rückmärschen, was war es für diese Menschen für ein Unglück jetzt und erst recht später, wenn keine Ernte sein würde. Auch für uns Offiziere war der Krieg wahrlich kein Vergnügen. Aber die nagenden Sorgen, die ich spürte, betrafen doch nicht in erster Linie mich selber. Sie kamen aus den Beobachtungen, die ich machen mußte. Einmal wurde ich zu Pferd irgendwohin geschickt und ritt über eine Wiese. Da sah ich von weitem etwas, was ausschaute wie Stöcke, die irgendwie herausragten. Wie ich näher kam, erkannte ich, daß es lauter Leichen waren. Ein oder zwei Nächte vorher war dort ein österreichisches Regiment, die Wiener Deutschmeister, im Angriff gewesen und hatte fürchterliche Verluste erlitten. Die Toten lagen noch da, überall verstreut, erstarrt; ein gräßlicher Anblick. Da mußte ich durchreiten, und der Gedanke kam mir: Um Gottes willen, kann denn das in Ordnung, kann denn das richtig sein? Etwas gleichfalls Furchtbares war die Sorge für die Verwundeten. Man hatte ja die besten Vorbereitungen getroffen, so genau wie es eben ging, aber es war alles ganz unzulänglich, mit einem so raschen Bewegungskrieg hatte niemand gerechnet. Die Spitäler kamen nicht nach, Nachrichten blieben hängen, Telephone funktionierten nicht, kein Mensch kannte sich mehr aus. Die Folge war, daß man auf Schritt und Tritt die jammervollsten Bilder sah; Verwundete, für die nicht so gesorgt wurde, wie wir uns das im Frieden vorgestellt hatten. Solche Erfahrungen konnten meine Kameraden und mich in unserer Pflicht keinen Augenblick wankend machen. Aber was ein wirklicher Krieg in unserem Jahrhundert war, das lernten wir erst jetzt.

Unser Rückzug kam zum Stehen. Dann geschah ein neuer Vorstoß in Richtung auf Warschau. Eine Weile trieben wir tatsächlich die Russen vor uns her.

Beim Rückzug durch die großen Wälder nördlich der Weichsel ließen die Russen Kosaken zurück, die in der Bevölkerung untertauchten, ihr blutiges Werk ohne Uniform trieben, unsere Leute einzeln oder in kleinen Abteilungen überfielen. Auch davon hatten wir vorher nichts gewußt; wir hatten uns den Krieg als etwas immer noch Ritterliches vorgestellt. Schließlich gelang auch unser Vormarsch gegen Warschau nicht, wir wurden noch einmal zurückgenommen und verbrachten den Winter hinter einem Flüßchen namens Nidda. Dort war es während der Wintermonate ziemlich still. Die Ränder des Flusses waren stark versumpft, ein feindlicher Angriff daher nur an wenigen Punkten zu erwarten. An eine Episode, die ich in seiner Nähe erlebte, denke ich mit Grauen zurück. Wie schon erwähnt, fühlten wir uns vor den Russen gegenüber des Flusses ziemlich sicher wegen des Sumpfes. Einmal gelang es ihnen doch herüberzukommen, und zwar auf folgende Weise. Sie trieben ihre eigenen Leute in den Sumpf hinein, gingen dann auf einer lebenden Brücke von im Sumpf erstickenden Menschen über den Fluß und drangen tatsächlich in unsere Stellungen ein. Der Angriff kam uns völlig unerwartet, die Aufregung war groß. Zum Glück für uns befand sich in nächster Nähe ein Reserveregiment, das sofort eingesetzt wurde und mit dessen Hilfe wir die Russen zurücktreiben konnten. Was wir mit Entsetzen hören mußten während Stunden, war das Schreien der langsam im Sumpf Versinkenden. Wir konnten diese Unglücklichen unmöglich retten, konnten uns nicht selber im Dunkeln weit in den Sumpf wagen. Unser Gefühl war: wer das verschuldete, hat einen anderen Begriff vom Wert des Menschenlebens, als wir haben. – Damit will ich uns Österreicher keineswegs zu Engeln machen. Auch bei uns gab es Generale, die in völliger Unkenntnis der Wirkung moderner Waffen die verhängnisvollsten Befehle gaben. Ich denke hier zum Beispiel an ein Unglück, das sich in Ostgalizien abspielte, nicht in dem Abschnitt, wo ich stand. Wir kannten im ersten Halbjahr des Krieges die Schützengräben noch nicht, oder nicht genügend. In Rußland aber kannte man sie schon seit dem russisch-japanischen Krieg von 1904. Immer wieder kam es vor, daß unsere Kavallerie in die Nähe feindlicher Schützengräben geriet, die man nicht passieren konnte. Einer unserer Generale, der eine Brigade kommandierte, setzte diese, zwei Regimenter, zu einem Kavallerieangriff gegen die Gräben ein; ein furchtbares Massaker war die Folge. Der General, zu spät erkennend, was er angerichtet hatte, jagte sich eine Kugel in den Kopf. Ich habe später Offiziere gesprochen, die bei diesem Angriff gegenwärtig waren; sie erzählten mir, ihnen sei ganz klar gewesen, um was für einen Wahnsinnsbefehl es sich da handelte.

Als Kinder hatten wir alle mit Bewunderung die Geschichte von »The charge of the Light Brigade« gehört, dafür sorgten unsere englischen Gouvernanten. Auch dieser berühmte Angriff war ein Wahnsinn gewesen, eine Heldentat, die nie hätte sein dürfen. Das lernte ich jetzt. Wir hatten im Winter Zeit, über den modernen Krieg nachzudenken, ohne daß wir oder die uns anvertrauten Soldaten im Gefühle ihrer Pflicht schwankend geworden wären. Unsere Mannschaften blieben so brav wie am Anfang, was im Rückblick mir fast beschämend scheint. 1915 kam die große Offensive durch Galizien, mit einer Reihe von Erfolgen, die uns weit nach Osten führten.

An der rumänischen Front

Indem ich mich erinnere, kommt es mir so vor, als ob ich im Schützengraben mehr nachgedacht hätte als je in meinem Leben. Man war von allem abgeschnitten, zum Lesen gab es nicht viel, auch kaum Gelegenheit; zu ernsthaften Gesprächen auch nicht. Und so hatte man sehr viel Zeit zum Denken und ebensoviel Grund dazu. Besonders in den Nächten, wenn man draußen war, auf und ab gehend, achtend, horchend und immer mit dem Gedanken»Kommt es heute nacht? Kommt es nicht?«, da ist einem das eigene Leben, welches eigentlich immer auf des Messers Schneide stand, viel deutlicher als sonst in Bewußtsein gekommen. Und erst recht das Schicksal der vielen anderen, das Ganze bedrängte mich. Immer wieder die Frage: was hat denn dieser Krieg eigentlich für einen Sinn, wie kam so Furchtbares über die Menschen, die nichts dafür konnten, die es nicht wollten und nicht begriffen. Das Gefühl des Sinnlosen war für mich an der rumänischen Front stärker, als es an der russischen gewesen war. Rumänen – es lebten ja ein paar Millionen von ihnen bei uns in Siebenbürgen, und diese Menschen waren doch zufrieden gewesen, sie hatten in aller Ruhe ihre Felder bebaut. Mit einigen hundert oder tausend Intellektuellen, Professoren, Journalisten, Advokaten, mag es anders gestanden haben, die hatten vielleicht nicht alles, was sie sich wünschten. Aber was ging das die große Mehrheit derer an, die nun hier leiden mußten? Und was würde es helfen, wenn Siebenbürgen von Ungarn getrennt würde und an Rumänien käme? Es lebten ja dort auch andere Nationalitäten, Hunderttausende von Magyaren, die Székler, und dann die Deutschen, die sogenannten Schwaben, die dort schöne Städte gebaut und seit siebenhundert Jahren in ihnen gelebt hatten, und alle diese Nationalitäten waren untrennbar durcheinandergemischt. Eine Abtrennung dieses Landesteils konnte doch nur bedeuten, daß die Mehrheit dieser Nationalitäten unter die Herrschaft von einer aus ihnen käme. Wenn ich so grübelte, konnte ich mich des Gedankens nicht erwehren, der Krieg sei im Grunde das Werk von Ehrgeizigen, Machthungrigen, von bedenkenlosen Menschen. Da war das rumänische Königshaus. Die Königin, eine sehr schöne Frau, Enkelin der Königin Victoria, durch ihren Vater ein Geschwisterkind des Königs von England und des deutschen Kaisers, durch ihre Mutter eine Enkelin des Zaren Alexander II. von Rußland, also auch Geschwisterkind des jetzigen Zaren, sie war sicherlich eine in höchstem Grade ehrgeizige Persönlichkeit, sie litt darunter, nur die Königin eines kleinen Balkanstaates zu sein; ihr schwebte ein Großrumänien vor. Ja, verstehen konnte man das allenfalls; wie man die Politiker verstehen konnte, die gehofft hatten, durch einen erfolgreichen Krieg ihr Land zu vergrößern und in Monumenten verewigt zu werden, wie man die Generale verstehen konnte, die von Schlachtensiegen, Beförderungen und Ordensprunk träumten. Aber was wogen solche Gründe gegenüber dem Fürchterlichen, das wir täglich erlebten? Die zerstörten Dörfer: ich erinnere mich an eines, das gänzlich verbrannt war, kein Leben mehr darin, nur auf einem ausgebrannten Herd saß noch ein kleiner Hund, dessen Zuhaus wohl dort gewesen war; dann das tote Vieh, die Pferde, die überall herumlagen, aufgetrieben wie Ballons, überall Verwüstung und schauerliche Öde. Es fiel mir schwer, dergleichen auszuhalten. Die Nächte hatten ihren eigenen Schrecken. Die rumänischen Stellungen befanden sich den unseren so nahe gegenüber, daß man die Leute sprechen hörte und das Klirren ihrer Waffen – jeden Moment konnte die Hölle losbrechen. So erwartete man sehnsüchtig den Anbruch des Tages. Man kannte alle Umstände, die ihn ankündigten; zum Beispiel flog jeden Morgen, ein paar Minuten bevor es hell wurde, ein Hirschkäfer an einer bestimmten Stelle auf und ab. Ich sah ihn nie, obwohl ich ihn so gut kannte, das tiefe Brummen dieses merkwürdig großen Insekts, und er wurde zu einem Freund, ohne daß ich ihn je gesehen hätte. Ich wartete immer auf ihn und begrüßte ihn, wissend, jetzt wird Tag. Auch fielen mir Verse ein, wie ich denn öfters versuchte, mir Gedichte aufzusagen, um nicht ganz stur zu werden, die Situation glich doch etwas einer Einzelhaft, in der man nichts zu lesen hat und mit niemandem ein vernünftiges Wort sprechen kann. Da war eine englische Strophe, ich weiß nicht aus welchem Gedicht:

Just in the hush before the dawn
A little wistful wind is born
A little errant silent breeze
That stirs the grasses, moves the trees.
And as it wanders on its way
. . . . await the sorrows of the day.

Auch über den möglichen Ausgang des Krieges, der nun in sein viertes Jahr ging, mußte ich nachdenken; allmählich kam mir trotz allem der Verdacht, daß er schlecht für uns enden, ja, daß er zu der Zerstörung meines großen Vaterlandes führen würde. Immer wieder erstanden uns neue Gegner, kaum war man aus dem Ärgsten heraus, so war man wieder angegriffen: Italien im Jahre 15, Rumänien im Jahre 16, Amerika im Jahre 17. Allmählich kamen wir uns vor wie ein von Wölfen gehetztes Tier, das nicht entkommen kann. Und dann blieb uns auch nicht verborgen, wie langsam alles schlechter wurde, daß es immer weniger zu essen gab, daß die neu einrückenden Mannschaften immer jünger wurden und von immer schwächeren Kräften. Die Frage, wie soll das weitergehen, nagte an mir und gewiß an vielen anderen, obgleich man darüber eigentlich nicht redete.

Der Tod – in unseren Familien lernten wir schon als Kinder den Tod als etwas Selbstverständliches begreifen: wenn man alt wird, so muß man sterben, daraus wurde nie ein Geheimnis gemacht. Ich war etwa acht Jahre alt, wir waren bei den Großeltern und saßen gerade beim Frühstück; wir wußten, im Nebenzimmer lag ein verehrter alter Onkel schwerkrank. Plötzlich kommt meine Mutter herein und sagt: »Kinder, kommt beten, der arme Onkel Franz ist im Sterben.« Wir wurden also in das Sterbezimmer geführt und sahen ihn sterben, ohne daß der Anblick uns geängstigt hätte, wir standen um das Bett und beteten laut. Ich glaube, daß es recht war, uns schon so früh mit dem Tod vertraut zu machen. Aber diese Vertrautheit konnte doch nicht hindern, daß es mich unendlich traurig machte, wenn ich die armen Ulanen neben mir fallen sah. Ich dachte an ihre Familien, an die Eltern, an die Frauen und Kinder. Ich kannte sie ja alle, und immer wieder bedrückte mich die Frage: Warum muß denn das sein. Eines fiel mir besonders auf: der Ausdruck Sterbender, plötzlich Sterbender, wie das eben im Krieg so oft der Fall ist; auf ihren Gesichtern zeichnete sich ein tiefes Erstaunen ab, so als ob der tödlich Getroffene etwas ihm gänzlich Unerwartetes, Fremdes sähe. Da war besonders ein braver, nicht mehr ganz junger Ulan, den ich menschlich gern hatte – er war nicht sehr gescheit, aber ein so guter Kerl, er dachte immer an seine Familie, wie es ihr wohl gehen würde – nun, eines Tages hat ihn auch eine Kugel erwischt, zuerst hoffte ich, es sei nicht so schlimm, aber als ich mich über ihn beugte, sah ich seine Augen, und in ihnen erschien eben dieses grenzenlose Erstaunen – was hat er wohl gesehen? – Wir blieben dem Vaterlande treu, unbedingt und bis zuletzt. Aber den Krieg haßten wir nun mit einem Haß, von dem wir im August 1914 noch keine Ahnung gehabt hatten.

Der Winter 1917/18 war hart, mit vielen kleinen Gefechten. Dann kam es zu einem Waffenstillstand mit den Rumänen. Während dieser Zeit gab es mit den Gegnern kein Fraternisieren, wir verhielten uns sehr zurückhaltend. Immerhin wurden wir damals öfters nach dem von den Deutschen besetzten Bukarest geschickt, um dieses oder jenes zu besorgen. Die Friedensverhandlungen waren im Gang. Eines Tages, während ich die Calle Victoriei, die Hauptstraße entlang ging, fuhr ein Fiaker vorbei, in dem ein General in großer Uniform saß. Ich erkannte ihn gleich, es war ein Vetter meiner Mutter, unser damaliger Minister des Äußeren, Graf Czernin. Auch er erkannte mich, ließ halten, stieg aus und begleitete mich ein Stück. Natürlich fragte ich ihn, ob Aussicht auf einen baldigen Friedensvertrag mit Rumänien sei. Er antwortete mit ja und fügte noch hinzu: » . . . wir tun alles, damit es hier zu einem Frieden kommt«.Friede mit Rumänien wurde dann auch geschlossen, und etwa zu gleicher Zeit kam es zum Frieden mit dem bolschewistischen Rußland, zum Vetrag von Brest-Litowsk. Wir an der Front konnten nicht viel fragen, was das für ein Frieden sei und wie dauerhaft; wir wußten nur, jetzt ist ein Hauptfeind weniger, und wie konnten wir anders,als uns herzlich darüber freuen. Ich hatte das Gefühl: sehr lange kann es nicht mehr dauern, und am Ende geht alles noch gut für uns aus . . .

206

In der Ukraine

Durch den Vertrag von Brest-Litowsk war eine unabhängige Ukraine geschaffen worden; ein Versuch, das nun bolschewistische russische Imperium zu spalten oder doch wesentlich zu verkleinern. Was das eigentlich für ein neuer Staat sein würde, die Ukraine, davon hatten wir Soldaten keine rechte Vorstellung. Wir erfuhren nur, daß ein früherer russischer General, ein Ukrainer, der Hetman Skoropadsky, zum Regenten des neuen Staates ernannt worden war, »ernannt« wohl wirklich, von einer Wahl haben wir nie etwas gehört. Der neue Staat Ukraine war uns schon recht, aber mit der Zeit sickerte so allerlei durch, was weniger günstig klang. Hinter der von den Deutschen ernannten Regierung stand beinah niemand. Die Bolschewiken hatten vorher schon monatelang in der Ukraine teils gewütet, teils auch ihre schlaue Propaganda getrieben, mit »das Land den Bauern« und dergleichen. Die Menschen sympathisierten zu einem, ich glaube recht geringen Teil, mit den Bolschewiken, zu einem viel größeren Teil hatten sie Furcht vor ihrer Rückkehr, die recht wohl einmal sein könnte. Verlassen konnte die Regierung Skoropadsky sich eigentlich nur auf eine Gruppe von russischen Offizieren und Weißgardisten. Folglich war der Hetman auf den militärischen Schutz Deutschlands und Österreichs angewiesen. Man war gern bereit, ihm solchen Schutz zu gewähren, wollte aber auch etwas dafür haben: Lebensmittel aus dem reichen Land. Zumal die Österreicher erhofften sich diese Hilfe, denn die Ernährungslage war bei uns geradezu katastrophal. Es gab ja in Österreich-Ungarn nicht die Möglichkeiten für eine straffe, zentrale Organisierung des Mangels, wie sie das Deutsche Reich besaß. Unsere Monarchie bestand bekanntlich aus zwei Staaten, Österreich und Ungarn, jeder mit seinen eigenen Gesetzen, und bestand zudem aus vielen Völkern, deren Gesinnungen und Gefühle auch verschiedener Art waren. Die Tschechen zum Beispiel, wenn sie auch, wenigstens zum guten Teil, als Soldaten immer noch brav ihre Pflicht erfüllten, wollten nicht recht mittun, wenn es sich um die Ablieferung von Lebensmitteln handelte. So herrschten die sonderbarsten Unterschiede in der Versorgung. Als ich während eines meiner Urlaube zuerst nach Hause, nach Teplitz kam, fand ich dort eine wahrhaft erbärmliche Ernährungslage. Zum Beispiel war unser ältester Sohn rachitisch wegen der völlig ungenügenden Ernährung vor und nach der Geburt. Dies, obwohl unser Besitz zehn große Meierhöfe umfaßte. Aber da wir uns genauestens an die Ablieferungspflichten hielten, so gab es auch in Teplitz nur ein klägliches Minimum an Nahrungsmitteln, außer im Herbst, wenn wenigstens durch die Jagd eine Besserung in bezug auf Fleisch erreicht werden konnte. Kam ich dann von Deutschböhmen in den tschechischen Landesteil, war ich ganz erstaunt zu finden, daß man dort reichlich Butter hatte und andere gute Dinge, auch Weißbrot, wie wir es schon seit Jahren nicht gesehen hatten. Und auf dem Rückweg von Böhmen über Budapest und Slavonien zurück an die Front – was gab es da für Unterschiede, wie war da alles in Hülle und Fülle vorhanden. In Slavonien wurde ich geradezu krank durch die Reichhaltigkeit des Essens! Wie völlig anders in der großen Stadt Wien, in Ober- und Niederösterreich! Kein Wunder also, daß man aus der reichen Ukraine sich Lebensmittel erhoffte. Das funktionierte aber dann auch nicht, denn es stellte sich gleich eine passive Resistenz gegen die Ablieferungen ein. Im Norden der Ukraine und in der Hauptstadt Kiew waren, so erfuhren wir, deutsche Truppen gemäß des »Schutzvertrages«, den südlichen Teil des Landes sollten die Österreicher übernehmen, darunter mein Regiment, das sich immer noch in Rumänien aufhielt, obwohl dort seit den Friedensschlüssen natürlich keine »Front« mehr bestand. Nun sollten wir also in die Ukraine. Freuen taten wir uns darüber gar nicht. Das erste war, daß wir lange Zeit im Donaudelta saßen, weil es nichts gab, worin wir hätten verfrachtet werden können. Ein angenehmer Trost in dieser Wartezeit war das Paradies für Wasservögel, welches das Delta darstellt; als passionierter Jäger, dem es bald gelang, sich ein Jagdgewehr zu beschaffen, konnte ich mich da gut unterhalten. Schließlich wurden wir in kleinen Booten über die Donau gebracht und befanden uns jetzt in Bessarabien. Da begann ein langer Fußmarsch. Zuerst ging es bis Odessa, quer durch eine für mich im höchsten Grade interessante Region. Sie war erst nach den napoleonischen Kriegen von den russischen Kaisern

208

kolonisiert worden. Und zwar mit Bauern aus allen möglichen Ländern; es gab großrussische Dörfer, ukrainische Dörfer, rumänische, deutsche Dörfer. Alle diese Dörfer hatten Namen, die an die letzten napoleonischen Kriege erinnerten, an Persönlichkeiten und denkwürdige Orte aus dieser Zeit, es gab ein Franzensfeld, ein Friedrichsthal, ein Wilhelmsdorf, und dann Dörfer nach Schlachten wie Kulm, Arcis-sur-Aube usw. Die Bauern hatten auch alle ihre alten Gewohnheiten bewahrt; die deutschen Dörfer, besiedelt durch Menschen aus Schwaben, zeigten Häuser, wie sie um 1830 gebaut wurden, und die Bewohner trugen noch die langen Röcke und kleinen Zylinder, sie besaßen hohe Wägelchen und langbeinige schwarze Pferde, kurz, man hatte das Gefühl, in die Biedermeierzeit zurückversetzt zu sein. Diesen Leuten war im Krieg verhältnismäßig wenig geschehen, erst durch die Bolschewiken hatten sie Übles erfahren. In der Stadt Odessa war es höchst ungemütlich, um nicht zu sagen chaotisch. Immerhin fanden wir eine Menge von russischen Offizieren, die uns dabei halfen, eine gewisse Ordnung wiederherzustellen. Bald ging der Marsch weiter, der uns in das Gouvernement Jekaterinoslav führen sollte. Das bedeutete unserer Schätzung nach einen Marsch von drei Wochen, und zwar natürlich zu Fuß, Pferde hatten wir schon lange keine mehr. Das heißt, ich als Schwadronskommandant hatte wohl eines, aber wie konnte ich es benützen und nicht die Strapazen mit meinen Leuten teilen? Mittlerweile hatten wir Sommer, den Sommer 1918, Hitze setzte ein, die größte Sorge war, nur ja keine wunden Füße zu bekommen; das war nicht immer zu vermeiden. Wir marschierten den Tag über, die Nächte verbrachten wir in den Dörfern. Eine harte Reise, aber für mich keine uninteressante. Der Reichtum der ukrainischen Bauern machte mich einfach sprachlos, die Stattlichkeit der Dörfer, der Überfluß an allem. Der Empfang hätte auch freundlicher nicht sein können, äußerlich wenigstens; nach kurzer Zeit entdeckten wir, daß wir trotzdem nicht zu vertrauensselig sein durften. Es war schwer, die Gefühlslage dieser Menschen zu erkennen. Großrussische Neigungen hatten sie keineswegs, kümmerten sich auch nicht viel darum, ob der Zar noch am Leben war oder nicht.Trotzdem sah man bei den Ikonen überall sein Bild, und davor wurde auch noch gebetet. Wir wurden also in der Regel freundlich empfangen, wenn aber ein paar Tage später ein Wagen mit vereinzelten österreichischen Soldaten durch das gleiche Dorf rollte, so konnte es geschehen, daß sie einfach erschlagen wurden. Die Täter gehörten entweder zu Banden, die das Land durchstreiften, am Tag sich in Wäldern und allerlei Schlupfwinkeln versteckten; es konnten aber auch Bauern des Ortes sein, die es heimlich mit den Bolschewiken hielten, weil sie mit ihrer Hilfe freie Besitzer des Landes zu werden hofften. Daß sie später dann doch wieder enteignet werden sollten und Hunderttausende von ihnen bei dieser Gelegenheit umkommen würden, konnten sie damals nicht ahnen.

Bevor ich in die Ukraine kam, konnte ich mir unter dem Wort »Bürgerkrieg« nichts Rechtes vorstellen. Wohl hatte ich grauenvolle Geschichten aus früheren Kriegen gelesen, von Freischärlern und Partisanen, mein Vorfahre, Feldmarschall Kutusow, wird noch heute von den Russen verehrt, weil er 1812 die Bildung von Partisanengruppen erlaubte, die isolierte französische Soldaten auf dem Rückzug grausam umbrachten, sobald sie ihrer habhaft geworden waren. Taten, die, so schlimm sie auch sind, man doch in einem vom Feind eroberten Land zur äußersten Not verstehen kann. Völlig neu war mir der Haß zwischen Menschen desselben Volkes aus politischen Motiven.

Auf den Märschen kamen wir oft durch Dörfer, in denen ein von den früheren Besitzern verlassenes Herrenhaus stand, mit dem dazugehörenden Park, in welchem die schönen alten Bäume alle gefällt worden waren. Zuerst verstand ich den Grund nicht. Warum Brennholz im Sommer? Übrigens gab es in der Ukraine kaum Wald, die Bauern heizten mit getrocknetem, mit Stroh vermengtem Dung, der zu Ziegeln geschnitten wurde; das Holz war kostbar. Ein russischer Offizier gab mir die Erklärung. Für den Bauern war der große, schöne Baum ein Feind, ein Zeichen dafür, daß hier die Herren wohnten, die am Baum ihre Freude haben, während er dem Landwirt Sonne und Feuchtigkeit nimmt.

Bald hatten die zu Skoropadsky haltenden Offiziere mit uns Kontakt genommen; es war schwer zu sagen, woher sie kamen

und wer sie eigentlich waren – zaristische Offiziere? Angehörige einer »Weißen Armee«? Flüchtlinge? Als erstes baten sie
uns um die Erlaubnis, sich zu bewaffnen, andernfalls würden
sie wehrlos ermordet. Dies wurde ihnen gewährt, da wir von ihnen nichts zu befürchten hatten. Übrigens konnten sie uns allerlei Informationen geben, die wir ohne sie nicht gehabt hätten. Als wir die Nachricht von der Ermordung des Zaren Nikolaus erhielten, veranstalteten die russischen Offiziere in der
Kirche einen Trauergottesdienst, zu dem auch wir eingeladen
wurden. Welche absurde Situation! Der Krieg eigentlich noch
im Gang, und wir und die russischen Offiziere zusammen bei
einem Trauergottesdienst für den ermordeten Zaren – welche
sinnlose Verwirrung!

Einmal waren zwei besonders gefährliche Räuber gefaßt
worden, die, zum Tod verurteilt, von der Skoropadsky-Polizei
exekutiert werden sollten. Eine Abteilung meiner Ulanen erhielt den Befehl, dabei anwesend zu sein, um Zwischenfälle zu
verhindern. Am Tag vorher meldete sich bei mir ein junger
Russe, der sich als zaristischer Diplomat entpuppte und ausgezeichnet französisch sprach. Er bat mich, bei der Hinrichtung
der Mörder mitschießen zu dürfen – ein mir völlig unbegreifli-
ches Begehren. Nach seinem Motiv befragt, erzählte er mir, daß
er die beiden Verurteilten nur zu genau kenne; sie seien aus
dem Dorf, bei dem das Haus seiner Eltern lag und hätten im
vergangenen Herbst seinen Vater erschlagen, seine Mutter und
seine Schwester mit Foltern, die man gar nicht beschreiben
mag, umgebracht. Natürlich mußte ich seine Bitte ablehnen.
Später hörte ich, er habe sich in der Nähe des Schauplatzes der
Exekution aufgehalten, um sich davon zu überzeugen, daß die
Mörder auch wirklich tot seien. Allmählich mußte ich realisie-
ren, daß eine Art von Blutrausch über die Leute gekommen
war.

Für uns, die doch nun vier Jahre härtester Kriegführung erlebt hatten, war es eine neue, erschütternde Erfahrung, die sich
auch den Ulanen mitteilte und die Kluft zwischen ihnen und
der Bevölkerung vertiefte.

Immer wieder geschah es, daß kleinere Gruppen von Soldaten in den Dörfern ermordet wurden. Im Einvernehmen mit

der Regierung in Kiew sollten wir helfen, die Dörfer zu entwaffnen; auch dies war für uns ein Novum. Die Entwaffnung eines Dorfes spielte sich folgendermaßen ab: Die Kommandanten der betreffenden Militärabteilung erschienen frühmorgens beim Dorfältesten oder Bürgermeister und erklärten ihm, bis Mittag seien alle Waffen abzuliefern; nachher würden Hausdurchsuchungen gemacht, der Besitzer eines Hauses, in dem noch Waffen gefunden würden, werde erschossen; er habe das seinen Leuten zu verkünden. Bis gegen Mittag wurden dann tatsächlich einige alte Gewehre, Pistolen ohne Hahn, verbogene Säbel aus der Napoleonzeit und ein Häufchen Patronen abgeliefert, vielleicht sogar ein paar Handgranaten. Hierauf erfolgten die Hausdurchsuchungen, die man beim Militär »kursorisch« nannte, es wurde nichts gefunden und das Dorf als entwaffnet gemeldet. Und prompt wurden nachts wieder dort Soldaten ermordet. Wir hatten den Befehl, unter allen Umständen Repressalien zu vermeiden, zumal wir nicht als Besatzungstruppen, sondern zur Unterstützung der Regierung in Kiew gegenwärtig waren. Eine schwierige, höchst verworrene Situation!

Im Gebiet unserer Kavallerie-Brigade hatte sich in einem so »entwaffneten« Dorf wieder ein Überfall ereignet, und zwar ein besonders schwerer. Da meldete sich bei uns ein russischer Oberst in voller Uniform: Er habe gehört, daß das Dorf X neuerdings entwaffnet werden sollte. Mit unseren österreichischen Methoden funktioniere das offenbar nicht; wollte man gestatten, daß er und seine Offiziere uns die richtige Art lehrten? ...
Die Entwaffnung war mir aufgetragen, der Oberleutnant Graf Egbert Tarouca und dreißig Mann waren zu meiner Begleitung bestimmt. Unser Oberst, Ottokar Dobrzensky, gab mir folgenden Befehl: »Du begleitest die russischen Offiziere, die uns zeigen wollen, wie man das macht, Du lehnst es absolut ab, mit der Entwaffnung selber etwas zu tun zu haben, denn Du und die Ulanen seid lediglich zum Schutz der Russen da, die dem Hetman Skoropadsky unterstehen. Nachher meldest Du mir genau, was vor sich gegangen ist.« Treffpunkt mit den russischen Offizieren um 5 Uhr früh beim Ortsausgang. Wir waren schon etwas vorher da. Tarouca und ich zu Pferd, die Ulanen in zwei

großen Leiterwagen. Erst um acht erschienen meine Russen, mit der mich verblüffenden Entschuldigung, sie seien am Abend auf einem Ball gewesen und hätten sich verschlafen! Ich fragte den russischen Obersten, ob es nicht jetzt etwas spät geworden sei; er war meiner Meinung, fügte aber hinzu, daß wir ein anderes Dorf entwaffnen könnten. Der Oberst ritt neben mir, er wirkte verträumt und pfiff immer wieder ein altes, mir bekanntes Lied, »Loin du Bal«, dabei machte er ein so sentimentales Gesicht, als ob er sehr verliebt wäre. In dem Dorf, in dem wir anlangten, spielte sich die Entwaffnung ganz wie bei uns ab mit demselben kläglichen Resultat. Ich dachte mir: »Du kannst uns auch nichts lehren!« Inzwischen war es wirklich spät geworden, und es wurde beschlossen,in dem Dorf zu übernachten. Gegen Morgen, aber noch ganz im Finstern, marschierten wir zu unserem eigentlichen Ziel. Still und friedlich lag dieses Dorf da, es war ein Sonntagmorgen. Der Oberst bat mich, es durch meine Ulanen umstellen zu lassen, mit dem Befehl, auf jeden zu schießen, der es verlassen wollte; das lehnte ich ab.

Wir kamen zum Gemeindehaus, der Ortsvorsteher wurde geholt,und das uns schon bekannteTheater begann von neuem, zu Mittag war das übliche Häufchen untauglicher Waffen abgeliefert. Tarouca und ich grinsten uns an und dachten: die können es auch nicht besser als wir. Da setzte sich der Oberst neben den Ortsvorsteher, legte ihm den Arm um die Schultern und redete fast zärtlich zu ihm. Da ich damals gut polnisch sprach, verstand ich den Sinn seiner Reden, Tarouca, der perfekt tschechisch konnte, folgte dem Gespräch genau. »Du weißt ja, Brüderchen, daß dies nicht alle Waffen sind, sag doch lieber die Wahrheit, liefert doch ordentlich ab!« Der Mann schwor bei dem in der Ecke hängenden Ikon, daß alles abgeliefert worden sei. Der Oberst wurde dringender in seiner Zärtlichkeit. »Brüderchen«, warnte er, »es wird Dir nicht guttun, wenn Du weiter lügst!« Der Mann beharrte auf seiner Unschuld. Da rief der Oberst ein einziges Wort, »Sampolka!« – der metallene, biegsame Gewehrladestock. Seine Leute stürzten sich auf den Ortsvorsteher, und schon lag er ausgekleidet über dem Tisch. Tarouca und ich liefen aus dem Zimmer und aus dem Haus; wir konnten, was nun begann, weder mitansehen, noch hindern.

Nach und nach wurden immer wieder andere Ortseinwohner geholt, denen die gleiche Behandlung zuteil wurde. Und am Nachmittag lagen ganze Haufen von Waffen da, Gewehre, Revolver, Handgranaten, sogar zwei Maschinengewehre und Berge von Patronen, genug, um zwei große Heuwagen voll zu beladen. Damit war die Prozedur beendet, und ich nahm an, wir würden jetzt abmarschieren. Der russische Oberst widersprach, es sei dafür schon zu spät, der Weg auch sehr weit, wir sollten im Dorf übernachten. Ich mußte mich damit einverstanden erklären, wenn auch nicht ohne Bedenken, die ich mit meinem Wachtmeister besprach: Wir waren ja nur wenige, während das große Dorf sicherlich über 2 000 Einwohner hatte, die nachts versuchen könnten, sich zu rächen und ihre Waffen zurückzuholen. Etwas abseits stand das Schulgebäude in erhöhter Lage, ich besetzte es mit meinen Ulanen, die Wagen mit den konfiszierten Waffen wurden auch dort abgestellt, Wachen für die Nacht bestimmt, alles kriegsmäßig organisiert. Als wir damit fertig waren, erschien ein junger russischer Leutnant, der noch vom Ball her eine verwelkte Rose in seiner Schulterspange trug. Ich meinte, er und seine Kameraden wollten die Nacht mit uns in unserer kleinen Festung verbringen. Statt dessen teilte er mit, daß für mich und den Oberleutnant im Dorf ein Zimmer vorbereitet sei, und zwar im besten Haus, dem des Ortsvorstehers, ein paar hundert Schritt vom Schulgebäude. Ich dankte; es wäre besser, wenn ich bei der Mannschaft bliebe. Er sah mich erstaunt an: »Haben Sie Angst?« Nun, das war das Letzte, was ich mir sagen lasssen konnte, und ich bat ihn, uns das Zimmer zu zeigen. Meinem Wachtmeister war das gar nicht geheuer; bei der geringsten Gefahr sollten wir einen Schuß abgeben, dann wären sie gleich zur Stelle.

Das Dorf lag in einer fruchtbaren Gegend, die Bauern schienen fast reiche Leute zu sein; das Zimmer war sauber, etwas rauhe aber blütenweiße Bettwäsche, die Hausfrau freundlich und sichtlich erfreut, als ich eine lobende Bemerkung darüber machte. Als wir allein waren, schoben wir eine Truhe vor die Tür, so daß wir aufwachen würden, wenn jemand einzudringen versuchte. Bald schliefen wir ein, und erst ein Klopfen an der Tür weckte uns. Wir öffneten, bereit, uns zu verteidigen; aber siehe da, es war der am Vortag gemarterte Orstvorsteher, der uns mit freundlichem Lächeln Milch, Brot und Butter zum Frühstück brachte. Als wir abmarschierten, winkten uns die Bauern noch freundlich zu. Merkwürdig still waren auf dem Marsch unsere Ulanen; ihnen, wie mir, fiel es schwer, dies alles zu begreifen. Zurück in unserem Städtchen Alexandria meldete ich den Vorgang mit allen scheußlichen Einzelheiten dem Obersten. Er war entsetzt und lehnte jede weitere Aufforderung der russischen Offiziere ab, uns bei Entwaffnungen behilflich zu sein. Für uns Österreicher galt: Es gibt Dinge, die tun wir nicht, auch dann nicht, wenn sie, und sie allein, den gewünschten Zweck erreichen.

Endlich kamen wir in das Gebiet, in dem wir für Ordnung zu sorgen hatten. Noch nie hatte ich eine so hoffnungslose Aufgabe übernommen; mit ungefähr zweihundert Mann sollte ich ein Gebiet von ich weiß nicht wievielen Quadratkilometern mit Wäldern und Schlupfwinkeln aller Art kontrollieren. Das einzige, was man tun konnte, war, die größeren Siedlungen und die Bahnhöfe zu bewachen.

In dem Städtchen, wo wir einquartiert wurden, entdeckten wir gleich ein riesiges Gebäude aus rotem Backstein, aus dem entsetzliche Schreie drangen. Das sei ein Gefängnis, sagte man uns, Aber warum das Geschrei? Die Bolschewiken hatten eine Menge Leute, auch die Wächter, eingesperrt und waren auf und davon mitsamt den Schlüsseln, und so schrien die Insassen eben vor Hunger. Der Oberst meines Regiments befahl mir, das Gefängnistor aufbrechen zu lassen, hier müßte sofort etwas geschehen. In dem Bau, der vielleicht für ein paar hundert Insassen berechnet war, steckten jetzt mehrere tausend, und niemand wußte, wer zu Recht gefangensaß und wer zu Unrecht, und heraus wollten natürlich alle. Es meldeten sich Russen mit der Warnung, unter keinen Umständen wahllos alle zu befreien, denn neben Unschuldigen hausten in dem Gefängnis auch gefährlicheSchwerverbrecher!Was konnten wir tun?Wir riefen einige dem Anschein nach vertrauenswürdige Stadtbewohner zusammen, es wurden Tische aufgestellt, hinter denen unsere Helfer saßen und die Gefangenen einen nach dem andern verhörten; je nach Resultat wurden sie freigelassen oder wieder in das Gefängnis zurückgeschickt, wo wir natürlich für ihre Ernährung sorgten. Es spielten sich die unglaublichsten Szenen ab, denn unter den Eingesperrten waren auch zahlreiche Bürger des Städtchens, Grundbesitzer, Popen, Geschäftsleute, die von den Bolschewiken verhaftet worden waren. So gab es viele freudige Wiedersehen, denn man hatte diese Menschen teilweise längst für tot gehalten. Aber Ruhe um das Gefängnis gab es keine. Uns unbekannte Elemente, vielleicht Bolschewiken, versuchten, die Verbrecher zu befreien. Ständig mußte ein Offizier mit einigen Soldaten die Wachen abgehen und sehen, daß Ordnung herrschte. Einmal, als ich dran war und mich dem Gebäude näherte, hörte ich von überall Schüsse, es war stockfinster, die Kugeln pfiffen um mich herum, es ertönte Geschrei: der Angriff einer Bande, die wir einfach nicht gesehen hatten; die Wachen schossen zurück, das war für uns das Gefährlichste. Der Angriff wurde abgewehrt und kein Toter oder Verwundeter gefunden. Dieser Überfall gab mir noch einmal einen Begriff von dem, was wir jederzeit zu gewärtigen hatten.

In dem Gebiet, das meiner Obhut anvertraut war, nahm ich Quartier in einem Herrenhaus, dessen Besitzer verschwunden war, ich fürchtete, man hatte ihn umgebracht. Dort ließen wir uns nieder und versuchten Ordnung zu halten, jedenfalls beim Bahnhof. In »meinem« Gebiet gab es noch einen zweiten Bahnhof. Zu dem begab ich mich und fuhr jede Woche einmal mit der Bahn, denn ich hatte auch dort meine Leute. So fuhr ich einmal wieder hin; es war an dem Tag viel zu tun und zu melden, ich hatte nur eine Stunde Zeit bis zum Gegenzug, die war gleich vorbei, der Stationschef stürzte herbei und rief mir zu, ich müsse gleich einsteigen, der Zug könne nicht länger warten. Ich eilte hinaus, der Zug war im Wegfahren, im letzten Wagen bemerkte ich eine offene Tür, ich sprang aufs Trittbrett und redete noch mit meinem Unteroffizier, der Zug fuhr schneller, ich drehte mich zur Tür und sah den russischen Schaffner – der haute mir die Türe zu und machte mir eine lange Nase! So hing ich also rückwärts am Zug, mich mit beiden Händen festhaltend, aber das Ding fuhr schneller und schneller und es blies ein scharfer Wind. Meine Lage war wirklich nicht angenehm. In meiner Heimatstation angekommen, ließ ich sofort den Zug

216

durchsuchen, aber der Mann war verschwunden, und ich habe ihn nie wieder gesehen. So mußte man beständig auf der Hut sein, auch in den Dörfern; bei Tag wurde man freundlich gegrüßt, in der Nacht pfiffen die Kugeln. Das Ärgste von allem aber war eine gewaltige Spiritusfabrik, die sich auf »meinem« Gebiet befand. Zu ihr gehörte ein riesiges volles Reservoir, dessen Inhalt den besten Rohstoff für Wodkafabrikation ergab. Es wurden ununterbrochen Versuche gemacht, dies Reservoir anzuzapfen oder auf andere Weise an den Spiritus heranzukommen. Einmal meldete mir eine Wache, daß eine Leiche in dem Behälter schwimme! Ich kroch außen an dem Reservoir hinauf, und tatsächlich war es einem Bauern gelungen, auch da hinaufzukommen und sich zu verstecken; offenbar aber hatten die Dämpfe ihn so betäubt, daß er in den Spiritus hinunterfiel. Ich dachte mir: ein Glück, daß spätere Wodkatrinker nicht ahnen werden, was da konserviert worden war . . . Nun, das sind so einige meiner Erlebnisse in der unabhängigen Ukraine während des Sommers 1918.

Dem Ende zu

Im September wurde ich nach Wien berufen. Man wollte mir Arbeit für das Kriegspressequartier im Ausland geben, für Belgien und Holland, Länder, die ich gut kannte. Die Ukraine zu verlassen, fiel mir nicht schwer. Höchst ungern hätte ich mich von meinen Ulanen getrennt, solange wir im Schützengraben waren. Aber dies Leben war tief unerfreulich, irgendwie auch zersetzend. Nicht für meine Untergebenen, denn das waren Polen; ihr hundertjähriger Haß gegen alles Russische schützte sie vor jeder Versuchung, mit Bolschewiken Freundschaft zu schließen. Unterschiedlich stand es mit Truppen anderer Nationalität, Tschechen, Ruthenen, Slowenen; sie waren bolschewistischer Beeinflussung offen. Unsere slawischen Soldaten stammten häufig aus dem kleinen Bauernstand. Für sie war der »große Herr« kein Freund, und das Vergnügen, ihm etwas wegnehmen zu können, verstanden sie sehr gut.

In der Ukraine habe ich auch zum ersten Mal eine Meuterei erlebt. Den Krieg haßte ich so sehr, wie die Meuterer ihn nur hassen konnten; aber das Schauspiel eines Zusammenbruches der militärischen Disziplin war mir nicht nur widerwärtig, ich mußte es auch für das allerschädlichste halten. Wie sollten wir zu einem auch nur halbwegs günstigen Frieden kommen, wenn wir keine intakte Macht mehr darstellten? In diesem Fall handelte es sich um ein slowenisches Regiment, das einwaggoniert werden sollte, um an die italienische Front geschickt zu werden. Die Leute weigerten sich. Wir erhielten den Befehl, in das betreffende Städtchen zu marschieren und fanden dort einen gänzlich verstörten Infanterieoffizier, einen Major, der immer wieder dieselben Worte wiederholte: »Es ist schrecklich, es ist schrecklich – die Leute sind in einer alten russischen Kaserne und sagen einfach, daß sie nicht weggehen, sie gehen nicht, ich weiß nicht, was ich machen soll.« Einem höheren Offizier gelang es dann, mit den Soldaten vernünftig zu sprechen und ihnen ihre Situation darzulegen. Sie gaben für diesmal nach, jedoch mußte man sie entwaffnen, ehe man sie in die Wagen einsteigen ließ. Ich hatte ihre Gesichter beobachtet, ihre Haltung und darin ein erschütterndes Zeichen des Niederganges zu erkennen geglaubt. Kurzum, ich war froh, aus der Ukraine herauszukommen und das Ende des Krieges nicht dort zu erleben. So sind mir auch gewisse furchtbare Erfahrungen erspart geblieben. Unser Regiment mußte bei Ende des Krieges in das eigentliche, das polnische Polen zurück, quer durch Ostgalizien, das von Ruthenen bewohnt war; zwischen Polen und Ruthenen herrschte von alters her bittere Feindschaft. Auf diesem Marsch wurden zwei unserer Schwadronen umgebracht. Von einem Offizier, der dabei war, habe ich davon gehört. Das Regiment marschierte zu Fuß zurück und wurde von einer starken Abteilung russisch-ruthenischer Bolschewiken aufgehalten. Mein Bekannter versuchte in Verhandlungen einzutreten, was ihm gelang; er sagte zu seinen Verhandlungspartnern: »Wir haben Munition, Maschinengewehre, wir werden unseren Weg durchkämpfen, wenn Sie uns nicht passieren lassen; aber so viele bei uns fallen, so viele und noch mehr fallen auch bei Ihnen, das kann ich Ihnen versprechen. Wozu das, der Krieg ist aus, die Leute wollen nur nach Hause, lassen Sie uns durch.« Es wurde dann ein Abkommen schriftlich getroffen: Gegen freien

Durchmarsch Abgabe der Waffen. Dem Offizier wurde aber nicht gestattet, mit seinen Leuten weiter zu marschieren. Nachdem diese entwaffnet worden waren, brachte man ihn in ein anderes Dorf unter dem Vorwand, daß noch etwas mit ihm zu besprechen sei. Anscheinend wollte man ihm das Leben lassen, aber nicht als Zeugen der Schandtat; denn sobald er fort war, fiel man über die waffenlosen Ulanen her und metzelte sie alle nieder. Von dieser einen Scheußlichkeit weiß ich; wieviel desgleichen damals im Osten geschehen ist, weiß ich nicht.

Ein Wort über den jungen Kaiser

In den ersten Kriegsjahren wußte man, bei aller Verehrung für den Kaiser Franz Joseph, dem wir Offiziere an der Front unverändert die Treue hielten, daß der sehr alt gewordene Monarch einer Stütze bedürfe. Unsere Hoffnung konzentrierte sich mehr und mehr auf den Erzherzog Karl, der in nicht ferner Zeit sein Nachfolger werden mußte. Jeder war sich darüber klar, daß in diesen beispiellos schweren und neuartigen Zeiten tiefgreifende, rasche Entscheidungen gefällt werden müßten. Von dem Thronfolger hatten wir guten Grund, dergleichen zu erwarten. Tüchtige Lehrer hatten ihn erzogen, er kannte alle Länder der Monarchie, vor allem aber, er war lange an der Front gewesen und war sich der Stimmungen in der Armee bewußt, der Nöte der Truppen und des Jammers, den der Krieg den Völkern brachte.

Persönlich kannte ich den Erzherzog seit meiner frühen Jugend, damals schien er noch weit vom Thron zu sein, denn Erzherzog Franz Ferdinand war ein Mann in blühendem Alter; einmal aber würde ja doch der Jüngere dem Älteren folgen. Desto wärmer war mein Interesse für ihn.

Nach meiner Matura traf ich ihn manchmal bei Jagden, dann, öfter, als ich an der Prager Universität studierte und er als Offizier bei den 7er Dragonern in den nordböhmischen Garnisonen diente und auch an rechtswissenschaftlichen Kursen der Universität teilnahm. Im Kreis von Altersgenossen war er nicht eigentlich gesprächig. Mitunter waren wir Jagdgäste im selben Haus; wenn sich die älteren Herren zurückgezogen hatten, fanden sich die jüngeren zusammen, und es wurde da viel diskutiert. Wenn auch befreundet, waren wir politisch nicht immer derselben Meinung, einige waren mehr slawisch, andere mehr deutsch eingestellt, aber als Österreicher fühlten wir uns alle. An einem solchen Abend gesellte sich der junge Erzherzog zu uns, was uns anfangs verstummen ließ. Wie immer ausgesucht höflich, forderte er uns auf, das Gespräch fortzusetzen: »Lassen Sie sich nicht stören, ich höre gern zu!« Wir redeten und diskutierten weiter. Ganz zum Schluß, wieder sehr höflich, machte er dann eine Bemerkung, die wie eine leise Mahnung klang: in nationalen Fragen stets auch den Standpunkt des anderen zu verstehen. Und wie recht hatte er damit! Als zukünftiger Herrscher über elf Nationen mußte er über ihnen stehen, für alle die gleichen Gefühle hegen, um gerecht und ihnen nützlich sein zu können. Was mir seit jeher bei dem Erzherzog auffiel, war sein gütiger Blick; ich freute mich auf die Zeit, in der ich ihm würde dienen können. Was wir uns von dem Erzherzog Franz Ferdinand erhofften, der alten k.u.k. Monarchie eine neue, den Zeiten angemessene Struktur zu geben, würde sein Nachfolger im selben Geiste fortsetzen. Natürlich ahnten wir nicht, inwieweit der Thronfolger den jungen Erzherzog in seine Pläne eingeweiht hatte, aber in großen Zügen, meinten wir, mußte der junge Prinz sie kennen.

Die Herren, die vom Tag seiner Großjährigkeit an den Hofstaat Erzherzog Karls bildeten, waren mir gut bekannt: sein Erzieher Graf Georg Wallis und sein Kammervorsteher Prinz Zdenko Lobkowitz, beide in jeder Beziehung vorbildlich. Sprachen sie einmal von ihrem Herrn, so konnten sie nur das Beste berichten und auch die von klatschsüchtigen Menschen verbreiteten Gerüchte widerlegen. Gelegentlich der Krönung König Georg V. in London war eine Protokollschwierigkeit entstanden. Zu einer Krönung wurden keine Monarchen eingeladen, die Rücksichten hätten verlangen können, die nur dem zu Krönenden zustanden. Darum gingen die Einladungen an Kronprinzen und Thronfolger. Während nun aber ein Kronprinz, der älteste Sohn eines Monarchen, einen feststehenden Rang hat, war dies bei einem Thronfolger nicht der Fall, war er nun der Neffe oder sonst ein Verwandter des Monarchen, denn

220

es konnte, war es auch noch so unwahrscheinlich, doch noch ein Kronprinz geboren werden. Es gingen also in London rangmäßig die Kronprinzen vor den Thronfolgern. In Wien erschien es aber als höchst unpassend, daß eine Persönlichkeit wie Erzherzog Franz Ferdinand, obendrein der Vertreter des Kaisers von Österreich und Apostolischen Königs von Ungarn, hinter einigen blutjungen Kronprinzen aus Balkanstaaten zu gehen hätte. Darum wurde unser Kaiser bei dieser Gelegenheit durch den Erzherzog Karl vertreten. In London sah man ihn bei den Festlichkeiten, auch bei einem großen Diner auf unserer Botschaft – er hätte besser nicht auftreten können. Ich erinnere mich gut daran, wie froh und stolz unser Botschafter, mein Onkel Albert Mensdorff, war, als er von seiten des englischen Hofes die schmeichelhaftesten Bemerkungen über den Erzherzog hörte.

Das Manifest des jungen Kaisers gelegentlich seiner Thronbesteigung im November 1916 beeindruckte uns tief. Er gab darin seinem fast leidenschaftlichen Willen Ausdruck, eine ehrenhafte Lösung zu finden, um den Krieg zu beenden: »Ich wünsche, alles zu tun, was in meinen Kräften steht, um so schnell wie möglich den Greueln und Opfern des Krieges ein Ende zu machen und meinen Völkern die entschwundenen Segnungen des Friedens wiederzubringen.« Ebenso eindrucksvoll, ebenso schön war dann sein Amnestie-Erlaß. Er begann: »Es ist mein unerschütterlicher Wille, die durch göttliche Vorsehung mir anvertrauten Rechte und Pflichten in der Weise auszuüben, daß ich die Grundlagen schaffe für eine gedeihliche und segensreiche Entwicklung aller meiner Völker. Die Politik des Hasses und der Vergeltung, die, durch unklare Verhältnisse genährt, den Weltkrieg auslöste, wird nach dessen Beendigung unter allen Umständen und überall ersetzt werden müssen durch eine Politik der Versöhnlichkeit. Dieser Geist muß auch im Inneren des Staates vorwalten. Es gilt, mit Mut und Einsicht und in wechselseitigem Entgegenkommen Völkerwünsche zu befriedigen. In diesem Zeichen der Versöhnlichkeit will ich mit Gottes mächtigem Beistand meine Regentenpflicht üben und will, als erster den Weg milder Nachsicht betretend, über alle jene bedauernswerten politischen Verirrungen, die sich vor und während des Krieges ereigneten und die zu strafgerichtlichen

Verfolgungen führten, den Schleier des Vergessens breiten.« Allen wegen Hochverrat, Majestätsbeleidigung, Aufstand, Aufruhr und so weiter Verurteilten wurden ihre Strafen erlassen, schwebende Strafverfahren abgebrochen. Natürlich gab es damals Menschen, die meinten, das seien nur Mittelchen, um einen wankenden Thron zu stützen. Das war es nicht! Vielmehr handelte es sich um aus der tiefsten Seele des Monarchen kommende Erklärungen edlen und auch praktisch richtigen Willens. Leider wird es immer Leute geben, die nicht glauben, daß dergleichen überhaupt möglich ist, und vollends inmitten der Stimmungen irren Hasses, wie der Krieg sie erzeugt hatte.

An der Front waren wir begeistert von solchen Äußerungen des neuen Herrschers und meinten auch, sie würden nicht ungehört verhallen. Wir wußten ja, daß es auch in anderen europäischen Ländern Männer gab, die ähnlich dachten, die damals oder im folgenden Jahr sich im gleichen Sinn äußerten, zum Beispiel Lord Lansdowne in England. Wir erfuhren, daß Friedensfühler ausgestreckt worden waren, die Gespräche zwischen Graf Mensdorff und General Smuts, zwischen dem österreichischen Botschafter Graf Revertera und dem Franzosen Comte Armand. Es fehlte keineswegs an Persönlichkeiten, überall, die erkannten, daß eine Fortsetzung des Krieges bis zum bitteren Ende zum Untergang Europas führen müßte; wir konnten nicht anders als glauben, daß man auf sie hören werde. Dabei war freilich manches uns unbekannt. Auf allen Seiten glaubten Generale an den Endsieg, Staatsmänner hofften auf Eroberungen oder Rückeroberungen, was ihnen großen Ruhm einbringen würde. Wir ahnten nicht, daß man auf Männer wie Eduard Benes hörte, der Himmel und Erde in Bewegung setzte, um einen Frieden zu verhindern, der seine persönlichen Ziele vereiteln mußte. Wir wußten nicht, daß Politiker Englands und Frankreichs anderen ganze Länder versprochen hatten, Versprechungen, von denen nun schwer abzurücken war. Auch die grandiose Kriegspropaganda – später sagte man »psychologische Kriegsführung«–, die ganze Völker in Haßpsychosen trieb, sie jedes vernünftigen Denkens beraubte, vermochten wir an der Front nicht zu durchschauen. Natürlich sickerten allerlei Nachrichten durch. Erschüttert waren wir, als der Versuch unseres Kaisers, mit Hilfe seines Schwagers, des Prinzen Sixtus von Parma, zum Frieden zu gelangen, nicht nur scheiterte, sondern in der Folge von Indiskretionen obendrein noch Schaden anrichtete. In dem Friedensangebot, welches das Deutsche Reich der Entente im Dezember 1916 gemacht hatte, war nur von einer Bereitschaft zu Verhandlungen die Rede gewesen, aber nicht davon, wie denn der Friede aussehen sollte. Darum wurde es den Gegnern leicht, dies Angebot als ein rein taktisches, nicht ernstgemeintes abzulehnen. Ganz anders, ungleich konkreter, das Friedensangebot unseres jungen Kaisers in einem Moment, als die Mittelmächte sich rein militärisch auf dem Höhepunkt ihrer Macht befanden. Es wurde ja auch zunächst in Paris und London durchaus ernstgenommen. Aber zuviel von der erwarteten Kriegsbeute war versprochen worden, heimlich schon verteilt, und so gelang auch dieser Versuch nicht. In der politischen Krise, die ihm in Wien folgte, standen wir gefühlsmäßig zu unserem Kaiser. Für mich als k.u.k. Kämmerer verstand sich das ohnehin von selbst. Dazu muß ich hier eine Erklärung geben. Kämmerer zu sein, bedeutete ein Ehrenamt, zu dem man nur ausnahmsweise ernannt wurde und das man zu erbitten hatte. Die Gewährung, durch die man Mitglied des kaiserlichen Hofstaates wurde, war ein Gnadenakt. Der zu leistende Eid unterschied sich von dem normalen, militärischen. Dieser galt dem jeweils regierenden Monarchen, starb er, mußten die Offiziere auf seinen Nachfolger neu vereidigt werden. Der Eid des Kämmerers wurde vor dem Oberstkämmerer oder einer anderen dazu designierten hohen Amtsperson abgelegt, in meinem Fall war es der Statthalter von Böhmen, Fürst Thun. Vor einem Kruzifix schwor man den Eid auf die Person des Monarchen und aller seiner Nachfolger. Es gibt niemanden auf Erden, der von diesem Eid entbinden könnte. Infolgedessen mußte ich es später ablehnen, je wieder einen Eid auf einen Staat oder das Haupt eines Staates zu schwören. Das hatte Folgen für mich, die sich zweimal wiederholten. In der neuen tschechoslowakischen Republik wurde mir mitgeteilt, daß ich als Kapitän d.R. (Rittmeister) in die Armee aufgenommen sei, an dem und dem Tag hätte ich mich zur Eidesleistung einzufinden. Ich fand mich aber nicht ein und erhielt nach einiger Zeit einen Brief, noch an den »Kapitän« adressiert; er enthielt aber die Mitteilung, ich sei als Soldat ohne Chargengrad bei einem Regiment in der Slowakei eingeteilt. Als zwanzig Jahre später aus Deutschböhmen der Sudetengau wurde, sollte ich Reserveoffizier der Wehrmacht werden und wieder mich zur Eidesleistung einfinden. Ich versäumte den Termin und endete als Volkssturmmann.

Für mich ist Kaiser Karl immer der Friedensfürst geblieben, der wirklich das Beste für seine Völker wollte; hier hat dieser abgegriffene Ausdruck einmal Sinn. Aber er wurde nicht verstanden. Die ungerechte, unwürdige Behandlung, die ihm zuteil wurde, hat er mit seltener Seelengröße ertragen. Ist seine wahre Geschichte schon geschrieben? Die Erinnerung an ihn wird länger leuchten als die an jene, die ihn verurteilten.

Mit tiefer Ergriffenheit bin ich in Madeira vor dem Sarg meines Herrn gestanden.

Eigene Familie

Wenn ich in den ersten Monaten des Krieges 1914/18 nächte-
lang in Russisch-Polen auf unbekannten Wegen ritt, um Befehle zu überbringen oder Meldungen abzuholen, hatte ich un-
beschränkt Zeit zum Nachdenken. Nicht lange vor dem Krieg
hatte ich den »Cornet« von Rilke gelesen, genießend wohl, aber
ohne wirkliches Verstehen; dieses kam erst im Krieg, während
jener nie endenden Nächte. Mit den zwei polnischen Ulanen,
die mich begleiteten, sprach ich über den Weg, sonst nicht viel.
Die Russen hatten damals keine Landkarten der Gegenden
längs der Grenze gedruckt, und die Straßen hörten mit wenigen
Ausnahmen etliche Kilometer vorher auf. Vermutlich hatte das
den Doppelzweck, sowohl das Eindringen von Fremden wie
auch das Entweichen der eigenen Leute zu erschweren. Bei jedem Rückzug wurden Kosaken zurückgelassen, die, als Bauern
verkleidet, alle Wegweiser entfernten, später auch Soldaten
überfielen, wenn sie sie einzeln trafen. Ich hatte mir eingebil-
det, einen guten Orientierungssinn zu besitzen, merkte aber
bald, daß ich ihn überschätzte. Manchmal hatte ich einen langen Weg bei Tag gemacht, den ich in der Nacht zurückfinden
sollte, was mir selten gelang – doch die meist nicht gerade intelligent aussehenden Ulanen wußten ihn immer, bei ihnen waren
die Naturinstinkte noch nicht durch Zivilisation zerstört worden!

Und so wie der Cornet dachte ich auch viel an die Heimat, an
die Menschen zu Haus, an die Mädchen, die ich dort gekannt
hatte und mit denen ich befreundet war. In Prag waren die meisten von ihnen Cousinen, wenn auch diese Verwandtschaft oft
aus dem 18. Jahrhundert stammte; bei den vielen böhmischen

Großgrundbesitzern kam unter den Vorfahren fast immer ein Liechtenstein oder eine Kinsky vor, und dann durfte man sich mit den Mädchen »du zen«. Das Schreiben von Briefen war strengstens verpönt, nur Postkarten waren gestattet, die nicht nur von den Müttern zensuriert werden konnten, sondern selbstverständlich auch von den Dienern gelesen wurden. Im Schloß X erzählte einmal die Hausfrau beim Essen, daß am Mittwoch Freunde kommen würden, worauf der alte Kammerdiener erklärte: »Verzeihen, Durchlaucht, aber auf der Karte steht Dienstag!«

Oft dachte ich auch an die Freundinnen in England, in Polen, in Italien und Belgien, aber der Kreis wurde immer enger, zum Schluß waren meine Gedanken am meisten in Wien und Prag. Und sie kreisten immer mehr um ein Mädchen, das ich seit wenigen Jahren kannte, die manchmal nach Prag kam, wo ihre Großmutter lebte. Wenn auch ihre Mutter eine Lobkowicz war und die Großmutter eine Liechtenstein, wenn sie auch deshalb so gut nach Böhmen paßte, so war sie doch ein bißchen anders als die Prager Mädchen. Ihr Vater war sehr früh gestorben, die Mutter lebte mit den Kindern den größten Teil des Jahres in Slavonien, im Sommer am Rhein, wo sie in Eltville ein schönes Haus hatten – einen Hof nennt man das dort – oder auf der Märchenburg Eltz, nahe der Mosel.

Während des Kriegs konnte die Familie Eltz nicht in Slavonien leben, da hier der serbische Kriegsschauplatz zu nahe war; so wurde der Winter in Prag verbracht, wo Lidi Eltz als Rotekreuzschwester in einem Lazarett arbeitete. Da sie von Haus aus die ungarische Sprache beherrschte, pflegte sie meist ungarische Soldaten, deren Briefe sie schreiben oder vorlesen konnte, auch mußte sie manchmal als Dolmetsch bei der Arztvisite einspringen.

Wir hatten bald angefangen, uns die besagten Postkarten zu schreiben, dann wurden auch Briefe gestattet, aus denen wir in Kürze entnahmen, daß wir nur einen Gedanken hatten – zu heiraten! Wir verlobten uns brieflich, was auch meinen Eltern und ihrer Mutter mitgeteilt wurde, zur Freude in beiden Familien.

Die jüngere Schwester meiner Mutter war mit dem Fürsten Löwenstein verheiratet und lebte teils in Kleinheubach am

Main, teils in Haid in Böhmen. Meine Eltern und meine zukünftige Schwiegermutter kannten sich nicht, und so wurde vereinbart, daß gelegentlich meines nächsten Urlaubs beide Familien sich vollzählig in Kleinheubach treffen sollten, um die Verlobung zu feiern. Wir hatten aber die Rechnung ohne den Wirt gemacht. Ich hatte den Urlaub zwar schon in der Tasche, da kam einer Offensive wegen eine Urlaubssperre, und erst im späten August 1915 konnte ich für wenige Tage nach Teplitz kommen. Gleichzeitig trafen auch meine Braut und ihre Mutter ein, und so lernte Lidi ihre zukünftige Familie und das Haus kennen, das nach menschlicher Voraussicht einmal ihr eigenes sein würde. Sie wurde von meiner ganzen Familie mit offenen Armen aufgenommen und gehörte von da an ganz zu uns.

Was meine zukünftige Schwiegermutter betrifft, so rief sie mich eines Morgens in ihr Zimmer, so als ob sie etwas recht Ernsthaftes mit mir zu bereden hätte. Wirklich begann sie, nicht ohne Verlegenheit, mit den Worten: »Bevor ein junger Mann heiratet, sollte er alle seine Angelegenheiten in gute Ordnung bringen. Sage mir also bitte, wieviel Schulden Du hast, ich werde sie gern bezahlen.« Wie erstaunt war sie dann, als ich, erleichtert und gerührt, wie ich mich fühlte, wahrheitsgemäß nur antworten konnte, daß ich überhaupt keine Schulden hätte! Unbezahlte Rechnungen bei Schneidern und Schustern, das hatte es auch wohl bei mir gegeben, aber nie mehr, seit ich, nun Volontär in der Prager Statthalterei, eine monatliche Zuwendung aus Teplitz erhielt. Während meiner Studienzeit hatte ich lieber den Gürtel etwas enger geschnallt, als meinem Vater Geldsorgen zu bereiten. Ein abschreckendes Beispiel war für mich mein armer Vetter Johannes, der von einer Schuldenkatastrophe in die andere fiel und in die Hände der übelsten Wucherer geriet. Für die gute Mutter meiner Braut, wie für die meisten Österreicher, gehörten wohl aber Schulden zum Bild des jungen Offiziers und Edelmannes; sie nahm es als selbstverständlich an, daß ich welche hätte, und die Frage war nur, wie große.

Der Urlaub war kurz; bei der Abreise zurück ins Feld wußte ich nur, daß die Hochzeit irgendwann im Januar in Eltville am Rhein stattfinden sollte. Um so notwendiger war es, mir den

Tag der Hochzeit rechtzeitig mitzuteilen, damit nicht zu viel Zeit verloren ginge, denn ich war damals weit weg, östlich von Dubno in Russisch-Polen. Der Urlaub würde ein sehr beschränkter sein, und nach der Hochzeit konnten wir nur auf wenige Tage für uns hoffen. Ende Dezember wurde ich zu Major Duschek vom Korpskommando gerufen, der mich mit den Worten empfing: »Es ist ein Befehl vom Kriegsministerium in Wien für Dich da – jetzt nützt Dir kein Wedeln, entweder Du befolgst den Befehl oder Du wirst erschossen!« Im Telegramm stand: »Oberlt. Graf Clary hat sich sofort zwecks seiner Heirat nach Eltville a. Rhein zu begeben.« Und am selben Tag konnte ich abfahren!

Die Hochzeit fand am 5. Januar 1916 in kleinem Kreise statt, da die meisten jungen Vettern wie auch Onkel in mittleren Jahren eingerückt waren, und für die Alten oder die Frauen allein, war das Reisen in der Kriegszeit und im Winter zu beschwerlich.

Es war uns beschieden, unser 60jähriges Jubiläum, die Diamantene Hochzeit, in derselben Kirche zu feiern, in der wir damals geheiratet hatten – ich dachte in Dankbarkeit, daß ein gütiges Schicksal es uns gegeben hat, diese vielen Jahre einträchtig durch das Leben zu schreiten, alles Gute und Schöne zusammen zu genießen und das Traurige zusammen zu ertragen. Mit jedem Jahr wurde mir klarer, daß meine Frau neben seltenen Gaben des Geistes auch unendliche Güte besitzt, sowie eine Charakterstärke, die in den dunkelsten Tagen mir die größte Stütze war und ist.

Wir hatten vier Kinder, die 1917, 1919, 1921 und 1923 in Teplitz geboren wurden. Diese Kinder haben uns, jedes in seiner Art, immer nur Freude gemacht. Hieronymus, Ronnie genannt, ist durch 24 Jahre wie ein strahlendes Licht durch unser Leben gegangen – für mich war es ohne Anfang und ohne Ende. Denn seine Geburt habe ich erst eine geraume Weile später erfahren, als ich an der rumänischen Front nach stundenlangem Marsch von den Hügeln herab das Regimentskommando erreichte, wo mir ein an das Kommando gerichtetes Telegramm eingehändigt wurde; es lautete: »Gräfin eines gesunden munteren Knaben entbunden. Badehauskommando Teplitz-Schönau.« Damals war ich an einer ziemlich schweren Ruhr erkrankt, und da das Regiment den Befehl erhalten hatte, sich in zehntägigem Marsch an einen anderen Frontteil zu begeben, erhielt ich einen kurzen Urlaub, der mir einen Aufenthalt von vier Tagen in Teplitz erlaubte. So konnte ich den Erstgeborenen kennenlernen. Allmählich wuchs er zu einem sehr schönen jungen Mann heran, weit über den Durchschnitt begabt, klug und voll Herz. Er schien uns wie vorgesehen, später im Leben Großes zu leisten, so gaben wir ihm eine besonders sorgfältige Erziehung; nach Beendigung des Gymnasiums studierte er Jus an der Universität in Prag und Sciences Politiques in Louvain.

Und als am 27. Juli 1941 sein Leben in der Ukraine endete, wo in einer Panzerschlacht sein Befehlsturm getroffen wurde, haben wir die Nachricht erst Wochen später erfahren.

1919 wurde Marcus geboren, der sportlichste unter den Söhnen, ein trefflicher Schütze und Tennisspieler, der sich als Soldat ebenso gut bewährte. Im Osten zweimal schwer verwundet, geriet er im Mai 1945 in russische Gefangenschaft; am zweiten Weihnachtsfeiertag 1947 tauchte er in Bronnbach an der Tauber auf, wo wir von unseren Verwandten Löwenstein liebevoll aufgenommen worden waren, als wir Böhmen 1945 hatten verlassen müssen. Nach den Jahren der Hölle war sein Gesundheitszustand erschreckend, doch hat er sich ganz erholen können und arbeitet nun seit Jahren bei Daimler-Benz in New York. Seine drei Kinder leben in Europa, er selber ist zur Stütze unseres Alters geworden.

1921 geboren war Carl – Charlie genannt – unser Sonnenkind, unübertroffen an Fröhlichkeit und Humor, mit unwiderstehlichem Charme. Er fiel am 14. Dezember 1944 als Kommandant einer Tscherkeßenschwadron bei den Kosaken.

1923 erschien unsere Tochter Elisalex, nach drei Söhnen besonders willkommen. Sie ist mit einem tüchtigen Italiener verheiratet und Mutter von drei Kindern. Da sie nicht weit von Venedig wohnt, betreut auch sie liebevoll ihre alten Eltern.

Ein Großgrundbesitz in Böhmen

Am 28. Oktober 1918 war ich auf Urlaub in Teplitz, als in Prag die Republik ausgerufen wurde. Schon am nächsten Tag ging alles drunter und drüber: rote Fahnen wehten, es gab Verbrüderungen zwischen den Soldaten und provisorischen Arbeiterräten, auch mit russischen und serbischen Gefangenen.

Vor meiner Abreise von Wien hatte ich mit einigen Freunden ausgemacht, sie sollten es mich wissen lassen, falls in Wien eine Aktion zur Wiederherstellung der Ordnung unternommen würde. Wir hatten es uns so vorgestellt, daß alle in Wien befindlichen Offiziere sich unter dem Befehl des kommandierenden Generals dem Kaiser zur Verfügung stellen und für seinen Schutz sorgen würden. Trotz der in Prag ausgebrochenen Revolution konnte man mühelos telegraphieren, und wirklich erhielt ich ein Telegramm mit dem vorher ausgemachten Wortlaut. Der Eisenbahnverkehr funktionierte auch noch, allerdings langsam, die Reise nach Wien dauerte 36 Stunden, die ich im übervollen Waggon stehend verbrachte. In Wien angekommen, erfuhr ich, daß jegliche militärische Aktion vom Stadtkommando strengstens verboten worden war. Im ersten Augenblick empörte mich dies; dann aber verstand ich, daß es nun jedenfalls zu spät war, daß eine Aktion, wie wir sie uns vorgestellt hatten, nur zu Blutvergießen führen und das Leben der kaiserlichen Familie gefährden mußte; das grauenvolle Ende des russischen Zaren und seiner Familie war uns ja bekannt. Von den traurigen Eindrücken der Auflösung, die damals in Wien mich überwältigten, will ich nicht sprechen. Ich kehrte nach Teplitz zurück.

Dem Ende des alten Österreich, dem Ende von so vielem,

was für mich mit dem alten Österreich zusammenhing, und meiner unfreiwilligen Verwandlung in einen Bürger der neuen Tschechoslowakischen Republik folgte zu meinem Glück eine große, so bald von mir doch nicht erwartete Aufgabe. Mein Onkel Carlos übertrug mir, wenige Monate vor seinem Tod, die Verwaltung des Familienbesitzes. Seit früher Jugend doch immer gewohnt, irgendetwas zu tun, griff ich freudig nach diesem Halt.

Ein reiner Spaß war es nicht. Was verstand ich von Forst- und Landwirtschaft, von einer Brauerei oder gar von Kohlengruben, von einem Kur- und Hotelbetrieb? Noch nie hatte ich eine Bilanz gelesen! Daß ich zum Zweck meiner erträumten diplomatischen Laufbahn Jura studiert hatte, erwies sich nun allerdings als ein Vorteil. Auch lebten in der Nachbarschaft Verwandte, die mich beraten konnten, mein Onkel Graf Ottokar Westphalen, dessen Besitz Kulm vorbildlich geführt wurde, und Graf Eugen Ledebur, der nicht nur ein guter Politiker war, sondern auch von der Verwaltung eines Grundbesitzes viel verstand. Noch hilfreicher aber als freundliche Berater fand ich die bewährten Beamten in der Zentrale und in den einzelnen Betrieben. Sie sprachen ganz offen zu mir: das ist richtig, das ist falsch. Den größten Teil meiner Zeit verbrachte ich zunächst in der Zentraldirektion, versuchte aber zugleich, mich über alle Betriebe genauestens zu orientieren.

Die Entwicklung des Großgrundbesitzes in Böhmen und Mähren war verschieden von jener in anderen europäischen Ländern. Nach Tunlichkeit wurden alle Betriebe in eigener Regie geführt, nicht verpachtet. Solches traf auch für Teplitz zu, doch handelte es sich nicht nur um die Meierhöfe und die Wälder, auch um eine große Brauerei, einen Kurbetrieb, nämlich Bäder, Kurhäuser, Restaurants und Cafés, eine Brotbäckerei, eine Kohlengrube, eine Kaltwasserheilanstalt, zwei Sägen, eine Ziegelei, ein Kalkwerk, die Fabrikation von Kisten, Schindeln und Holzwolle; dazu kam noch der Tourismus in der Edmunds- und Wilden Klamm in Herrnskretschen. Jeder der großen Betriebe hatte einen Leiter, in der Zentrale lief alles zusammen. Mit der Ordnung, die in den Betrieben herrschte, konnte ich, nachdem ich mich etwas eingearbeitet hatte, wohl zufrieden sein. Aber bald gab es Schwierigkeiten, die wie Keulenschläge auf uns niederprasselten.

Bargeld war fast keines da. Die Kriegsanleihen, die man in selbstverständlicher patriotischer Pflicht gezeichnet hatte, waren daran zum großen Teil schuld; jetzt waren sie wertlos geworden, keiner der »Nachfolgestaaten« erkannte sie an. Auch belasteten alte Hypotheken den Besitz. Geld hatte scheinbar auch die neue tschechoslowakische Republik nicht viel, obgleich nun die reichsten Gebiete des alten Österreich zu ihr gehörten. Die Regierung beschloß, sich durch eine einmalige Vermögensabgabe aus der Affaire zu ziehen. Bei größeren Vermögen wie dem unseren betrug sie über 20% des Gesamtwertes. Dann starb mein Onkel Carlos, mein Vater verzichtete auf das Fideikomiß, die Erbgebühr von Onkel auf Neffe machte weitere 27% aus; außerdem mußte ein Erbvergleich mit meinem Vetter Johannes abgeschlossen werden, um seine berechtigten Forderungen zu erfüllen. Und zu alledem kam auch noch ein Bodenreformgesetz. Bevor es rechtskräftig wurde, war jeder Verkauf, jede Belastung von ackerbaulichen, forstlichen und sonstigen Grundstücken untersagt. Es war wirklich zum Verzweifeln und schwer, den Mut nicht zu verlieren. Da ist mir meine Zeit beim Militär von Nutzen gewesen: »Maul halten, Zähne zusammenbeißen und weiterdienen.«

Im Zeichen der Bodenreform mußten wir schließlich 1200 ha Meierhöfe und 2000 ha Wald abgeben, die Entschädigung betrug ca. 8% des Wertes. Allerdings durften wir das Inventar der Höfe – Vieh und Maschinen – verkaufen; das waren aber alles nur Wassertropfen, ich mußte mich zu ungleich bedeutenderen Verkäufen entschließen. Auch galt es, alle nicht unbedingt notwendigen persönlichen Ausgaben zu vermeiden. Für uns, sicherlich auch für unsere Kinder, war es eine gute Lehre, nicht aus dem Vollen schöpfen zu können. Graf Czernin, der den Besitz während einer Reihe von Jahren verwaltete, hatte zwar die ärgsten Schulden meines Onkels und seines Sohnes bezahlt, aber äußerst wenig investiert. Nur die Brauerei war modernisiert und wieder in die Höhe gebracht worden. Völlig antiquiert blieb der Bäderbetrieb; auch gab es viele Gebäude, die einer Ausbesserung bedurften.

232

Die Beamten halfen mir: der spätere Zentraldirektor Dr. Netuschil, der Ökonomie-Direktor, der Kur-Direktor, der prächtige Oberforstmeister Kerl, nicht zu vergessen die Leiter des Zentralrentamtes. Natürlich neigte ich dazu, mich an die mir liebgewordenen Besitztümer zu klammern, ohne an das Geschäftliche zu denken. Es waren die Beamten, die mich eines Besseren, Traurigeren belehrten. Es mußten verkauft werden: Der Clary-Schacht, die Kuranstalt Theresienbad in Eichwald, einige Häuser und vor allem das Palais in der Herrengasse in Wien. Dieser Verlust fiel mir am schwersten, die Familie hatte ja dort während Jahrhunderten ihr zu Hause gehabt.

In dieser Zeit begriff ich auch, wie verbunden die Beamten mit dem Besitz waren. Ganz selbstverständlich sprachen sie von »unseren Bädern«, »unserem Wald«, und dem entsprach ihre praktische Haltung und Arbeit. Wir selber fühlten ja auch so, auch wir sahen uns nur als Verwalter an von etwas, was vor uns gewesen war und nach uns dauern sollte. Wir mochten es nicht, wenn einer von »meiner« Herrschaft, »meinem« Schloß sprach. Ein Fremder, dem dies Verhältnis unbekannt war, bemerkte einmal: »Ihr redet ja im pluralis majestaticus!« Als wir später alles verloren, litten »wir« auch alle in gleichem Maße, die Angestellten so sehr wie die Besitzer.

Für die Verbundenheit der Beamten mit dem Grundbesitz mag folgende Anekdote zur Illustration dienen. Ein Verwandter von mir hatte einen solchen Besitz geerbt und besprach dessen Situation mit dem alten Domänenrat (so nannte man den Chefbeamten in Böhmen, manchmal auch »Zentraldirektor«; »Generaldirektor« paßte nur für die Industrie). Der Domänenrat erläuterte alles genau und betonte mit einem gewissen Stolz, daß die finanzielle Lage gut sei und fügte hinzu: »Sie könnte ja noch besser sein, wenn das Schloß nicht wäre, das so viel kostet!« So verteidigte der brave Mann den ihm anvertrauten Besitz sogar gegen dessen Besitzer und seine Familie, die er mit dem Sammelnamen »das Schloß« bezeichnete. Natürlich, »das Schloß« wollte auch leben. Und die Bürger des Städtchens, oder die Bewohner des Dorfes hätten es ihm übel genommen, wenn es übertrieben knausrig gelebt hätte! »Das Schloß« mußte doch etwas darstellen, mußte Gäste haben, mußte Stiftungen machen, mußte ein wenig Eleganz und Schönheit ausstrahlen. Aber »das Schloß« war trotzdem nicht die Hauptsache. So dachten auch die meisten mir bekannten Großgrundbesitzer; sie hätten die Ansicht jenes alten Domänenrates durchaus gebilligt.

Unter den großen Besitzern gab es auch solche, die dem Spielteufel oder anderen Teufeln verfallen waren, die alles vergeudeten und verpraßten. Als ich als Freiwilliger in Krakau diente, machte ich die Bekanntschaft eines Herren, auf dessen Besitzung zu seinem Unglück Öl gefunden worden war, was ihm plötzlich sehr viel Bargeld, aber auch schier um seinen Verstand brachte. Allerlei Damen, darunter eine schöne Tänzerin des Wiener Balletts, wurden seine Geliebten, für die er sich die albernsten Dinge ausdachte. Einmal gab er ein Herrendîner mit den wunderbarsten Speisen und Getränken, zum Schluß trugen die Kellner eine Riesenplatte herein, auf der die Dame vom Ballett in Aspik lag, nur der Kopf blieb frei! Ein anderes Mal reiste er mit seiner Geliebten nach Monte Carlo in einem Salonwagen, der innen ganz mit frischen Veilchen austapeziert war. Und Ähnliches mehr. Als ich ihn in Krakau traf, war er schon gänzlich mittellos, seine Freunde erhielten ihn am Leben. Dergleichen kam vor, jedenfalls vor 1914; aber auch damals nur ausnahmsweise. Die übergroße Mehrheit der Grundbesitzer kannte ihre Verantwortung. Nicht nur für die Familie, auch für alle jene, die auf dem Besitz und für ihn und von ihm lebten.

Österreicher war ich gewesen und blieb es, auch wenn es das weite, vielfältige Vaterland nun nicht mehr gab. Böhme – man fing jetzt an »Sudetendeutscher« zu sagen – wurde ich eigentlich erst jetzt. Und ich hörte auf, meinen engsten Landsleuten ein internationaler halber Fremder zu sein. Ich arbeitete ja nun mit ihnen, sie arbeiteten mit mir, so lernten wir uns wechselseitig kennen. Zu meinem 90. Geburtstag erschien in einer sudetendeutschen Zeitschrift ein Artikel, in dem es hieß, einer meiner Vorfahren sei in Teplitz »der Gütige« genannt worden, ich selber aber hätte »der Unsere« genannt werden dürfen. Das hat mich nun wirklich gefreut. Wenn und insoweit es zutraf, war es eine Frucht der zwanziger Jahre. Unsere vier Kinder wurden in Teplitz geboren, und mit jedem Jahr fühlten meine Frau und ich uns dort tiefer verwurzelt. Für die Kinder bedeutete Teplitz alles, daneben auch das geliebte Herrnskretschen und später Hohenleipa im Elbesandsteingebirge. Solange die Kinder klein waren, reiste man mit ihnen ins Seebad oder ins Gebirge zur Luftveränderung. Als aber 1930 in Hohenleipa ein Jagdhaus gebaut wurde, war es mit dem Reisen aus – die Kinder wollten nicht mehr weg.

Am Mückenberg im Erzgebirge lebte einer unserer Förster; er war alt geworden und saß oft vor seinem Haus auf einer Bank, wo ich ihm manchmal gerne Gesellschaft leistete. Von diesem Platz hatte man eine bezaubernde Aussicht auf das weite Tal, in welchem ein leichter Dunst die Fabriken und Häuser verbarg. Unsere Blicke gingen den Abhang hinunter, auf Graupen und die Rosenburg, man sah den Teplitzer Schloßberg ragen, den Turm des Schlosses, die Türme der Stadtkirche und der Kapelle. In der Ferne lag das Böhmische Mittelgebirge mit dem Milleschauer und dem Biliner Borschen. Ich mußte da oft an Goethes Schilderung der Landschaft denken, wie er sie sah, als er von Nollendorf nach Teplitz herabfuhr. Die vielen kleinen Wäldchen, bei uns »Büscheln« genannt, gaben dem weiten Tal ein eigenartiges Gepräge. Auch die Schlösser und Parks unserer Nachbarn konnte man erkennen, Nachbarn, mit denen wir in Freundschaft lebten, mit den Ledebur in Krzemusch und Milleschau, den Westphalen in Kulm, den Lobkowitz in Bilin.

Als wir im Sommer 1945 in Zürau bei Saaz auf den Feldern arbeiteten, gab es uns ein Heimatgefühl, die Früchte böhmischer Erde zu ernten, und wir sahen auch immer noch das geliebte Erzgebirge, dem wir am 8. Mai, als wir Teplitz verließen, von der Kradrober Höhe aus für immer Lebewohl gesagt hatten.

Zwei Schwestern

Meine ältere Schwester Elisalex war im Dezember 1885 geboren, also nur 15 Monate vor mir, dagegen war die zweite viereinhalb Jahre jünger, so bin ich mit ersterer von Anfang an als »Paar« aufgewachsen, man nannte das bei uns »ein G'spandl«, und das sind wir auch bis zu ihrem leider zu frühen Tod geblieben. Wenn es auch Zeiten gab, in der unsere Erziehung verschieden war – die ihre durch Gouvernanten, die meine durch den Hofmeister – und wir auch ganz andere Freunde hatten, sie die Mädchen, ich die Buben, und wenn ich auch später als Schüler bei den Schotten oder auf Universitäten oder während meiner Militärdienstzeit getrennt von ihr oder in anderen Ländern lebte, machte dies keinen Unterschied, denn wir schrieben uns sehr oft, sogar während des Ersten Weltkriegs, wo diese Art Korrespondenzen vorschriftsmäßig über neutrale Länder durch die Zensuren gingen.

Sie war nicht nur meiner Ansicht nach eines der entzückendsten Wesen ihrer Zeit!

In meiner Jugend gab es in gewissen Kreisen der europäischen guten Gesellschaft professionelle Schönheiten, Damen, deren Bilder in allen Illustrierten erschienen, über welche die Zeitungen schrieben – jetzt weiß man kaum mehr etwas von ihnen, denn sie sind durch die Filmstars abgelöst worden. Sie würden auch nicht mehr in unsere gleichmachende Zeit passen. Das wurde mir durch eine Episode klar, die sich in Berlin nach dem ersten Krieg abspielte, während des Spartakus-Aufstandes. Eine sehr schöne und elegant gekleidete junge Frau ging Unter den Linden spazieren, ein Spartakist spuckte sie an, auf ihre Frage warum er es tue, kam die Antwort: »Keine Frau hat das Recht, so schön zu sein wie Sie!« und er spuckte noch einmal.

Es ist außer Zweifel, daß solche Damen überragend schön waren, aber auch reichlich von sich eingenommen. Wenn man sie besser kennenlernte, entdeckte man wohl, daß manche von ihnen auch sehr nett, ja sogar klug und voller Interesse waren, bei anderen war ihre Eitelkeit unerträglich, auch benahmen sie sich manchmal wie unerzogene Kinder. Ich war noch sehr jung, wohl gerade erst dem Gymnasium entschlüpft, als ich mich als Gast in einem Schloß in Böhmen befand. Eine berühmte englische Schönheit war anwesend, um die sich die Männer mittleren Alters bewundernd tummelten. Der Hausherr besaß eine Sammlung besonders schöner Alt-Meissener Kaffeetassen, die in einer Vitrine verwahrt wurden. Um den berühmten Gast zu feiern, wurden sie diesmal herausgeholt. Die Schönheit stand mit ihrer Tasse in der Hand in der Mitte des Zimmers, als sie ihren Kaffee getrunken hatte, sah sie sich um, kein Tisch war in der Nähe, so ließ sie die Tasse fallen, die am Boden zerschellte. Ich war entsetzt – was würde wohl der Hausherr sagen? Er kniete vor der Dame nieder mit den Worten: »Dies ist der schönste Tag meines Lebens – die schönste Frau der Welt hat in meinem Haus die schönste Tasse der Welt zerbrochen!«

Und doch – selbst solche Schönheiten verblaßten, wenn meine Schwester ins Zimmer trat!

Im Jahr 1904 heiratete sie den Grafen Henry de Baillet Latour, mit dem sie zwei Kinder hatte, Guy und Resy. Von da an lebte sie in Brüssel und auf dem Land in der Nähe von Antwerpen. Mein Schwager paßte gar nicht in unsere Familie, wir sind in den 38 Jahren dieser Ehe höflich aneinander vorbeigegangen. Er war sehr klug, ein glänzender Organisator, ein erstklassiger Reiter, in Diskussionen behielt er immer Recht, dank seiner »langue bien pendue«, wie die Franzosen sagen. Er war furchtlos, äußerte unverhohlen seine Meinung, was ihn bei seinen Mitmenschen nicht sehr beliebt machte, aber doch vielleicht eine Tugend war. Was Küche und Keller betraf, war er ein großer Kenner und Kritiker. Während meine Schwester schon vor dem ersten Krieg, zwischen den Kriegen und besonders während des zweiten Krieges viel in Teplitz war, besuchte er uns nur selten. Henry war ein passionierter Reisender, so ist meine Schwester viel in der Welt herumgekommen. Später, als er Präsident belgischer Rennvereine, des Belgischen Jockeyclubs und dann des Olympischen Komitees war, sahen wir ihn noch weniger.

In die Olympischen Spiele betreffenden Fragen versuchte er, den Amateurstatus der Teilnehmer weiter als Bedingung zu verlangen, dies im Gegensatz zu den neuen Strömungen. Er versuchte auch, die Politik aus den Spielen zu halten. Zutiefst war es ihm zuwider, daß das Nationale oder Staatliche eine Rolle spielen sollte. Er war der Ansicht, daß das Ziel der Olympiade die Versöhnung der Sportler aller Länder sei und nicht zu einer Schaubühne nationaler Gegensätze werden dürfe; deswegen war er auch gegen eine übertriebene Aufmachung. Nach der Olympiade von 1936 wollte er, wie er mir sagte, die künftigen Spiele in kleineren und ärmeren Ländern sehen, um sie zu ihrer ursprünglichen Idee zurückzuführen. Für ihn war das Olympische Komitee souverän, und er ließ sich von keinem hineinreden. Um den Amateurstatus der Athleten sicherzustellen, verlangte er das Recht, die Art ihrer Ausbildung zu kontrollieren. Als die Sowjetunion dies kategorisch aus begreiflichen Gründen ablehnte, erklärte er kurz und bündig, daß ihre Athleten an den nächsten Spielen eben nicht teilnehmen würden. Daß ihn dies in vielen Kreisen höchst unpopulär machte, ist verständlich.

1936 sollten die Spiele zum erstenmal in Deutschland abgehalten werden. Baillet fuhr zu einer Besprechung nach Berlin, wo er vom Reichssportführer empfangen wurde. Als er fragte, wann er mit dem Reichskanzler reden könne, legte man ihm nahe, alles Einschlägige mit dem Reichssportführer zu erledigen, da Hitler in diesen Tagen keine Zeit haben würde, worauf de Baillet erklärte, daß er dann am nächsten Tag abreisen werde. Schon an diesem nächsten Tag empfing ihn der Reichskanzler, und er konnte allerhand Vorschläge machen, darunter auch den, daß während der Winter- und Sommerspiele rassendiskriminierende Spruchbänder und Aufschriften entfernt werden sollten, was auch geschah.

Meine Schwester war eine ideale Mutter und wurde von ihren Kindern heiß geliebt, obwohl sie auch streng sein konnte, aber die Grundsätze, auf die sie hielt, galten in erster Linie für sie selber. Sie war warmherzig und verstehend, vielen Menschen, die in seelischen Nöten zu ihr kamen, hat sie mit ihren Ratschlägen geholfen. Dabei war sie lustig und voll sense of humour und konnte Unterhaltungen für groß und klein organisieren. Dabei fällt mir eine Episode ein, über die in Brüsseler diplomatischen Kreisen viel gelacht wurde. Der Geburtstag einer unserer Freundinnen sollte in der Gesandtschaft durch Charaden gefeiert werden, eines der Worte war »Vivat«, und für das eine V hatte man sich ›Vivisektion‹ ausgedacht. Ich muß hinzufügen, daß meine Mutter für ihre Tierliebe bekannt war, besonders ihr Zwergbully Black Boy spielte eine große Rolle. Nun waren zu den Charaden nur die intimsten Freunde geladen worden, ein großer Empfang sollte erst später sein. Der türkische Geschäftsträger kam aus Versehen zu früh, wurde aber hereingelassen, da er einen Fez aufhatte und man ihn deshalb als zur Theatergesellschaft gehörend glaubte. Er ging also in den Salon, in dem die Charaden gerade bei »Vivisection« angelangt waren: auf einem Tisch lag Black Boy auf dem Rücken, und meine Schwester Sophie zog mit einem rot beschmierten Messer große Mengen dicker roter Wollfäden als »Eingeweide« aus seinem Bauch – scheinbar –, aber der Türke hielt alles für echt, es wurde ihm übel, und er stürzte aus dem Zimmer. Einer unserer Freunde eilte ihm nach und erklärte die Sache, so endete alles mit viel Gelächter.

Als Elisalex 1914 der Kriegshandlungen wegen ihren Landsitz bei Antwerpen verlassen mußte, fuhr sie nach England, wo sie bei unseren guten Freunden Portland Aufnahme fand und bis 1920 blieb. Ihr Sohn Guy wurde in Eton erzogen. Er entwickelte sich ausgezeichnet, kehrte später nach Belgien zurück, wo er nach dem Tod des Barons Henri Lambert die Leitung der Banque Lambert übernahm; er hätte es sehr weit gebracht, wenn nicht ein Flugzeugunfall zwischen New York und England sein Leben beendet hätte. Die Tochter meiner Schwester lebt in England, und ihre Wohnung in London ist für uns eine Art von Zuhaus geworden.

Meine Schwester Sophie war in Manchem das gerade Gegenteil von Elisalex — völlig unmusisch, ganz ohne Interesse für die Schönen Künste, klassische Musik als ein Greuel betrachtend; sie liebte nur Wiener Lieder und Walzer. Dafür war sie eine erstklassige Reiterin; jeden Winter verbrachte sie bei den Portlands und nahm an den Reitjagden teil. Mit 16 Jahren hatte sie einen großen goldenen Pokal als Golf-Champion der Jugend in Belgien gewonnen; sie konnte faule Mädchen und Buben nicht ausstehen. Wenn man auf dem Land war, mußte in jeder Jahreszeit, bei jedem Wetter irgendein Sport betrieben werden! Sie war auch eine passionierte Bergsteigerin und liebte sogenannte Marathon-Läufe.

Treue war ihr das Natürlichste, zum österreichischen Vaterland, zum Kaiserhaus, aber auch zu ihren Freunden. Für sie hätten die Verse geschrieben sein können:

> Krumm sollst Du nicht gerade nennen,
> Und Unrecht nicht für Recht erkennen.
> Und mußt Du's auch entgelten immer,
> Von diesem Grundsatz weiche nimmer.

Sie kannte keine Menschenfurcht, auch sonst hatte sie vor nichts Angst, auch vor Krankheiten nicht. Als wir am 8. Mai 1945 Teplitz verließen, in Karren oder zu Fuß, ritt sie auf ihrem geliebten Lippizzaner. In dem Dorf, in dem wir dann landeten, plünderten uns die Russen gründlich aus; sie versuchte, ihren »Hansl« in einer Scheune zu verstecken — umsonst. Ich sehe noch, wie sie ihm lange nachblickte.

In dem kleinen Bauernhof, in dem wir und über 50 andere Flüchtlinge irgendwie untergebracht waren, alle aus denselben Töpfen essend, verbreiteten sich Krankheiten; meine Schwester bekam Diphterie, zu spät erkannt, da kein Arzt uns Untermenschen besuchen durfte. Aber ein freundlicher Tscheche brachte sie doch ins Spital nach Podersam; sie kam davon, blieb aber gelähmt, wie das damals in vielen Diphteriefällen geschah, und konnte deshalb nicht mit uns weg. Drei Jahre lebte sie bei tschechischen Verwandten, erholte sich ganz und konnte schließlich zu meiner Schwester nach Brüssel kommen, wo sie glücklich war. Elisalex starb 1955 nach langem Leiden; zu uns wollte Sophie nicht, denn sie war wenig sprachgewandt und weigerte sich, in einem Land zu leben, dessen Sprache sie nicht

240

beherrschte. So zog sie nach England, wo sie viele gute Freunde hatte. Sie war noch immer staatenlos, aber dank Sir Winston Churchill erhielt sie ganz bald die englische Staatsbürgerschaft. Von lieben Freunden bekam sie eine Rente und jede Unterstützung, von den Portlands sogar einen Volkswagen, mit dem sie auch bis zu uns nach Venedig kam. In London hielt sie mit einer Freundin zusammen eine kleine Wohnung; zu unserem Erstaunen brachte sie es auch fertig, ganz gut zu kochen. An Lungenkrebs erkrankt, wurde sie behandelt, und wir glaubten sie genesen. Im Herbst 1961 besuchte sie uns wieder, dann fuhr sie mutterseelenallein nach England zurück, nachdem sie mir wie beiläufig gesagt hatte, daß es nur mehr wenige Monate dauern könne. Sie hatte recht. Zu Weihnachten reisten wir auch nach London, wo wir sie noch im Spital sehen konnten – am 31. Dezember starb sie, bis zum letzten Moment mutig und ohne Klagen. Sie ist in einem kleinen Landfriedhof begraben, zwischen Mitgliedern der Familie Portland, ihren wohl besten Freunden, in der Gegend, wo sie so oft zu Pferd gejagt hatte.

Die beiden Masaryk

Als ich im Jahre 1909, ein Student der Rechtswissenschaft, nach Prag kam, bestand bekanntlich noch die von Kaiser Karl IV. gegründete Universität, und zwar in ihren zwei voneinander getrennten Instituten, dem deutschen und dem tschechischen. Reibereien gab es zwischen den beiden Sprachgruppen wohl, aber kaum eigentlichen Haß; auch manche Freundschaft, die sich über den Unterschied zwischen den Landessprachen hinwegsetzte. Der Name Masaryk sagte mir damals wenig. Wurde er erwähnt, so geschah es von seiten der Deutschböhmen meist in ablehnender Weise, denn der Philosophieprofessor galt als allzu national-tschechisch gesinnt. Aber auch die Tschechen mochten den strengen Puritaner und unerbittlichen Wahrheitsverfechter nicht so unbedingt. Berühmt waren die heute wohl nahezu vergessenen Geschichten um die Königinhofer Handschriften und um den Hilsner-Prozeß. Ich will diese Geschichte kurz nacherzählen, so wie ich sie damals hörte.

Im Jahre 1817 wurde in einer alten Kirche in Königinhof in Böhmen eine Handschrift aus dem 13. Jahrhundert gefunden; 1818 eine zweite, diesmal gar aus dem 9. oder 10. Jahrhundert, eine Schrift, aus welcher zu entnehmen war, daß es schon in so früher Zeit eine fertige tschechische Sprache, eine eigene Literatur und hohe Kultur gegeben hatte. Diese Dokumente wurden natürlich publiziert und gaben dem neuerwachenden tschechischen Nationalgefühl starken Auftrieb, sie wurden geradezu zu einem Symbol alter tschechischer Kultur und zu einem Beweis für die historische Überlegenheit der Tschechen über die Deutschen. Viel später dann, im Jahre 1879, wurden die berühmten Dokumente als Fälschungen entlarvt, und für diese Entlarvung setzte auch der tschechische Patriot Masaryk sich aktiv ein. Viele seiner Landsleute haben ihm das sehr verübelt. Die andere Geschichte:

Unter einfachen Leuten in Böhmen und Mähren bestand seit jeher ein primitiver Antisemitismus, teils aus religiösen, teils auch aus nationalen Gründen, zumal die meisten Juden in den Ländern der Wenzelkrone sich des Deutschen als ihrer Muttersprache bedienten. Vielfach glaubte man noch an »Ritualmorde«, also daran, daß die orthodoxen Juden zum Backen ihrer Oster-Mazzes Christenblut benötigten und sich zu verschaffen wußten. Nun war in der Nähe eines Dorfes in Mähren in einem Gebüsch die ausgeblutete Leiche eines Mädchens gefunden worden. Ein Mann namens Hilsner, jüdischen Glaubens, wurde prompt des Mordes angeklagt, es fehlte nicht an Zeugen, die behaupteten, ihn kurz vor der Entdeckung der Leiche aus eben diesen Büschen kommend beobachtet zu haben. In erster Instanz wurde Hilsner schuldig befunden und zum Tode verurteilt. Sein Verteidiger legte Rekurs ein, und Prof. Masaryk nahm sich des Falles so wirksam wie leidenschaftlich an; auch im Wiener Parlament schlug der Fall hohe Wellen. In zweiter Instanz konnte bewiesen werden, daß die Hauptzeugen gelogen hatten; Hilsner wurde freigesprochen. – Beide Skandale und ihr Ausgang erhöhten das Ansehen Masaryks, machten seinen Namen bekannt; ich will aber nicht sagen, daß sie ihn in Böhmen eigentlich beliebter gemacht hätten.

Noch eine dritte Geschichte möchte ich erwähnen. Im Jahre 1909, also in eben dem Jahr, in dem ich die Universität Prag bezog, wurden dem k.u.k. Gesandten in Belgrad, Graf Forgach, Dokumente in die Hände gespielt, welche eine Verschwörung radikaler Serben gegen Österreich-Ungarn beweisen sollten; kroatische und serbische Politiker bekannten Namens schienen in diese Verschwörung verwickelt. Der deutschnationale Historiker, Heinrich Friedjung, veröffentlichte darüber einen aufsehenerregenden Artikel in einer Wiener Zeitung; die betroffenen Politiker strengten einen Prozeß gegen den Autor an. Während des Prozesses stellte sich heraus, daß in der Tat gewisse Dokumente gefälscht worden waren, natürlich nicht durch unsere Gesandtschaft in Belgrad, sondern durch die Per-

243

sönlichkeiten, welche dem Gesandten jene Dokumente zuge-
spielt hatten. Graf Forgach mußte in eine andere Hauptstadt
geschickt werden. Auch diesmal setzte Professor Masaryk sich
in Wort und Schrift für die Wahrheit ein, das hieß hier, für die
serbische Partei, wobei er mit so erbitterten Feinden Österreich-Ungarns wie dem englischen Historiker Seton Watson
und dem Berichterstatter der »Times« in Wien, Wickham
Steed, zusammenarbeitete. In der einzelnen Sache der Frage
der Fälschung hatte er ohne Zweifel recht; der Prozeß gewann
aber eine politische Bedeutung, die über die Fälschung weit
hinausging. Und schließlich gab es ja nach dem Ersten Weltkrieg Veröffentlichungen genug, welche die Wühlarbeit Bel-
grads gegen Österreich-Ungarn bewiesen, bekannte serbische
Politiker brüsteten sich geradezu damit. Waren also auch einzelne Dokumente gefälscht, die Verschwörung gab es in Tat
und Wahrheit. So waren wir nicht sehr überrascht, als Masaryk
im Herbst 1914 Österreich heimlich verließ und in das Lager
unserer Feinde überging. Nun konnte er für uns als nichts anderes gelten als ein Verräter, besonders bei uns jungen Leuten,
die für die Erhaltung unseres geliebten Vaterlandes kämpften.

Das Ende – ich erzähle das anderswo – kam am 28. Oktober
1918; in Prag wurde die tschechoslowakische Republik ausgerufen. Nicht lange danach zog Masaryk an der Spitze tschechischer Legionäre in Prag ein und wurde der erste Präsident der
neuen Republik.

Die Gründung wurde fast überall im Westen begrüßt und ge-
priesen: Ein Triumph der Gerechtigkeit, des Selbstbestim-
mungsrechtes der Völker. Wir Alt-Österreicher konnten uns
über den neuen Staat so sehr nicht freuen; von der Geographie
und Geschichte jener Gegend wußten wir etwas mehr als die
Friedensmacher von St. Germain. Die Deutschböhmen waren
nun zu einer »Minderheit« geworden, und zwar zu einer zunächst völlig wehrlosen; was die Tschechen spätestens seit dem
19. Jahrhundert nun wirklich nicht gewesen waren! Wir lernten
das »Wehe den Besiegten!« kennen und wie die Historie oft
nichts als Propaganda der Sieger ist.

Nur ganz wenige meiner Freunde waren bereit, sich an die
neuen Regenten heranzudrängen. Hatten wir aber auch unser

Vaterland verloren, so war uns doch die Heimat erhalten geblieben, und für die zu arbeiten empfanden wir als eine natürliche Pflicht. Anfangs waren die Deutschböhmen rechtlos, Wahlen hatten noch nicht stattgefunden, es gab nur eine provisorische Regierung, in der die »Minderheiten« gar nicht vertreten waren, es wurden Gesetze erlassen, die sich nicht selten zum Nachteil eben dieser Minderheiten auswirkten. Mir war von vornherein klar, daß der neue Staat nur auf föderativer Basis eine dauerhafte Zukunft haben könnte. Wer jedoch am Anfang an der Macht war, das waren überwiegend erbitterte Nationalisten.

Im böhmischen Adel tschechischer Zunge oder tschechischer Gesinnung gab es einige Persönlichkeiten, die es für gut hielten, mit den neuen Machthabern wenigstens gesellschaftliche Verbindung aufzunehmen und so ein Minimum von Einfluß zu gewinnen. Zu ihnen gehörte ein Onkel meiner Frau, Fürst Friedrich Lobkowicz. Während der allerletzten Sitzung des Herrenhauses in Wien, unmittelbar vor dem Umsturz, hatte er noch eine entschieden kaisertreue Rede gehalten; dies letzte Wort schloß ihn nun von einer aktiven Teilnahme an der neuen Politik aus. Aber als Tscheche fühlte er sich und war also bereit, zu vermitteln und zu helfen, wie er eben konnte. Mit dem Sohn des neuen Präsidenten, Jan Masaryk, stand er schon von früher her in einer freundschaftlichen Beziehung. So lud er, März 1919, meine Frau und mich zu einem Abendessen, an dem auch Jan Masaryk teilnahm. Das Gespräch wurde auf englisch, französisch und deutsch geführt, zum Schluß nur noch auf deutsch, eine Sprache, die Jan Masaryk völlig beherrschte, er sprach sie sogar mit leichtem Wiener Akzent. Nach dem Essen setzte er sich ans Klavier und spielte mit dem angenehmsten Können Wiener Lieder und böhmische Weisen. Danach entwickelte sich ein Gespräch zwischen ihm und mir, wobei ich zunächst die heiklen Fragen Nordböhmens gar nicht berührte. Ich wartete darauf, daß er es tun würde, und er tat es: Wie sei wohl jetzt die Stimmung unter den Deutschböhmen? Nun konnte ich ohne weiteres Zögern mit meinen Ansichten herausrücken: Eine glückliche Zukunft gebe es für die neue Republik nur dann, wenn auch die »Minderheiten« zufrieden seien. Warum, wollte er wissen, seien denn die Deutschböhmen unzufrieden? Es war mir nur allzu leicht, diese Frage zu beantworten.Ich nannte ihm zahlreiche Beispiele für Ungerechtigkeiten und Fehler, die von seinen Landsleuten in Nordböhmen begangen worden waren und weiter begangen wurden. Jan Masaryk schien mir beeindruckt und beunruhigt. Zum Schluß meinte er plötzlich, daß es gut wäre, wenn ich dies alles dem Ministerpräsidenten – ich glaube, es war Svehla – vortragen könnte, er werde für einen Empfang sorgen. Mir schien das sinnlos, denn ich wußte einigermaßen, was hinter den Kulissen in Prag gespielt wurde und wie meine Erzählungen, wenn überhaupt notiert, auf Nimmerwiedersehen in einer Schublade verschwinden würden. Nun fragte mich Jan Masaryk, ob ich nicht mit seinem Vater selber sprechen wollte. Für dies Angebot dankte ich hocherfreut, denn hier sah auch ich den besseren Weg.

Noch zweifelte ich, ob es zu der Besprechung mit dem Präsidenten überhaupt kommen würde; darum sprach ich von dem Projekt mit niemandem, außer mit dem Professor Mayr-Harting, der später in mehreren Kabinetten Minister war, einem Manne, auf dessen Diskretion ich mich verlassen konnte. Er gab mir allerlei gute Ratschläge, blieb aber seinerseits skeptisch: Einen »Gewesenen« habe der Präsident noch nie allein empfangen. Jedoch erhielt ich bald eine Mitteilung des Präsidialamtes, der Präsident wolle mich am Soundsovielten sehen. Etwas nervös war ich an diesem Tag schon und nicht sicher, ob ich die rechten Worte finden würde; ich wollte ja sachlich berichten und nicht anklagen. Gleichzeitig war ich neugierig, denn einstweilen konnte ich mir von Masaryks Persönlichkeit kein klares Bild machen. Im Frühjahr 1914 war ich das letzte Mal in der Burg am Hradschin gewesen, um als k.u.k. Kämmerer Dienst bei der Äbtissin des Prager Damenstifts, Erzherzogin Maria Annunziata, zu tun. Es stimmte mich doch etwas traurig, diese Räume unter so veränderten Umständen wiederzusehen. Zu meinem Erstaunen war aber alles noch wie früher – in dem Salon, in dem ich wartete, standen noch dieselben Maria-Theresianischen Möbel, und über dem Kanapee, auf dem Masaryk später saß, hing noch immer ein Riesengemälde, Kaiser Leopold II. mit seiner Familie darstellend.

Der Präsident kam allein herein und während der Unterredung, die wohl zwei Stunden dauerte, war kein Dritter anwesend. Er war ziemlich genauso, wie man ihn mir geschildert hatte: ein ernster, sehr kühler Professor, der seinem Gesprächspartner den Eindruck machte, als sei er in einer Prüfung; Gefühle schienen dabei in keiner Weise eine Rolle spielen zu dürfen. Natürlich sahen wir die Vergangenheit, den Komplex »Österreichisch-Ungarische Monarchie« völlig anders; mit Befriedigung hatte er an ihrer Zerstörung aktiv und erfolgreich teilgenommen, ich sie mit nie versiegendem bitterem Kummer erlebt. Trotzdem verstanden wir uns in einem: eine auf Gerechtigkeit basierende Verständigung zwischen den in der neuen Republik lebenden Völkern war von entscheidender Wichtigkeit. Er ließ mich auch ganz ruhig reden, hörte aufmerksam zu, wollte vor allem wissen, worüber sich denn die Deutschböhmen beschwerten, und genau da konnte ich ihm präzisen Bescheid geben. Manchmal unterbrach er mich und hielt mir einen kleinen Vortrag, wie der Herr Professor vom Katheder. Mein Gefühl war, daß er durchaus ernst nahm, was ich ihm zu sagen hatte, auch sprach er selber in diesem Sinn. Er fügte hinzu, daß die Deutschböhmen selber mithelfen müßten (was nun wieder ich nicht bestreiten konnte); übrigens seien die Entscheidungen, um die es ging, Sache des Parlaments, nicht seine eigene ... Viel geholfen hat dies Gespräch natürlich nicht, wenn überhaupt etwas. Auch war ich nicht recht froh, als ich den Hradschin verließ. Der Präsident war mir so alt vorgekommen und irgendwie außerhalb des wirklichen Lebens stehend, nur in Theorien denkend. Vermutlich auch war er leicht zu täuschen, von denen, die wußten, wie man so etwas anfing. Ich habe ihn nie wieder gesehen, außer gelegentlich von weitem.

Mit Jan Masaryk bin ich bis 1938 in freundschaftlicher Verbindung geblieben. Oft gab er mir in diesen Jahren gute Ratschläge, warnte mich auch mitunter, und ich hatte das Gefühl, mich auf ihn verlassen zu dürfen. Doch blieb zwischen uns immer eine Wand, zumal eine ganze Reihe von Themen nicht berührt werden konnten, zum Beispiel die Rolle seines Vaters während des Krieges. Dabei bewies Jan Masaryk mir gegenüber erlesenen Takt; nie übte er in meiner Gegenwart Kritik an der alten Monarchie; was er wirklich dachte oder fühlte, verbarg er hinter seinen Witzen, seinen oft paradoxalen Bemerkungen. Es war, als ob er eine Maske trüge. Im Grund war er wohl ein trauriger, ja ein gequälter Mensch; weil er, wie ich manchmal vermutete, wohl ein Gewissen hatte, aber keinen Glauben. Übrigens neigen ja viele Slawen zur Schwermut. Man muß nur den Gesang böhmischer Bauernmädchen beim Einbringen der Ernte gehört haben, um das zu wissen. Und wenn in anderen europäischen Ländern ein junger Mann singt und jubelt, wenn er glücklich ist – ein böhmischer Jüngling wird weinen! . . . Einmal, als Jan Masaryk gerade auf Urlaub in Prag war, besuchte ich ihn in der Burg; er stand am Fenster und blickte auf die traumhaft schöne Stadt herab, über der ein leichter Herbstnebel lag. Ich stand neben ihm. »Schauen Sie«, sagte er, »ich liebe die Goldene Stadt mit den hundert Türmen über alles.« Ich sah, daß seine Augen feucht waren.

Immer wieder überraschte er mich mit seinen Bemerkungen. Einer der größten Grundbesitzer in Böhmen war Fürst Max Egon zu Fürstenberg, der Herr auf Donaueschingen. Er hatte seine Jugend in Prag und in Schloß Lana verbracht, die badischen Besitzungen erbte er erst später im Leben von einem Vetter. Als Mitglied des Herrenhauses in Wien gehörte er zur Verfassungstreuen Partei, die Tschechen betrachteten ihn als Deutschböhmen. Aber bei den rein tschechischen Bewohnern seiner Besitzungen war er überaus beliebt. Diese Besitzungen wurden durch die Bodenreformgesetze gefährdet. Klugerweise trat Fürstenberg das Schloß Lana und mehrere tausend Hektar freiwillig dem Staat ab, ein Akt, wodurch er einen beträchtlichen Teil retten konnte. Diesen übergab er seinem zweiten Sohn Max, der mit seiner Familie im Schlößchen Grund, nicht weit von Lana, lebte. Dem alten Fürsten bedeutete der Verlust von Lana einen schweren Kummer, und eigentlich wollte er Böhmen gar nicht wiedersehen. Zur Taufe seines ersten Enkels, im Juni 1923, kam er aber doch. Sein Besuch blieb der Bevölkerung ringsumher nicht verborgen; nach ein paar Tagen erschienen plötzlich immer mehr Menschen, frühere Angestellte, Waldarbeiter, auch Bauern, und verlangten, ihren Fürsten zu sehen. Der war ein begnadeter Redner. Er trat vor das Haus und hielt auf tschechisch eine Ansprache, in die er seine ganze gewaltige Redekunst legte, um seiner Freude über das Wiedersehen Ausdruck zu geben. Das Ganze endete mit einer ohrenbetäubenden Ovation für den Gast und ehemaligen Besitzer. Kurze Zeit danach traf ich Jan Masaryk. Er sprach mich sofort auf das Ereignis an und sagte: »Auch mein Vater hat von dieser Huldigung gehört. Er wurde ganz traurig und meinte, daß ihm in Lana noch nie eine solche Ovation bereitet worden sei!«

Einmal sah ich Jan Masaryk, als ich, auf einer Reise nach Schottland, einen Tag in London Station machte. Viel beschäftigt, konnte er mich nur gegen Abend in der Gesandtschaft empfangen, wo er, vor irgendeinem Dinner, gerade beim Umkleiden war. Wir plauderten darum in seinem Schlafzimmer, während er, sich rasierend, ein- und ausging. Auf einem Tischchen neben dem Fauteuil, auf dem ich Platz genommen hatte, sah ich eine silberne Zigarettendose liegen, in buntem Email zwei gekreuzte österreichische und ungarische Fahnen. Ganz offenbar, wie ich mit Staunen feststellte, eine Erinnerung an ein Kriegsweihnachten im Feld. Es bestand damals bei Stäben die Gewohnheit, solche Dosen mit den Unterschriften in facsimile der Mitglieder des Stabes zu schenken, und unter den Unterschriften sah ich auch jene des k.u.k. Trainkadetten Masaryk. Ich hielt die Dose noch in der Hand, als er hereinkam und sagte: »Sie wundern sich, so etwas im Zimmer des Gesandten der CSR zu sehen? Nun, diese Dose ist für mich eine schöne Erinnerung. Als ich sie erhielt, hatte mein Vater schon die Grenze nach dem Westen überschritten und war somit in den Augen der anderen Offiziere ein Hochverräter. Aber mir gaben sie es nie zu fühlen und behandelten mich weiter mit voller Kameradschaftlichkeit.«

Das Ende dieses reichbegabten Menschen war furchtbar; ob er selbst den Tod gesucht hat oder durch einen dritten Prager Fenstersturz starb, werden wir wohl niemals wissen. Auch nicht: Ob er zuletzt noch erkannte, daß es seinen Landsleuten im alten Österreich besser ging als nun, in der Abhängigkeit von Moskau.

Die Völkerbundliga. Konrad Henlein

Im Jahre 1935 wurde mir die Leitung der »Sudetendeutschen Liga für Völkerbund und Völkerverständigung« übertragen. Die Liga war 1922 gegründet worden, anfangs leitete sie der Senator Wilhelm von Medinger. Er war ein kluger Politiker, ein guter Redner und vorzüglicher Organisator. Ich selber trat der Liga bei, ohne zunächst mich viel darin zu betätigen, da ich eine unerfreuliche Erfahrung gemacht hatte, und zwar gelegentlich einer Tagung der Ligen verschiedener Staaten in München. Dort war, kaum vermeidlicher Weise, auch von den in die Friedensverträge eingebauten Bestimmungen zum Schutz nationaler Minderheiten gesprochen worden. Ich hörte zu. Nach Prag zurückgekehrt, erhielt ich eine Warnung von dem Gesandten der Vereinigten Staaten, Mr. Lewis Einstein: Er rate mir, in Zukunft nicht mehr an solchen Tagungen teilzunehmen, andernfalls hätte ich bei der noch unerledigten Frage der Bodenreform eine ungleich strengere Behandlung zu befürchten . . . Medinger starb 1934, was einen schweren Verlust für unsere Liga bedeutete. Sein Nachfolger wurde Dr. Friedrich Nelböck, ein kluger und sehr fleißiger Obmann, der es ausgezeichnet verstand, mit der von Dr. Jina geleiteten tschechischen Schwesterorganisation zusammenzuarbeiten. Leider nun mußte Dr. Nelböck seine Stellung bald wieder räumen, da er zwar in Brünn beheimatet, aber österreichischer Staatsbürger war. Nun wurde jemand gesucht, der keiner politischen Partei angehörte, überhaupt in keiner Weise politisch tätig war. Im Vorstand der Liga befanden sich Vertreter aller sudetendeutschen Parteien. Ich weiß nicht, wer mich als Nachfolger vorschlug, jedenfalls nahm ich die Wahl an, die Liga arbeitete ja auch besten

Willens für eine Verständigung zwischen den Völkern oder Sprachgemeinschaften innerhalb der CSR, wie dies sich für eine Völkerbundsliga gehörte. In Sachfragen wurden wir von hervorragenden Gelehrten der Prager Deutschen Universität beraten, den Professoren Rauchberg, Spina, Kafka und Mayr-Hartung.

Als Obmann hatte ich nun auch an internationalen Zusammenkünften teilzunehmen; meist in Genf. Man lächelt heute über den Völkerbund von damals – wahrscheinlich weil es mit dieser Institution ein so jämmerliches Ende genommen hat – aber doch nicht ganz mit Recht. Die Gedanken, die Ideen, die Ziele, die waren ja alle gut, und es fehlte auch vielfach nicht an gutem Willen. Eines dieser Ziele war, den Haß zwischen den Völkern abzubauen; zunächst wurde daran gedacht, aus Schul- und Kinderbüchern das Ärgste auszumerzen, wodurch schon von früh an der Haß gezüchtet wurde. Ein Herr, der in Genf dieses Gebiet bearbeitete, zeigte mir sein Dossier – eine Zusammenstellung wahrhaft teuflischen Inhalts, ganz gleichgültig, ob das Material aus demokratisch regierten oder von Diktaturen beherrschten Ländern stammte. Die Gegner in früheren Kriegen wurden als ewige Feinde gebrandmarkt, mit den verächtlichsten Namen belegt und niedriger, eigentlich verbrecherischer Gewohnheiten bezichtigt, so daß schon kleine Kinder glauben mußten, ein Krieg gegen solche Menschen sei eine gerechte Sache. Immer wieder mußte ich die Erfahrung machen: Der Nationalismus war die Gottesgeißel unseres Jahrhunderts, ihm waren auch solche schändlichen Ausgeburten der Pädagogik zuzuschreiben. Selbst geistig hochstehende Menschen konnten sich der Krankheit des Jahrhunderts oft nicht entziehen. Vor dem Jahr 1914 kannte ich einen jungen Engländer, der in vielen Beziehungen hervorragte, als Sportsmann, als Dichter, auch als Soldat. Aber er neigte zur Gewalttätigkeit, war, außer in der Liebe, überhaupt nicht zart besaitet. Er fiel an der Westfront. Nach seinem Tod veröffentlichte seine Mutter ein Buch über ihn; darin erschien ein Brief meines Bekannten aus dem Feld, in dem er betonte, daß es ihm Spaß machte, deutsche Soldaten totzuschießen. Im Gespräch mit einer belgischen Freundin bedauerte ich diese Veröffentlichung, worauf sie meinte: »Die Österreicher sind zu nichts fähig – sie können nicht einmal hassen!« Meine Antwort war: Wenn das richtig wäre, so könnte es mich nur ehren; sei nicht der heilige Franziskus ein besserer Lehrer als der Satan? – Ich weiß nicht mehr, was sie darauf geantwortet hat.

Aber zurück zu unserer Völkerbundliga. Durch sie lernte ich auch den rasch aufsteigenden sudetendeutschen Politiker Konrad Henlein kennen, gelegentlich eines Mittagessens, bei dem ich neben ihm saß. Er machte mir den Eindruck eines ruhigen, besonnenen Mannes, seine Stimme klang angenehm. Ein paar Jahre später, als er schon Obmann der Sudetendeutschen Partei war, hielt er Reden in den meisten Städten Deutschböhmens, so auch, eines Sonntagabends, in Teplitz. Ich war dazu eingeladen worden, ließ mich aber entschuldigen; als Obmann der Völkerbundliga meinte ich an einer Parteikundgebung dieser Art nicht teilnehmen zu dürfen. Nun hatten wir ein paar Gäste zu Hause, darunter einen ausländischen Diplomaten und einen Verwandten, der sich entschieden als Tscheche fühlte. Diese beiden hatten starkes Interesse an Henleins Rede, konnten sich aber natürlich in der Versammlung nicht blicken lassen. Ich fand einen Ausweg: Der weite Platz, auf dem die Versammlung stattfinden sollte, war von einer Seite durch eine dichte Hecke begrenzt; hinter diese konnte man von dem nachts versperrten Schloßgarten aus gelangen und, im Finstern sitzend, ungesehen zuhören. Wir taten das. Und wir waren alle von Henleins Rede beeindruckt. Natürlich vertrat er energisch die Sache der Sudetendeutschen; aber ohne Haß, ohne Demagogie.

Kurz vor Ostern 1938 rief mich Jan Masaryk an, damals Gesandter der CSR in London, und fragte, ob wir ein Mitglied des House of Commons, Victor Cazalet, über die Feiertage zu uns einladen könnten, Cazalet sei bei ihm zu Gast, er selber aber genötigt, für einige Tage zu verreisen. Gerne nahm ich an, wir kannten Mr. Cazalet gut. Masaryk brachte ihn nach Teplitz und blieb zu Mittag; dabei vertraute er mir an, daß Cazalet den dringenden Wunsch habe, Konrad Henlein kennenzulernen. Das sei ja nun das Letzte, was ein Masaryk organisieren könnte; ob ich in der Lage sei, die heikle Sache zu übernehmen? Ich sagte zu und versuchte mein Bestes, aber es war nicht leicht, unser Ziel zu erreichen, weil Henlein durch Versammlungen äußerst in Anspruch genommen war. Schließlich gelang es mir, eine Zusammenkunft am Ostermontag in Karlsbad zu verabreden. Dorthin fuhren wir im Auto, von meinem ältesten Sohn begleitet, der nach der Unterredung Cazalet nach Prag zurückbringen sollte. Wir trafen Henlein allein in einem Hotelzimmer. Ich glaubte, daß er erfreut und beeindruckt sein werde, mit einem britischen Parlamentarier reden zu können, er schien es aber nicht im mindesten zu sein – ich wußte damals nicht, daß er schon zweimal in London gewesen war und dort mit einflußreichen Persönlichkeiten gesprochen hatte. Eine unangenehme Überraschung war, daß Henlein kein Englisch, Cazalet kein Deutsch verstand; so mußte ich als Dolmetscher einspringen und Fragen und Antworten laufend übersetzen. Cazalet suchte durch sehr direkte Fragen herauszufinden, welches nun eigentlich die Ziele Henleins oder seiner Partei seien, er fragte geradezu, ob Henlein den Anschluß Deutschböhmens an das Reich erstrebe. Henlein antwortete in ruhiger und bedächtiger Weise ungefähr so: »Wir lassen uns nicht nur von unseren Gefühlen leiten, wir halten uns an das politisch Mögliche.« Offensichtlich hatte Cazalet von Henleins Persönlichkeit und Bestrebungen den gleichen Eindruck, den wir ehedem in Teplitz erfahren hatten. Mein Sohn Hieronymus brachte dann den englischen Politiker nach Prag zurück, direkt auf den Hradschin zu Jan Masaryk. Dort wurde ein Protokoll der Unterredung aufgenommen. Hieronymus durfte dabei mitarbeiten, er war ja während des Gesprächs in Karlsbad zugegen gewesen; die Sache interessierte ihn ungemein, er fühlte sich, wie er mir nachher erzählte, zum ersten Mal wie ein Politiker. Mein Sohn sprach fließend tschechisch; in dieser Sprache ließ ihn Masaryk mehrfach die Antworten Henleins wiederholen, die dann in das Memorandum eingetragen wurden.

Nun sah ich Henlein eine Zeitlang nicht. Während des Krieges erschien er einmal, jetzt als Gauleiter, in Teplitz und hielt einen Vortrag vor ein paar hundert Personen. Zusammen mit einigen anderen Grundbesitzern der Gegend saß ich in einer der ersten Reihen. Nach dem Vortrag bewegte Henlein sich unter den Gästen, von denen er einige begrüßte und ansprach. Die Gruppe, zu der ich gehörte, mied er, obwohl er uns mittlerweile natürlich recht gut kannte; er ging wortlos an uns vorüber. Im Moment war mir das noch nicht recht begreiflich. Ich verstand die Situation besser, als nicht lange danach ein tschechischer Verwandter von mir in eine bedrängte, ja gefährliche Situation geriet. Mein Gedanke war, Henlein um Intervention zu bitten. Ich telephonierte also nach Reichenberg und fragte, wann der Gauleiter mich empfangen könnte. Die Antwort: Er habe keine Zeit . . . Nun verstand ich. Henlein, trotz scheinbarer Macht, war umstellt; er durfte mit »Aristokraten« und anderen solchen internationaler Gesinnungen verdächtigen Menschen keinen Kontakt haben! Glücklicherweise gelang es dann Verwandten aus dem Reich, unseren tschechischen Vetter aus seiner fatalen Lage zu befreien.

Wieder verlief eine geraume Zeit, die Russen kamen immer näher, und damit das Ende. Ein Strom von Flüchtlingen wälzte sich nach dem Westen. Ende April oder Anfang Mai 1945 wurde ich eines Tages von einem Herrn angerufen, dessen Stimme ich nicht kannte und der auch keinen Namen angab, sondern mich nur bat, in das Teplitzer Hotel Dietrich zu kommen, weil »der Konrad« mit mir reden wolle. Ich verstand ihn anfangs gar nicht recht, es klang wirklich unwahrscheinlich, daß es sich um Konrad Henlein handle. Jedoch ging ich in das Hotel, wo ich von dem Direktor und einem fremden Herrn in ein Zimmer geführt wurde, in dem tatsächlich Henlein mich erwartete. Er fing gleich an, von der Sache zu reden: Es sei ihm bekannt, daß ich Beziehungen zu einflußreichen Personen in England und den Vereinigten Staaten habe; darum sollte ich mich ehestens zu General Eisenhower begeben und ihn in Henleins Namen auffordern, wenigstens diesen Teil von Deutschböhmen zu besetzen und so das Land vor den Russen zu retten. Soviel Ahnungslosigkeit verblüffte mich, kaum konnte ich glauben, richtig zu hören. Es war doch schon alles entschieden, zu Ende. Schonend antwortete ich ihm, daß ich meine Familie in einem so tragischen Moment nicht verlassen könne, daß außerdem nicht die geringste Möglichkeit für mich bestehe, bis zu General Eisenhower vorzudringen, zudem hätte ich keinerlei

Vollmacht, mit dem General zu verhandeln! Darauf meinte er, die Vollmacht würde ich schnellstens erhalten. Er ging im Zimmer auf und ab, offensichtlich in höchster seelischer Erregung. Plötzlich blieb er stehen, sah mich an, und nun brach ein Strom bitterster Anschuldigungen aus seinem Mund. Ich kann mich an seine Worte im einzelnen nicht mehr erinnern, der Sinn aber war dieser: »Ich habe das alles nie gewollt, sie haben mich getäuscht, sie haben mich erst belogen, dann haben sie mich entmachtet, sie haben meinen Namen mißbraucht, zu sagen hatte ich längst nichts mehr . . .« und so noch anderes in diesem oder verwandtem Sinn. Die Szene erschütterte mich zutiefst. Es war mir deutlich, unbedingt deutlich, daß der Mann die Wahrheit sprach, so wie er sie eben erlebt hatte. Daß er ein moriturus war, konnte ich im Moment nicht wissen, obgleich fühlen — wenige Tage später nahm er sich dann das Leben.

Kurz nach dieser Unterredung erschien ein mir unbekannter Herr, der mir tatsächlich eine von Admiral Dönitz unterfertigte Vollmacht brachte, ein Papier, das mich zu Verhandlungen mit den Amerikanern berechtigen sollte. Diese Vollmacht verbrannte ich alsbald, ebenso die Aufzeichnungen, die ich über mein letztes Gespräch mit Henlein gemacht hatte.

Noch heute glaube ich, daß diesem Manne Unrecht getan wurde. Er war nicht das, was man sich unter einem »Nationalsozialisten« vorstellt. Ein leidenschaftlicher Patriot wohl, aber ursprünglich maßvoll in seinen Ansichten und Zielen. Er hatte sich selber gemacht, war nicht von Leuten aus dem Reich gemacht worden. Er geriet dann in einen Strudel, den er in keiner Weise beherrschen konnte; scheinbar mächtig, in Wirklichkeit nahezu ohnmächtig, mußte er geschehen lassen, was er mißbilligte oder gar nicht übersehen konnte, bis er plötzlich vor dem bitteren Ende stand, um zuletzt noch ausgerechnet vor mir sein Schicksal mit erschütternden Worten zu zeichnen. Vielleicht hoffte er, ich würde sie der Nachwelt weitergeben.

Der Präsident Beneš

Von der Not der dreißiger Jahre und von ein wenig Hilfe

Auch den damaligen Außenminister Eduard Beneš lernte ich bei dem Fürsten Friedrich Lobkowicz kennen. Der Onkel meiner Frau wurde im Jahre 1920 vom Apostolischen Nuntius in Prag gebeten, eine zwanglose Zusammenkunft mit Beneš zu ermöglichen; es standen nämlich die Beziehungen zwischen Prag und dem Vatikan nicht zum besten. Lobkowicz lud also den Nuntius und den Minister zu einem Abendessen ein, bei dem keine andern Diplomaten gegenwärtig waren, nur einige Freunde und Verwandte. Ob bei den Gesprächen etwas Nützliches herauskam, weiß ich nicht. Möglicherweise war der Minister schon darum verärgert, weil die französisch geschriebene Tischordnung einige Titel der Gäste aufwies; kurz nachher folgte ein strenges Verbot, Adelstitel zu führen.

Ich war recht neugierig, den Mann zu sehen, der so kräftig zu der Zerstörung meines Vaterlandes beigetragen hatte. Ich kannte sein widerliches Machwerk »Détruisez l'Autriche-Hongrie« und die von gefälschten Zahlen strotzenden Memoranden, die Beneš gelegentlich der Friedensverhandlungen in Paris vorgelegt hatte. Immerhin, seit Herbst 1918 war ich, ohne darüber befragt worden zu sein, Bürger der tschechoslowakischen Republik und Beneš also »mein« Außenminister. Den Eindruck eines bedeutenden Staatsmannes machte er mir auf den ersten Blick allerdings keineswegs: klein, unansehnlich, mit ganz abscheulichen Händen, aber mit schlauen Äuglein, denen nichts zu entgehen schien.

Die Begegnung fand während der Tage statt, in denen Polen durch die Gegenoffensive der Russen in höchste Gefahr geraten war. Wir wußten, daß die Prager Regierung die Durchfuhr von Munition aus Frankreich nach Polen nicht gestattet hatte. Nach dem Essen saß ich für eine kurze Weile neben Beneš und machte eine bedauernde Bemerkung über die gefährliche Lage des polnischen Heeres. Indem er mir antwortete, konnte er seine Freude darüber nicht verbergen, was ihn mir noch weniger sympathisch machte. Wie konnte ein so beschaffener Mensch es so weit bringen? Jan Masaryk erzählte mir einmal eine Begebenheit, die, bescheiden wie sie ist, doch zur Erklärung hilfreich sein mag. In Eisenberg, der Besitzung von Max Lobkowicz, sahen Jan und ich einmal tennisspielenden Gästen zu. Mir gefiel besonders das schöne und echt sportliche Spiel des britischen Gesandten Sir George Clerk. Da meinte Jan lachend: »Da hätten Sie neulich ein Spiel zwischen Clerk und Beneš sehen sollen: Clerk mit seinem schönen Schlag und langen Bällen, Beneš wie ein Wiesel hin und her sausend, die Bälle schneidend! Die Partie hat er aber gewonnen . . .«

Den Außenminister, später auch den Präsidenten, traf ich einige Male in den Häusern von Diplomaten, aber ins Gespräch kam ich nie mehr mit ihm.

Die bedeutendsten Industriegebiete Österreich-Ungarns lagen, der Kohlenvorkommen wegen, in Nordböhmen und Nordmähren. Die Produkte dieser Industrien fanden ihren Absatz vor allem bei den 52 Millionen Einwohnern Österreich-Ungarns; viel ging auch in die Balkanländer, in die Türkei und nach Westeuropa, zumal nach England, Fertigwaren wie auch Halbfabrikate. Nun gehörten beide großen Industriegebiete zur ČSR, einem bloßen Fragment der zerstörten Donaumonarchie, einem Staat, der folglich überindustrialisiert und unbedingt auf den Export angewiesen war. Die Gründer des Kunststaates mögen darin einen Vorteil gesehen haben. Leider belehrte dann die Weltwirtschaftskrise, die im Herbst 1929 begann, sie eines besseren oder schlechteren. Einen zweiten schweren Schlag bedeutete der Übergang Englands vom »Free Trade« zu einer Schutzzollpolitik. Alle sogenannten Nachfolgestaaten, Polen, Ungarn, Jugoslawien, Rumänien, von deren Territorien früher große Teile zu Österreich-Ungarn gehört hatten, fühlten den verzweifelten Ehrgeiz, »autark« zu werden; so gingen viele Märkte verloren. Die Zahl der Arbeitslosen nahm erschreckend zu, und die Arbeitslosenunterstützung war minimal. Ein entsetzliches Elend herrschte in den von Deutschböhmen bewohnten Gebieten. Die Gefühle dort wurden um so bitterer, als die Menschen der Ansicht waren, daß gerade für sie in Prag äußerst wenig getan werde. In den tschechischen Teilen des Landes war die Not unvergleichlich geringer. Die Regierung in Prag war vor allem bemüht, möglichst viel für die im tschechischen Gebiet liegenden Industrien zu tun. Waren, so fragte ich mich damals mit Staunen und mit Besorgnis, die Herren in Prag mit Blindheit geschlagen? Wußten sie nicht, daß Arbeitslosigkeit, Elend und Hunger am schlimmsten gerade in den von Deutschböhmen bewohnten Gebieten längs der Grenze zu finden waren, während auf der anderen Seite dieser Grenze Menschen derselben Sprache lebten, die neuerdings, nämlich im »Dritten Reich«, wieder Arbeit gefunden und durchaus genügend zu essen hatten? Bedachten sie nicht, daß die Hungernden, die recht wohl wußten, um wieviel besser es jenseits der Grenze zuging, auf Gedanken revolutionärer Art kommen könnten?

Als Obmann der Bezirksjugendfürsorge in Teplitz war ich sehr genau im Bild über die traurige Wirklichkeit und die von ihr erzeugten Stimmungen. Ich mußte auch beobachten, zumal bei meiner Arbeit für die Völkerbundliga, wie die Gegensätze zwischen den Landesbewohnern beider Sprachen immer bitterer wurden. Die Schulkinder in der Teplitzer Gegend waren so unterernährt, daß sie dem Unterricht nicht mehr folgen konnten. In Teplitz wurde eine Hilfsaktion in die Wege geleitet mit dem Ergebnis, daß die Kinder auf dem Weg zur Schule ein ordentliches Frühstück erhielten und auch ein Päckchen für Mittag. Jede Familie übernahm so viele Kinder, wie sie sich irgend leisten konnte.

Besonders mußte mich das traurige Los der Heimarbeiter im Erzgebirge beschäftigen. Ihre wirtschaftliche Lage war schon längst schwierig gewesen. Schon während der letzten Jahre des ersten Krieges traten immer mehr Fälle von Hungerödem auf, eine Krankheit, die in unseren Gegenden seit dem Dreißigjährigen Krieg nicht mehr bekannt gewesen war. das »Herrenhaus« – das Oberhaus des österreichischen Parlaments – hatte damals eine Hilfsaktion für die Hungergebiete organisiert. Für unseren Bezirk wurde sie von meiner Mutter geleitet, so daß wir im Haus genaue Statistiken des Elends besaßen. Die Dörfer am Kamm des Erzgebirges hatten in Friedenszeiten ihre Lebensmittel aus dem nahen Sachsen bezogen, von wo nichts mehr kam, und was Böhmen liefern konnte, wurde in den dichtbevölkerten Industriegebieten aufgesaugt. Die Heimarbeiter produzierten Holzschnitzereien und allerhand Gegenstände aus Leder, Stoff oder Glasperlen. Dann gab es auch Arbeiter, die Glasgegenstände aller Art kunstvoll gravierten. Die Einkäufer lieferten ihnen das Rohmaterial, dafür mußte ihnen die Fertigware verkauft werden; bei der Verrechnung verblieb den armen Leuten aber fast nichts.

Seit jeher war es auch mein Bestreben gewesen, Wege zu finden, um Tschechen und Deutsche einander näher zu bringen. So hatte ich mir einmal ausgedacht, Gruppen von tschechischen Studenten sollten, von deutschen Kommilitonen geführt, in den Sommerferien jene Elendsgebiete besuchen; auf der andern Seite sollten von Tschechen geführte deutsche Studenten eine Natur- und Kunstreise durch Mittelböhmen unternehmen. Die Zusage vom Verein deutscher Studenten hatte ich schon, wenn sie auch mit einer gewissen Skepsis gegeben wurde. Vom Vorstand der tschechischen Studenten erhielt ich eine glatte Absage. Besonders traurig war es, daß Kleinkinder keine Milch mehr bekamen, die zwar in Böhmen reichlichst vorhanden war, aber von den armen Leuten nicht bezahlt werden konnte. Ich wälzte einen Plan nach dem anderen. Könnte nicht unsere sudetendeutsche Völkerbundliga die vergleichsweise reichen Ligen von England, Holland und Skandinavien um Geldhilfe bitten? Eine Tagung aller Ligen in London stand bevor. Da, natürlich gestützt auf wohlvorbereitete Denkschriften, wollte ich mein Glück versuchen. Vorher jedoch fragte ich unseren Gesandten in London, Jan Masaryk, was er von meinem Plan denke. Seine Antwort war sehr freundlich gehalten, aber er riet mir dringend ab: Die benötigte Dokumentation des Elends konnte als eine gegen den Staat gerichtete Aktion aufgefaßt werden und mir schweren Schaden tun. Also wieder nichts. Nun beschloß ich, den Stier bei den Hörnern zu packen und Prag selber zum Zentrum der Bemühung zu machen. Es wurde ein Komitee von Damen und Herren aus unserer Gegend wie auch aus der Hauptstadt zusammengebracht, darunter auch Leute am Rande der Politik, sogar Politiker aller Parteien. Alle waren bereit zur Zusammenarbeit. Der Plan war, zuerst einen möglichst großen Geldbetrag zu sammeln, damit die Waren der Heimarbeiter zu gutem Preis zu erwerben, um sie dann in einem Bazar zu verkaufen. Was da hereinkäme, wäre Reinertrag, und damit könnte Milch gekauft werden. Der Name der Aktion sollte »Milch fürs Kind« lauten. Um Geld in wirksamem Maß zu erhalten, war es offenbar notwendig, an die reichen Tschechen, Industrielle und Private, heranzukommen. Und dafür wurde eine prominente Persönlichkeit für das Protektorat über das ganze Unternehmen gebraucht. Warum nicht die Gattin des Präsidenten der Republik? Als ich diesen Gedanken mit einigen tschechischen Verwandten besprach, lachten sie mir ins Gesicht: das würde sie niemals tun! Ich wollte aber die Idee nicht aufgeben; meinen Bekannten mag ich damals so unerträglich geworden sein wie eine immer wieder gespielte Grammophonplatte. Alle mit der Sache zusammenhängenden Daten und Zahlen hatte ich im Kopf; meine Argumente waren hieb- und stichfest; am Ende kam dann die Bemerkung, es handle sich um eine an sich zur Unruhe neigende Grenzbevölkerung. Ein Freund, Freiherr von Helversen, arbeitete damals in der Kanzlei des Präsidenten; für seine Mithilfe werde ich ihm immer dankbar bleiben. Tatsächlich erreichte er nach kurzer Zeit, daß Frau Beneš mich empfangen würde. Ich eilte nach Prag, der Tag wurde gleich festgesetzt. Sie erwartete mich in ihrem Sekretariat, empfing mich sehr freundlich und in natürlichster Art, hörte sich meinen Wortschwall aufmerksam an. Zum Schluß bat ich sie, das Protektorat des Bazars zu übernehmen, das werde den Notleidenden das Gefühl geben, von Prag doch nicht verlassen zu sein. Ich ersparte ihr keine der harten Wahrheiten. Immer wieder rief sie dazwischen: »Aber das ist ja schrecklich!« Offenbar hatte sie bis dahin von der großen Not in den Grenzgebieten überhaupt nichts gewußt. Nach über einer Stunde meinte sie, das Protektorat annehmen zu können und sehr gerne, nur sei dafür die Einwilligung des Präsidenten nötig. Binnen wenigen Tagen kam die Zusage, und wir konnten ernsthaft an die Arbeit gehen.

Öfters hatte ich erzählen hören, gerade bei großen Wohltätigkeitsunternehmungen sei zum Schluß ein fatales finanzielles Durcheinander entstanden. Darum war mein erster Gang zum Bankherren Petschek, den ich bat, für die finanzielle Leitung zu sorgen. Er hätte nicht freundlicher reagieren können und stellte mir zwei Herren seiner Bank zur Verfügung. Als ich etwas später Herrn Weinmann in Aussig um einen namhaften Beitrag bat, der bei Petschek einbezahlt werden sollte, lachte er und meinte: »Wissen Sie denn nicht, daß Weinmann und Petschek spinnefeind sind und seit vielen Jahren zwischen uns keine geschäftlichen Beziehungen bestehen? Aber in diesem Fall will ich das alles vergessen.« In den folgenden Wochen machte ich gegen hundert Besuche, die wichtigsten in Prag, bei den reichen Tschechen, den großen Gesellschaften und Industrien. Der Name Frau Hanna Benešova wirkte wie ein Zauberwort, besonders, wenn ich noch hinzufügte, daß ich ihr die Listen der Spenden vorlegen würde. Mit ganz wenigen Ausnahmen habe ich damals nur gute Erfahrungen gemacht.

Der Einkauf der Waren erfolgte durch die lokalen Wohltätigkeitsorganisationen, sowie durch Gruppen der Sudetendeutschen Partei, die tüchtig mithalfen. Besonders wertvoll war mir die Hilfe des Abgeordneten Wenzel Jaksch und von Emil Franzel, wie auch von einigen jungen Mitarbeitern der SDP.

Zweimal wurde mir gestattet, am Prager Radio zu sprechen. Das erste Mal erlaubte man mir zu sagen, was ich wollte, selbstverständlich war mein Text völlig unpolitisch. Vor dem zweiten Mal hatte offensichtlich jemand Mißtrauen gesät, denn ich mußte vorher eine Kopie meines Textes vorlegen. Als ich im Senderaum erschien, saß dort ein Herr von der Staatspolizei mit der Kopie in der Hand und teilte mir mit, daß er den Vortrag sofort unterbrechen würde, falls ich von dem vorgelegten Text abwiche. Ich versprach ihm, daß ich dies bestimmt nicht tun würde, und fügte einen Scherz hinzu, aber in seinem leicht grimmigen Gesicht zuckte auch dann kein Muskel. Graf Waldstein hatte uns den Garten des herrlichen Palais Waldstein zur Verfügung gestellt, dort wurden die Verkaufsbuden oder Zelte aufgestellt. Die »Sala Terrena«, eine gedeckte Terrasse, war für den Kaffee-Betrieb vorgesehen, der von Gräfin Valerie Buquoy und Frau Jaksch versehen wurde. Die Gäste wurden von den hübschesten sudetendeutschen Mädchen aller Kreise bedient. Als Verkäuferinnen hatten sich die Frauen von Politikern, Großgrundbesitzern und Industriellen gemeldet. Aus Eger kam eine Gruppe von jungen Leuten, die in Egerländer Tracht Tänze vorführten; Frau Beneš sah mit Wohlgefallen zu. Bei ihrer Ankunft wurde sie von Graf Waldstein und mir mit einem Rosenstrauß empfangen und von uns beiden in den Garten geführt, wo sie mit Interesse die Arbeiten der Heimarbeiter beschaute und namhafte Einkäufe machte. Als tüchtige Käufer hatten sich auch Damen und Herren der tschechischen Großindustrie eingefunden und Freunde und Verwandte von uns, die sich sonst von Angelegenheiten der Sudetendeutschen möglichst fernhielten.

Nach Stunden erst verließ Frau Beneš den Bazar; ihr Besuch, mit Graf Waldstein und mir als Begleiter, war für die Kinowochenschau gefilmt worden. Auf meine Dankesworte erwiderte sie mir: »Ich habe meinem Mann alles erzählt, was Sie mir gesagt haben, er möchte es aber auch von Ihnen selber hören.« Das freute mich; es war mir sehr daran gelegen, dem Präsidenten über die Not in unseren Gegenden zu berichten. – Jetzt konnte sofort an den Ankauf der Milch gegangen und durch Monate an die Kleinkinder verteilt werden.

Im Ganzen ein Erlebnis, an das ich mit einer gewissen Wehmut zurückdenke. Es erscheint mir jetzt wie ein Aufflackern des alten böhmischen Gemeinschaftsgefühls in Prag, das so lange die Hauptstadt der Böhmen beider Landessprachen gewesen war und von beiden gleich geliebt; ein Wohltätigkeitsfest, von Deutschböhmen organisiert für die notleidenden Menschen im Erzgebirge unter dem Patronat der Gattin des Staatspräsidenten der CSR, auch von Tschechen besucht, die einkauften, und alle in Eintracht, wie es sich gehörte, wenn es sich um Wohltätigkeit handelte. Eine Begegnung wie jenseits des Kampfes und des Streites; und dies im Jahre 1937! Sie fand statt im Garten des Palais Waldstein, in dem einst der große Wallenstein residiert hatte und in dem die Familie noch immer wohnte, wo noch sein ausgestopftes Pferd zu sehen war, und das Zimmer, von dem aus Seni die Sterne beobachtete. Organisiert von einem Clary-Aldringen, aus der Familie des Feldmarschalls, der vor dem »Pilsener Schluß« mit Wallenstein gebrochen hatte, ebenso wie sein Schwager Gallas, aus welcher Familie nun auch eine Gräfin Clam Gallas anwesend war. Und ein Graf Buquoy war da, der Nachkomme des Generalissimus und Sieger in der Schlacht am Weißen Berg gegen den Winterkönig, von welch letzterem auch Nachkommen anwesend waren, wie auch solche Kaiser Ferdinands. Und Kinskys waren unter den Gästen, aus der Familie des Wilhelm Kinsky, der in Eger mit Wallenstein zugrunde ging, und Nachkommen von Terzky, und unter den servierenden Mädchen waren Nachkommen der Slawata und Martinitz, vom Fenstersturz. Und Czernins waren da, aus der Familie desjenigen, der nach der Schlacht am Weißen Berg am Altstädter Ring enthauptet worden war. An diesem Tag, an diesem Ort gab es wirklich keinen Haß; der Erfolg riß mich hin, etwas wie einen Silberstreifen am Horizont zu sehen.

Wenige Tage später begab ich mich in die Kanzlei des Präsidenten, teilte einem der Herren die Bemerkung von Frau Beneš mit und bat um einen Termin für meinen Empfang beim Präsidenten. Es wurde mir versichert, daß ich auf der Liste vorgemerkt sei und das Datum rechtzeitig erfahren würde. Es vergingen Monate, immer wieder fragte ich an, erhielt aber nur nichtssagende Ausflüchte als Antwort. Offensichtlich sollte mein Besuch verhindert werden. Im Dezember starb der Leiter der Kanzlei des Präsidenten; kurz darauf erhielt ich die Einladung für meine Frau und mich zum Tee am Hradschin. Als ich zu einem der Herren der Kanzlei bemerkte, daß ich nicht recht verstünde, warum erst nach sechs Monaten, erhielt ich die Antwort: »Solange X. am Leben war, wären Sie niemals empfangen worden!« Bei unserer Ankunft wurden meine Frau und ich in einen Salon geführt, der mit erlesenem Geschmack eingerichtet war, voller schöner Blumen und mit prächtigen Gobelins an den Wänden. Meine Frau saß mit Frau Beneš auf einem Sofa, am anderen Ende des Zimmers der Präsident und ich in Armstühlen, mit einem Teetischchen zwischen uns. Es sollte offenbar eine rein private Konversation sein. Ich trug ihm wieder die Lage in unseren Grenzgebieten vor und sparte nicht mit traurigen Bildern. Besonders betonte ich auch, wie bedenklich die allgemeine Mißstimmung angesichts der für das nächste Jahr bevorstehenden Wahlen doch sei. Und ich erlaubte mir einen Vorschlag. Wenn der Präsident etwa nach Teplitz käme und vom Balkon des Rathauses zu den Menschen reden würde, ihnen Hilfe versprechen würde, so könnte das von größter Wichtigkeit sein. Einen Marktplatz voller Zuhörer konnte ich ihm garantieren. Die Antwort meines Gastgebers kam in herablassend professoralem Ton. Die Wahlen, belehrte er mich, würden überhaupt nichts ändern. Die sudetendeutschen Arbeiter würden immer für die sozialdemokratische Partei stimmen, die Bauern für die Agrarier, die Bürger für die Liberalen und – dies mit leisem Lächeln – »Ihre Kollegen vom Großgrundbesitz für die Christlichsozialen, wie auch alle alten Frauen.« Nun, bei den nächsten Wahlen erhielt dann die Sudetendeutsche Partei fast 80 Prozent aller Stimmen! Mit Präsident Beneš, soviel verstand ich, war nichts zu machen. Hatte er sich in Gedanken nie von seinem »Détruisez l'Autriche-Hongrie« gelöst? Er wollte ja Krieg gegen Ungarn führen, falls Kaiser Karl in Budapest regierte. Und er hat zu Dr. Franzel gesagt, daß er lieber den Hitler als einen Habsburger in Wien sähe!

Wie hat er später gedacht und gefühlt, nach seiner ersten, nach seiner zweiten Entmachtung? Ein Mann der kleinen Finessen mag er gewesen sein; ein auch schweren Situationen gewachsener Staatsmann niemals.

Abschied von Böhmen, 1945

Oft sind das Gute und das Böse im Menschen durch eine sehr dünne Wand getrennt, eine zufällige Bemerkung, eine Frage, eine Erinnerung können genügen, um menschliches Fühlen und Hilfsbereitschaft zu erwecken. Die folgenden Geschichten erlebte ich im Jahre 1945, als meine böhmische Heimat für mich, wie für so viele andere, aufhörte, Heimat zu sein.

Meine Frau und ich hatten Teplitz verlassen, als russische Truppen sich näherten. Mit uns war zunächst noch eine zahlreiche Gruppe: unsere Tochter, meine jüngere Schwester, meine Schwiegermutter, ein polnisches Ehepaar, ein französischer Diener und seine Frau, der Verwalter eines unserer Meierhöfe mit Frau und Kindern, unsere Köchin und ihr Sohn, und noch andere Mitglieder unseres Haushaltes. Die Gruppe wurde kleiner mit der Zeit: und was wir auf einigen Meierhofwagen mit uns führten, Lebensmittel, und besonders liebe Wertgegenstände, das ging alles bald verloren. Wir hofften, bis zu den amerikanischen Truppen in Westböhmen zu gelangen, wurden aber schon am nächsten Morgen von russischen Panzern überrollt. In einem Dorf fanden wir, mit vielen anderen, Unterkunft auf einem Bauernhof, natürlich unter der Bedingung, daß wir auch mitarbeiteten. Die Feldarbeit war anfangs wohl hart, doch gewöhnte man sich rasch daran, ja, die Ernte war mir geradezu eine Freude, ungefähr wie für Tolstois Ljewin in »Anna Karenina«, an den ich denken mußte. Von den Feldern aus sah man das geliebte Erzgebirge, das ich seit meiner Kindheit kannte. Eines Morgens erschien bei mir ein Mann, mit dem es folgende Bewandtnis hatte. Vor etwa zwei Jahren hatte ein Förster ihn mir als Wilderer denunziert: er sei mit einem

Rucksack voller Hasen und Fasanen ertappt worden. Er war ein Böhme tschechischer Zunge und obendrein ein notorischer Kommunist. Eine Anzeige wegen Wildern hätte für ihn sehr böse Folgen haben müssen. Darum verbot ich sie und dachte mir nicht viel dabei. Nun nach zwei Jahren kam er, hatte herausgefunden, wo ich war, war die ganze lange Nacht geradelt, um mich zu erreichen. Ich sei, wußte er, in dringender Gefahr und sollte den russisch besetzten Teil Böhmens so schnell wie möglich verlassen; er habe da gefälschte Papiere, mit denen es wohl möglich wäre, in die amerikanische Zone zu gelangen. Mit gefälschten Papieren umzugehen hatte ich nicht gelernt und machte also keinen Gebrauch von seinem Angebot. Aber der Mensch, was er für mich hatte tun wollen, wie er mir für die verjährte Kleinigkeit danken wollte, die ich einmal für ihn getan hatte – das rührte mich tief. Ein Lichtstrahl in einer Zeit, in der man dergleichen wohl brauchen konnte.

Die zweite Geschichte, die ich hier einflechten will, ist überwiegend dunkel, aber etwas Licht ist auch darin. Nach einiger Zeit erkrankte ich an einer schweren doppelseitigen Mittelohrentzündung. In diesen Sommermonaten gab es in den deutschen Städten Böhmens noch Krankenhäuser, in eines von ihnen, etwa 15 Kilometer von unserem Dorf entfernt, wurde ich gebracht. Zu essen gab es fast nichts. Ich lag mit vielen anderen in einem Raum. Eines Tages erschien ein Mann vor meinem Bett, vermutlich ein Arzt, denn er trug einen weißen Kittel, und hielt mir, der ich völlig taub war, einen Zettel vor die Augen, auf dem stand: »Sind Sie adelig?« – Meine Antwort war: Nein. – Der Mann verschwand, um nach einer Weile wiederzukommen. Diesmal stand auf seinem Zettel: »Sind Sie der F. C. aus Teplitz?« – Weil ich verstand, daß mir Ableugnen nichts mehr half, so antwortete ich mit Ja. Zweites Verschwinden, drittes Erscheinen des Arztes. Diesmal las ich: »Stellen Sie sich so krank, wie irgend möglich.« – Ich begriff nicht genau und begriff doch, daß irgendeine Gefahr sei, der ich durch den Anschein schwersten Leidens vielleicht entgehen könnte. Ich krümmte mich also zusammen, und stöhnte und keuchte aus Leibeskräften, wohl einige Stunden lang. Ich sah, ohne es zu hören, daß laute Männer in den Saal drangen und einige meiner

Schicksalsgenossen aus dem Saal schleppten. Sie wurden zurückgebracht, später, in einem Zustand, den ich nicht beschreiben will; sie starben dann auch bald, oder doch die Mehrzahl von ihnen. Es wurde mir jetzt deutlich, was der Arzt gemeint hatte. Schwerkranke reizen den Sadismus nicht. Und er hatte mich als Großgrundbesitzer für besonders gefährdet gehalten. Natürlich hatte er seinen Ratschlag auch anderen gegeben, aber allen, das konnte er nicht, sonst wäre die rettende Komödie schnell entdeckt worden. – Von meiner Krankheit wurde ich nach zwei Wochen halbwegs frei. Statt ihrer fing nun der entsetzlichste Hunger an, mich zu quälen. Schwach, hilflos saß ich im Garten. Es sagte mir jemand, dem es genauso ging: Draußen, um zwei Ecken herum, stünden die Abfallkübel, da sei manchmal etwas zu finden. Ich tat wie er, und fand die Kübel und wühlte in ihnen. Dabei fiel mir ein, daß ich reich gewesen war vor noch nicht gar langer Zeit und Wert auf Kochkunst gelegt und einen Chef gehalten hatte, und neben meinem Gedeck lag stets ein silberner Block mit goldenem Bleistift. Mit dem kritzelte ich kritische Bemerkungen, wenn mir irgendein Gericht nicht perfekt gewesen zu sein schien. Indem ich nun in dem Eimer ein paar Kohlblätter fand, mußte ich an den goldenen Stift denken; der Gegensatz zwischen beidem, dem Damals und dem Jetzt, machte, daß ich unwillkürlich lächelte. Das » Sic transit . . .« schien mir komisch.

Ich kam aus dem Krankenhaus wieder heraus und zurück in das Dorf, in dem ich meine Frau, nun auch meinen ehemaligen Verwalter und seine Familie zurückgelassen hatte. Hier gab es mittlerweile einen neuen Ortsvorsteher, einen reichen tschechischen Bauern, den die Deutschen enteignet und nach Innerböhmen verbannt hatten und der nun zurückgekehrt war, um seinen großen Hof wieder in Besitz zu nehmen. Die Deutschen im Dorf fürchteten ihn, seine Rachlust, aber er erwies sich als keineswegs fürchterlich. Von uns wußte er genau, wer wir seien, aber er wurde zu unserem Beschützer. Bald ließ er uns wissen, daß wir gut täten, noch vor dem Ende der Ernte in die amerikanisch besetzte Zone Böhmens zu verschwinden, wofür er uns seine Hilfe zusagte. Es handelte sich um die Erlaubnis, die russische Zone zu verlassen. Meine Frau wanderte also zusammen mit der Frau unseres Verwalters in das benachbarte Städtchen, wo es tatsächlich gelang, die notwendigen Papiere zu erhalten, unser guter Ortsvorsteher hatte vorgesorgt. Als sie das Rathaus verließ, stand er, an sein Motorrad gelehnt, am Straßenrand, so jedoch, daß er den beiden Frauen den Rücken zukehrte. »Alles in Ordnung?« – »Ja.« Ein Gespräch, ein Abschied, das wäre nicht ratsam gewesen.

Wir packten unsere dürftigen Habseligkeiten zusammen. Plötzlich ging die Hoftür, es erschien ein Gendarm, von einem Herrn in schwarzer Lederjacke begleitet, und ich hörte die Frage: »Wohnt hier der Dr. Clary?« Ganz bleich kam die Bäuerin zu uns herein: »Sie sind da, um Sie zu holen!« Ich ging in die Küche, wo der Gendarm und der Herr in der Lederjacke am Tisch saßen. Der Gendarm teilte mir in barschem Tone mit, er sei hier, um ein Protokoll aufzunehmen, man habe von der geplanten Ausreise gehört und wünsche den Grund zu wissen. Nach einigem Fragen und Antworten sah er mich lange prüfend an: »Ich kenne Sie.« – »Ja, ja, mir kommen Sie auch bekannt vor, aber woher kennen wir uns nur?« – »Als Sie beim Czernin auf der Jagd waren, bin ich hinter Ihnen gegangen.« – »Ja freilich, ganz recht, das war damals auf der langen Allee im Park, wo so viele Hasen waren, 99 hatte ich schon geschossen und dann zum Schluß den 100. gefehlt!« Man wird es kaum glauben, aber das mit den Hasen, zumal dem Hasen, der meinem Schuß entging, war das erlösende Wort. Aus dem strengen tschechischen Beamten wurde ein menschliches Wesen. Er fing an zu lachen. »Ja, wirklich, Sie haben schnell geschossen, die Hasen sind nach rechts und links gepurzelt; und dann« – sein Lachen wurde noch lauter, noch freundlicher, – »dann haben Sie den letzten verfehlt!« Noch ein paar Jagderinnerungen wurden ausgetauscht, dann erhob er sich, packte seine Akten zusammen und empfahl sich, zusammen mit dem Zivilisten. Er wird berichtet haben, daß an mir nichts Besonderes auszusetzen sei. So konnten wir am nächsten Morgen abreisen, mit der kostbaren Ausreiseerlaubnis in der Tasche und mit einem ärztlichen Zeugnis, das uns die Möglichkeit gab, die Eisenbahn zu benutzen. Zwischen Karlsbad und Asch kamen wir an die Zonengrenze, die tschechische Polizei ließ uns und die Familie unseres Verwalters passieren. Die gefährlichste Klippe stand uns aber noch bevor. Nach einigen Kilometern blieb der Zug stehen, wir sahen kleine, spitze Zelte. Ein junger amerikanischer Unteroffizier, begleitet von einigen Soldaten, betrat unser Abteil. Ich zeigte ihm unsere Ausreisepapiere, von denen ich nur zu gut wußte, daß sie nicht genügten, man brauchte auch eine Einreise-Erlaubnis für die amerikanische Zone. Von der starren Buchstabentreue amerikanischer Sergeanten hatte ich schon gehört; dieser junge Mann bewies sie. Es sei völlig ausgeschlossen, daß wir ohne amerikanischen Paß die Militärgrenze überquerten; er müsse uns, unter Begleitung, in die russische Zone zurückschicken. Es half kein Zureden, keine Versicherung, daß wir die Aufenthaltserlaubnis innerhalb des amerikanischen Gebiets gewiß bekommen würden.

Da saßen wir, da standen wir. Mein Instinkt sagte mir, daß nur das Allerdümmste das Beste wäre, und ich fragte den Sergeanten: »Where is your home in the States?« – »In Philadelphia.« – »In Philadelphia? Wirklich? Ach ja, was für ein schöner Ort! Wir waren da einmal, bei guten Bekannten.« Und ich fing an von Philadelphia zu sprechen, den schönen Gärten, welche die Stadt besitzt, der herrlichen Widener Collection etc. – Der Amerikaner hörte zu, hatte zwar die Widener Collection nie gesehen, aber doch von ihr gehört, und kannte dafür etwas anderes, was wir nicht kannten. Ich weiß nicht mehr, wie lange dies Gespräch über Philadelphia dauerte. Dann besann er sich auf sein Amt. It's against all regulations, aber Sie können in Gottes Namen einreisen und ihre Begleiter auch.« – Vermutlich hatte er seine Heimat ein paar Jahre lang nicht gesehen.

Mitteleuropa war im Politischen auf das Sonderbarste zerklüftet damals. Wohl waren wir nun in amerikanisch-besetztem Land, aber in Deutschland noch nicht. Wir kamen nach Asch an der bayerischen Grenze, und hier wäre nun noch einmal eine von der amerikanischen Behörde gegebene Einreise-Erlaubnis nach Bayern notwendig gewesen. Zu unserem Kummer erfuhren wir aber gleich, daß wegen einer völligen Grenzsperre die betreffende Amtsstelle für wenigstens acht Tage geschlossen sei. Nun saßen wir auf dem Bahnhof, ohne Geld, ohne Lebensmittelkarten, ohne Behausung. Die letztere, belehrte uns der

Bahnvorsteher, könnten wir wohl erhalten, nämlich in dem nächsten von der tschechischen Polizei geführten Flüchtlingslager, dorthin hätten wir uns zu begeben. Dieser Beamte, ein Tscheche, war von Anfang an freundlich und erlaubte uns, in der Bahnhofshalle zu bleiben; die Warteräume und die Gaststätte waren geschlossen und versiegelt. Er erzählte uns auch, daß manchmal amerikanische Militärzüge aus dem Falkenauer Revier durchkämen, um Kohle nach Bayern zu bringen; ein solcher Zug könnte uns vielleicht mitnehmen; Personenzüge gab es sowieso keine. Er warnte uns aber vor den Zöllnern, die uns schon mit Mißtrauen beobachtet hätten. Die Nacht verging, wir warteten noch immer. Ich hatte am Bahnsteig einen Wasserhahn entdeckt und beschloß, mich zu rasieren. Als ich den kostbaren Gillette-Apparat nach der Benützung trocknen wollte, fiel mir ein Teil aus der Hand und verschwand durch einen Rost ins Dunkle. Auch das noch; ratlos starrte ich auf das Verlorene. Ein Zöllner trat an mich heran mit der strengen Frage, was ich denn da tue. Ich erzählte ihm mein Mißgeschick. Er: »Heben Sie doch den Rost auf!« Genau das wollte ich nicht tun, weil der Keller zu der behördlich versiegelten Gastwirtschaft gehörte. Ob er, als Amtsperson, dafür nicht besser geeignet sei? Auch sei er ja viel jünger und kräftiger. Das ließ der Mann sich nicht zweimal sagen. Er zog an dem Rost und riß ihn heraus; wir blickten in einen dunklen Schacht. Da sollte ich, mit seiner Hilfe, hinunterklettern. Ich wollte aber nicht, denn ich wäre da wie in einer Mausefalle gewesen, und verwies ein zweites Mal auf die Vorzüge seiner Jugend. Der Zollbeamte kletterte in den Schacht hinunter, wo er es völlig dunkel fand; er rief nach Kerze und Streichhölzern. Ich holte einen seiner Kollegen, der sich nun auch an der Suchaktion beteiligte, und bald war das fehlende Stück gefunden, was triumphierend heraufgerufen wurde. Wir zogen den Mann, schwarz von Kohlenstaub aus dem Loch heraus, unter dem Gelächter seiner Kollegen wurde er geputzt. Plötzlich waren wir Freunde. Da kam auch schon der Bahnhofsvorsteher mit der Nachricht, daß ein Kohlenzug einlaufen und haltmachen würde. Der Zug kam; ich bat einen amerikanischen Unteroffizier um die Erlaubnis, mitfahren zu dürfen. Er verhielt sich anfangs so ablehnend wie jener

Sergeant an der Zonengrenze. Auf die Schilderung unserer fatalen Lage hin, vielleicht auch wegen der zwei Kinder, die zu unserer recht jämmerlich aussehenden Gruppe gehörten, ließ er sich erweichen. »Fünf Minuten vor Abfahrt steige ich ein, und was dann geschieht, sehe ich nicht.« – Da waren auch schon unsere neuen Freunde, die Zöllner da, sie halfen uns, auf die hohen Waggons zu klettern, reichten unsere Säcke hinauf und warnten uns vor der Polizei, die an der eigentlichen Grenze den Zug untersuchen würde, wir sollten uns gut in den Kohlen verstecken. Als wir an die Grenze kamen, regnete es dermaßen, daß keinerlei Polizei sich zeigte. Wir waren nun in Deutschland und auf dem Weg, der mich, drei Jahre später, nach Venedig führen sollte.

Dort, in einem vor 120 Jahren von meinem Großvater gekauften Haus, hat mich unlängst jener Arzt besucht, der mir, vor bald dreißig Jahren, in jenem Spital des Elends und Grauens seinen hilfreichen Ratschlag gegeben hatte. Damit hatte es folgende Bewandtnis. Eines Tages erschien im Büro meines in New York arbeitenden Sohnes ein Herr, der sich als Dr. Soundso vorstellte. Er habe den Namen draußen an der Tür gelesen. Ob sein Gesprächspartner ein Verwandter des F. C. aus Teplitz sei? Dann: »Ist Ihr Vater damals glücklich aus Böhmen herausgekommen? Lebt er noch?« Dann: »Dem konnte ich einmal in einer sehr schlimmen Lage helfen, ich bin noch heute froh darüber.« Er selber, der Arzt, war ein Ukrainer; auch er hatte die Tschechoslowakei schließlich in westlicher Richtung verlassen können und war endlich nach den Vereinigten Staaten gelangt und nun, nach der Überwindung unzähliger Schwierigkeiten natürlich, betrieb er in New York eine ärztliche Praxis. Im nächsten Jahr sahen wir uns wieder an den Zattere in Venedig.

Venedig

Die Clarys oder Clarios, wie sie damals hießen, stammen aus dem Friaul. Ihre Beziehungen zur Serenissima waren manchmal gut, manchmal weniger gut; so zur Zeit Kaiser Maximilians I., der ja häufig Streit mit Venedig hatte. Der ältere Clary hielt es mit dem Kaiser, sein Bruder mit der Republik. Als Maximilian seinen Streit mit Venedig abbrechen mußte, weil die Türken ihm ernstere Sorgen machten, zog der kaiserlich gesinnte Clary nach Tirol. Die von seinem Bruder abstammende Linie starb aus. Jedoch wurde im 18. Jahrhundert wieder eine wunderliche Beziehung geknüpft. Mein Ururgroßvater Franz Karl hatte einen älteren Bruder, der vor seinem Vater gestorben war. Dieser Bruder hatte Kinder, die aber dem Großvater nicht gefallen zu haben scheinen. Jedenfalls vermachte er die böhmischen Besitzungen seinem jüngeren Sohn, den Kindern des älteren aber nur das, was noch in Tirol den Clarys gehörte. In Teplitz hatten wir noch ein Bild des Ältesten dieser erblich benachteiligten Söhne. Das Portrait zeigt einen überaus reizvollen Buben von etwa neun Jahren, als Jäger in Grün und Gold gekleidet. Dieser Engel entwickelte sich aber zu einem großen Tunichtgut, Spieler, Mädchenjäger, Abenteurer. Als österreichischer Offizier in der Schlacht bei Kolin verwundet und zur Erholung in Prag beurlaubt, ließ er sich als Sekundant in eine Duell-Affäre ein, obgleich die Kaiserin Maria Theresia diese Art des Austrags von Streitigkeiten eben noch strengstens verboten hatte. Einer der Duellgegner wurde getötet, mein leichtsinniger Urverwandter verließ das Land, was die Sache nicht besser machte; denn nun war er ein Deserteur obendrein. Er reiste nach Stuttgart, wo er beim Herzog von Württemberg

Gardekapitän wurde. Nicht lange, und er ging mit der Lieblingsballettänzerin des Herzogs durch und begab sich nach Straßburg, von wo er seinem neuen Herrn auch noch freche Briefe schrieb. Kurzum, er war ein Taugenichts wie aus dem Bilderbuch, aber offenbar charmant; er hatte viele Freunde. Von Straßburg verfügte er sich nach Venedig und hat sich da mit Goldoni befreundet, – der Dichter hat ihm sogar ein Theaterstück gewidmet. Dies Stück erfuhr seine Uraufführung im Teatro Giustiniani, einer Familie dieses Namens zugehörig, in deren unmittelbaren Nähe wir heute wohnen. Später verzog sich Clary nach Livorno, wo er noch von sich reden machte; dann verschwand er, er soll irgendwo ermordet worden sein. Jedenfalls bildet er, was Venedig betrifft, ein Mittelglied zwischen den alten Clarios und meinem Großvater, der um 1855 den ehemaligen Palazzo Priuli-Bon auf den Zattere kaufte. Der neue Besitz war für den Lebensabend seiner Schwiegereltern bestimmt, des Botschafters Ficquelmont und seiner russischen Gemahlin; auch für seine eigene Frau, meine Großmutter, der das Teplitzer und Wiener Klima im Winter nicht bekam. Das Haus hatte vorher einer ganzen Reihe von Familien gehört und war, als mein Großvater es erwarb, ziemlich heruntergekommen. Er hat dann allerlei Umbauten veranlaßt und das Haus mit schönen Dingen gefüllt, wie sie Ficquelmont während seines Diplomatenlebens hatte sammeln können. Mein Onkel, der letzte Besitzer von Teplitz vor mir, wohnte während des Winters noch häufig dort, weil ihn das weniger kostete, als in unserem Palais in Wien Haus zu machen. In Venedig lebte er einfacher – was man damals so nannte. Es wurden nur zwei Stockwerke bewohnt, es war nur ein Kammerdiener da, neben ein paar Lakaien, und nur eine Gondel mit zwei Gondoliers. Nach dem Tod meines Onkels, 1920, trat ich die Erbschaft an. Ich erinnere mich noch genau, wie damals Freunde mir sagten, den alten Kasten in Venedig wirst du doch sicher verkaufen, leben tust du doch sowieso nicht dort. Glücklicherweise hatte meine Frau das Haus wie überhaupt Venedig schon ins Herz geschlossen, ich erst recht. Und so fingen wir im Gegenteil an, den Palazzo ein wenig zu renovieren. Im Jahre 27 hat ein Brand einen Großteil vernichtet. Gerade die Empfangsräume, die gegen die

Zattere lagen und wo sich die schönsten Möbel und Bilder befanden, wurden völlig zerstört. Als ich mir den Schaden besah, war mein erster Eindruck: da ist nichts mehr zu machen, das müssen wir jetzt loswerden. Wieder und glücklicherweise half mir meine Frau, dieser Versuchung zu widerstehen. Das Haus wieder aufzubauen und neu einzurichten wurde eine Aufgabe, die uns geradezu Freude machte. In der langen Periode »zwischen den Kriegen« sind wir fast jedes Jahr im Frühsommer dort gewesen.

Freunde gab es in Menge, Verwandte auch. Eine Schwester meines Vaters hatte einen italienischen General geheiratet, den Grafen Carlo Felice di Robilant, einen hervorragenden Soldaten, der als junger Mann in der Schlacht von Novara, 1849, einen Arm verloren hatte. Später wurde er Diplomat wie mein Urgroßvater Ficquelmont, während langer Jahre war er italienischer Botschafter in Wien und wurde so zu einem Begründer des »Dreibundes«. Danach schickte man ihn nach London, wo er jedoch den Winter nicht vertrug; er starb dort an einer Lungenentzündung. Er hinterließ sechs Kinder, die alle in Italien verheiratet waren, so daß es uns an Verwandten, alten und jungen, nicht fehlte. Zu unseren venezianischen Verwandten und Freunden kamen auch Nicht-Italiener hinzu, besonders Engländer, die in der venezianischen Gesellschaft von alters her eine bedeutende Rolle spielten. Es war eine eigentliche, kleine englische Kolonie. Diese meist älteren Leute sahen sich untereinander, hielten zusammen, lebten ein wenig getrennt von der italienischen Stadt, die sie gleichwohl überaus gut kannten. Kinder und Enkel unserer italienischen Freunde von damals leben heute noch in Venedig. Sie verstehen ihre, diese veränderte Zeit vollkommen, sie gehen ihren zeitgemäßen Berufen nach. Und doch bleiben sie der glorreichen Geschichte ihrer Stadt treu. Sie suchen das Schöne, das ihnen anvertraut ist, zu bewahren, suchen ihre Häuser unter Opfern zu erhalten, wenn es irgend möglich ist. Worin sie sich vom venezianischen Volk als Ganzem nicht unterscheiden. Dafür ein Beispiel. Nach dem Brand unseres Hauses hatte ich mit dem Architekten, dem Baumeister, dem Tischler und so weiter allerlei besprochen und war dann wieder nach Teplitz zurückgereist. Da fiel mir nun ein, daß ich völlig vergessen hatte, dem Tischler, der unter anderem alle Türen im zweiten Stock neu zu machen hatte, von den Türgriffen zu reden. In der Sorge, er würde irgendwelche abscheulichen Griffe anbringen, schrieb ich ihm, er möchte mit der Ausführung einstweilen innehalten. Er antwortete, es sei alles schon erledigt und er hoffe, ich werde zufrieden sein. Davon waren wir nun nicht so überzeugt. Als wir aber nach Venedig zurückkamen, sahen wir die stilgemäßesten, schönsten Tür- und Fenstergriffe, die wir uns nur denken konnten. Wie unser Tischler das nur gemacht habe? Nun, antwortete er, ich wußte doch, daß hier nicht jeder Griff hinpaßt. Ich ging in Museen und einige Palazzi, sah mir die Türen aus dieser Zeit an und ließ die Griffe so machen, wie ich sie gesehen hatte ... Dergleichen kunsthandwerkliche Liebe, dergleichen historisches Interesse mag es auch bei Handwerkern in anderen Städten geben, und doch kann ich nicht umhin, es als charakteristisch für Venedig zu betrachten. Ein anderes Beispiel für das historische Denken der Venezianer, das ich erlebte, ist das folgende. Ein großer Teil unseres Hauses ist an das Französische Generalkonsulat vermietet. Wie sich das gehört, gibt der Generalkonsul am 14. Juli einen festlichen Empfang, bei dem die offiziellen Persönlichkeiten Venedigs, die Mitglieder der französischen Kolonie und andere Honoratioren in großer Zahl erscheinen. Vor ein paar Jahren nahm ich an der nahe des Hauses gelegenen Vaporetto-Station eine Fahrkarte. Der Beamte verließ seinen Schalter und trat zu mir: »Darf ich Sie etwas fragen?« – »Ja bitte ...?« – »Warum geben Sie ein Fest zur Feier der Erstürmung der Bastille? Ich kann das nicht verstehen!« – »Ich? Ich gebe gar kein Fest!« – »Aber ich sah doch den Menschenstrom, der gestern in Ihrem Haus verschwand!« – »Aber nicht zu mir, das ist der französische Generalkonsul.« – Nun war er beruhigt. Daß die Franzosen den 14. Juli festlich begingen, das konnte er nur billigen.

Im Jahre 1908 kam ich zum ersten Mal nach Venedig, 21 Jahre alt, und wurde von meiner hochgebildeten Cousine Marie Clary in die Kunstgeheimnisse der Stadt eingeweiht. Ich kam wieder 1912 und 1913, diesmal im Juli, zu einer Familienhochzeit. Da herrschte am Lido der große, elegante Badebetrieb, wie man ihn sich jetzt kaum noch vorstellen kann, oder doch, mit Hilfe von Viscontis »Tod in Venedig«-Film kann man es wieder. Nach den regelmäßigen Sommerbesuchen in den zwanziger und dreißiger Jahren war ich eigentlich schon ein Stück von einem Venezianer, als ich 1948 mit meiner Frau ein Asyl in der schönen Stadt fand. Übrigens nach langjährigen Schwierigkeiten. Als österreichischer Böhme war ich den Italienern gegenüber in einer höchst komplizierten völkerrechtlichen Situation, wie schon einmal 1919 der Vorbesitzer des Hauses an den Zattere, mein Onkel. Als Österreicher war er ein Feind Italiens, sein Besitz wurde unter Sequester gestellt. Aber, ohne daß man ihn eigentlich gefragt hätte, wurde er Bürger der Tschechoslowakei, also ein Freund Italiens; der Besitz wurde ihm wieder zuerkannt. 1945 war ich ein Bürger des Großdeutschen Reiches, also ein Feind Italiens, das Haus án den Zattere wurde sequestriert. Dem stand jedoch ein Dekret der Siegermächte entgegen, wonach alle territorialen Veränderungen seit dem 1. Januar 1938 für ungültig erklärt wurden, das hieß, eigentlich überhaupt nie gültig gewesen waren. Also waren wir keine deutschen Bürger mehr, oder waren es nie gewesen. Da aber gleichzeitig im Jahre 45 die tschechoslowakische Regierung den Sudetendeutschen ihre Staatsbürgerschaft entzog, – was waren wir? Um diese Trickfrage zu lösen, konkreter, um festzustellen, ob mir das Haus an den Zattere nun eigentlich noch gehörte oder nicht, mußte ein Prozeß geführt werden. Ein mir befreundeter venezianischer Anwalt führte ihn für mich auf seine Kosten; ganz ohne zu wissen, ob er sich je würde schadlos halten können, machte er große Ausgaben auch für bauliche Renovationen, um zu ermöglichen, daß zunächst einmal das Französische Generalkonsulat einziehen und das Haus sichern könnte. Das tat er alles auf eigene Faust. Seine Freude war groß, als das Haus endlich aus dem Sequester befreit wurde, die meine natürlich noch größer. Durch Verkäufe von Schmuck konnten wir dann auch unsere materielle Schuld bei ihm tilgen. 1948 also war es soweit. Als wir nach langer Nachtfahrt etwas gebeugt aus der dritten Klasse des Zuges krochen, stand da unser alter Portier, der immer im Palazzo geblieben war; gesehen hatten wir ihn lange Jahre nicht, aber er war uns treu geblieben und empfing uns wie alte Freunde. Meine Frau und das Gepäck führte er in einer Gondel zu den Zattere. Selber – es war früh am Morgen – ging ich mit meiner Tochter zu Fuß. Als wir um die letzte Ecke bogen, erschien plötzlich unser Haus, und zwar von der Gartenseite her mit zwei langen Flügeln, die sich öffneten, als seien es zwei offene Arme, die uns da empfingen; endlich wieder ein Zuhause! Das war schon etwas nach allem, was wir in den letzten Jahren so erlebt hatten. Sogar Mobiliar und anderen brauchbaren Besitz fanden wir vor. Noch gab es einige Probleme zu lösen, für eine Arbeiterfamilie, die sich im 3. Stock eingenistet hatte, galt es eine passende andere Wohnung zu finden, aber was bedeutete eine solche Verzögerung nun.

In Venedig sind wir seither geblieben, unsere Rückkehr ist bald 28 Jahre her. Und ich kann nicht besser enden als mit einem Lob auf die Stadt. Sie wird bewohnt von gebildeten und besonders herzenshöflichen Menschen. Nie, in 28 Jahren, habe ich ein böses Wort gehört, nie Ärger gehabt, den jemand wissentlich mir hätte verursachen wollen. Über den Zauber der Stadt haben andere besser gesprochen, als ich es könnte. Jedenfalls ist es eine Stadt, in der man auch im Alter noch Freude und Lebenssinn erfahren kann. Von den berühmten Museen abgesehen, gibt es auch ausgezeichnete Bibliotheken und Archive, in denen man forschen kann. Und ich werde oft gebeten, über dies und jenes zu forschen, was nicht zu schwierig ist und Vergnügen macht. Manchmal steigt das Wasser beunruhigend und bedeckt die Straße unter unseren Fenstern; aber es wird schon wieder zurückgehen.

Epilog

Als wir Ende August 1945 ziemlich zerzaust in Nordbaden ankamen, waren wir zwar froh, mit dem Leben davongekommen zu sein, aber überzeugt, dieses Leben werde sich fortan nur auf einem toten Geleise abspielen. Die Heimat war verloren, vermutlich für immer, damit auch die Aufgaben, denen wir uns durch Jahrzehnte gewidmet hatten, und jung genug waren wir auch nicht mehr, um neu zu beginnen, neue Arbeit finden zu können.

Dann kam alles anders, und ein neues Leben begann trotz allem.

Unsere Ankunft bei den treuen hilfsbereiten Verwandten, bei Fürst Karl Löwenstein und seiner Gattin Carolina, war für diese eine Überraschung. Denn wir waren totgesagt, wie so mancher, der damals in Böhmen verloren schien und kein Lebenszeichen geben konnte. Tatsächlich sind in jenem tragischen Sommer etliche Freunde umgekommen, in Gefängnissen oder durch Mord, aber mehr, als man anfangs glaubte, überlebten. Noch erinnere ich mich an das Freudengeschrei unserer Tochter, als sie uns erblickte. Sie war schon seit einiger Zeit in Bronnbach im Taubertal, als wir eintrafen, ebenso wie meine Schwiegertochter und ihre zwei Kinder. Alle wurden sie von meinen Verwandten liebevoll bewohnt und verköstigt, obgleich sie selber damals nichts weniger als auf Rosen gebettet waren. Da erfuhr ich wieder einmal, was Treue ist und wie sie sich in der Not bewährt.

Den Großteil von drei Jahren blieben wir dort und konnten von Bronnbach aus allmählich auch Ausflüge in die Umgebung machen – meistens in einem durch Holzgas betriebenen Auto, sonderbar klebte der Ofen hinten am Wagen, ständige Holzzufuhren verzehrend. Wir durften unsere Fühler ausstrecken und neue Freundschaften schließen, so vor allem mit dem Prinzen und der Prinzessin von Hessen in Wolfsgarten; durch sie kamen wir später auch nach Tarasp, diesem Märchenschloß im Unter-Engadin. Im Rheingau konnten wir Eltville, die Heimat meiner Frau, besuchen und sahen dann das im Krieg durch Bomben zerstörte Schloß Johannisberg der Metternichs zu neuem Glanz erstehen.

Amerikaner kamen dazu. Es war interessant, sie bei ihrer Arbeit zu beobachten. Sie hatten ja von den Aufgaben, die sich ihnen stellten, zunächst sehr wenig Ahnung. Die Military Governors der einzelnen Distrikte waren oft ganz junge Offiziere, nun ausgestattet mit unbeschränkter Macht – wie sollten sie den rechten Gebrauch davon machen? Schwere Fehler konnten da nicht vermieden werden, aber der gute Wille war da, oder entwickelte sich allmählich, aus Feinden wurden Freunde, die sich redlich Mühe gaben, das Vernünftige zu tun und Härten zu mildern.

In Frankfurt und später in Wiesbaden war die amerikanische Sammelstelle für verlagerte oder verschobene Kunstgegenstände, darunter viel Kostbares aus dem Berliner Kaiser-Friedrich-Museum. Eine stattliche Zahl von Sachverständigen, in Uniform oder in Zivil, wurde damit befaßt, diese Schätze vor Schaden zu bewahren, aber auch herauszufinden, woher sie stammten und wohin sie gehörten. Diese Herren lernten wir gut kennen, und es entstanden Freundschaften. Denn es haben viele unter jenen Sachverständigen Europa und Deutschland liebgewonnen, es oft besucht oder sich dort niedergelassen; einige haben sich auch der Erhaltung von Venedigs Schönheiten gewidmet. Großer Dank gebührt den Herren von der »Sammelstelle« wegen einer Sache. Durch ihren Protest konnten sie nämlich erreichen, daß die von gewissen US-Politikern empfohlene Konfiszierung von nach Westdeutschland verlagerten deutschen Kunstschätzen und ihre Überführung nach den USA, unter dem Vorwand einer »Kriegsentschädigung« von der amerikanischen Regierung abgelehnt wurde.

Als dann Europa sich allmählich wieder öffnete, die allgemeine Armut und Unsicherheit einer zunächst noch mäßigen Wohlhabenheit wich, taten sich neue Horizonte auf. Eine Cousine von mir, Marquesa Olga de Cadaval, lebte seit den zwanziger Jahren in Portugal, wo sie ein gastliches Haus führte. Sie hatte uns öfters eingeladen, erst 1957 wagten wir die Reise, und zwar mit dem Flugzeug, für uns ein Abenteuer, das bald zur Routine werden sollte, denn dieser Besuch wiederholte sich noch 18 Jahre hindurch! Unsere Gastgeberin führte uns nicht nur im Lande herum, wir machten mit ihr Reisen nach Spanien, das ich nicht kannte, nach Madeira und den Canarischen Inseln. Für mich wurde das ein Grund, die Geschichte Iberiens zu studieren. Was mir Spanien gleich nahebrachte, war der Zusammenhang mit meinem alten Vaterland – überall fand ich den Doppeladler und das kaiserliche Wappen, überall Erinnerungen an den großen Habsburger, den ich als Karl V. seit jeher verehrt hatte.

Noch etwas Besonderes kam dazu. Das Haus meiner Cousine war das musikalische Zentrum Portugals. Sie hatte eine Gesellschaft der Musikfreunde ins Leben gerufen und die berühmtesten Künstler aus aller Welt, wie auch junge, fast unbekannte Talente, zu Konzerten eingeladen; diese letzteren wohnten oft monatelang bei ihr. Besonders interessierte es mich, Musikern aus Rußland oder anderen Oststaaten zuzuhören und sie persönlich kennenzulernen. Ich hatte das Gefühl, als entgingen sie durch ihre Hingabe an die Musik ihrem grauen Alltag. Einmal war ein Violinist aus Moskau durch einige Tage Gast im Hause. Wenn er spielte, fühlte man sich wirklich wie von der Erde weg und in den Himmel gehoben.

Ein anderes Mal konzertierte ein Quartett aus Prag in Lissabon, es waren nette junge Menschen, auch sie Gäste meiner Cousine. Einer von ihnen erwähnte, daß er manchmal in Teplitz Konzerte gebe. Natürlich konnte ich mich nicht enthalten zu fragen, wo? »In einem großen Saal des Schlosses, der hat eine ausgezeichnete Akustik.« Meine Bemerkung, daß ich das wüßte, denn wir hätten dort gewohnt, überraschte ihn sehr. »Gewohnt haben Sie dort? Ja wie kann man denn in einem solchen Haus wohnen?« Einen Moment kam ich mir vor wie ein Gespenst, dann aber freute ich mich, zu wissen, daß in dem Saal doch wieder gute Musik gemacht wird.

In Venedig galt es, den Gürtel enger zu schnallen, jeder Zuschuß wurde wichtig. Lange Zeit arbeitete meine Frau als Übersetzerin bei der Biennale di Venezia, was ihr auch großes Vergnügen machte. Ich selber konnte mich dem Studium genealogischer und historischer Fragen widmen und so Schriftstellern und Historikern bei ihren Arbeiten nützlich sein. Besonders interessant war es für mich, als ein junger Italiener, der ein Buch über die sudetendeutsche Frage schreiben wollte, mich um Informationen bat. Sein Werk ist ein ausgezeichnetes und völlig gerechtes geworden.

Mittlerweile geht die Weltgeschichte ihren Gang weiter – wie vieles ist schon wieder anders, als zu der Zeit, als wir uns in Venedig niederließen! Ich verfolge Geschehnisse und Veränderungen aus Erfahrungen, Gesprächen, aus den Zeitungen. Dieses Neue hat wenig mit dem alten Europa, dem alten Österreich zu tun, von denen ich erzähle. Aber Gedanken darüber habe ich mir schon gemacht; manches ist besser geworden, über manches habe ich starke Zweifel. Als Beispiel für letzteres will ich die neuen Erziehungskünste wählen.

Eine allzu beengende, strenge Erziehung kann sicherlich schlechte Folgen haben. Aber eine Regel, wie sie, so hörte ich, auf Spruchbändern in den Trambahnen einer großen deutschen Stadt zu lesen war: »Folgsame Kinder sind unglücklich«, die ist mindestens ebenso falsch. Kinder müssen folgen lernen, die Frage ist nur, wie man ihnen das Folgen beibringt. Ich selber bin streng, aber gütig erzogen worden; es durften damals die Kinder nicht allen Gelüsten sofort nachgeben, sie durften nicht erwarten, daß jeder Wunsch ihnen sofort und selbstverständlich erfüllt werde, darüber beschwere ich mich im Rückblick nicht. Auch zu meiner Zeit haben wir es nicht ohne weiteres hingenommen, daß einer es besser wußte oder Recht hatte, nur weil er älter war – ebensowenig gebe ich heute zu, daß einer Recht hat, nur weil er jünger ist!

Ich kann auf eine glückliche Kindheit und frohe Jugend zurückblicken, und es hat mir wahrlich nicht geschadet, früh zu lernen, daß man auch Unangenehmes ertragen muß. Wenn man sein Vermögen verliert, muß man eben versuchen, mit wenig auszukommen, und zehnstündige Arbeit auf dem Feld wird auch für einen alternden Dr. Jur. leichter, wenn er versucht, die ungewohnte Arbeit so gut wie möglich zu verrichten. Kinder anzuleiten, alles was sie tun, ordentlich zu tun, scheint mir auch heute wichtiger, als sie mit Problemen der Psychologie und den Lehren des Dr. Freud vollzustopfen. Vor Eltern und Vorgesetzten soll man Respekt haben – etwas anderes ist Angst, die ist nicht gut. Wenn es also wahr ist, daß Kinder heute vor ihren Eltern und Lehrern und Vorgesetzten keine Angst mehr haben, sehe ich darin einen Fortschritt, um so mehr als ich persönlich vor meinen Eltern niemals Angst gehabt habe. Wenn aber der Respekt fehlt, ist das zu bedauern.

Ich möchte kein bloßer Lobpreiser der Vergangenheit – »laudator temporis acti« – sein, ich weiß, daß in der untergegangenen Welt, von der ich erzähle, manches reformbedürftig war. Wenn ich überwiegend von Erfreulichem berichte, so erstens darum, weil das Negative von unserer modernen Geschichtsschreibung reichlich und mit oft ungeheuerlicher Einseitigkeit besorgt wurde, zweitens, weil mir das Positive auch das Wesentlichere scheint. Ich bin in meinem Leben nicht nur guten, auch bösen Menschen begegnet, sogar so bösen, daß sie wie vom Teufel besessen schienen, daneben auch anderen, die zwar nichts Schlechtes taten, aber auch nichts Gutes, sondern nur egoistische Materialisten vom reinsten Wasser waren. Diese boten wenig Erzählenswertes.

Wenn man im hohen Alter nicht mehr tätig sein kann, wenn man etwas abseits steht und nur noch ein Zuschauer ist, dann hat man mehr Zeit zum Denken, und je mehr man nachdenkt, desto mehr versteht und verzeiht man, vor allem aber verblaßt das Böse und das Grausame, und nur das Gute und Schöne wird immer klarer und leuchtender.

Carl Fürst von *Clary* und *Aldringen* (1777-1831)
verm. 1802 mit Louise Gräfin Chotek (1777-1864)

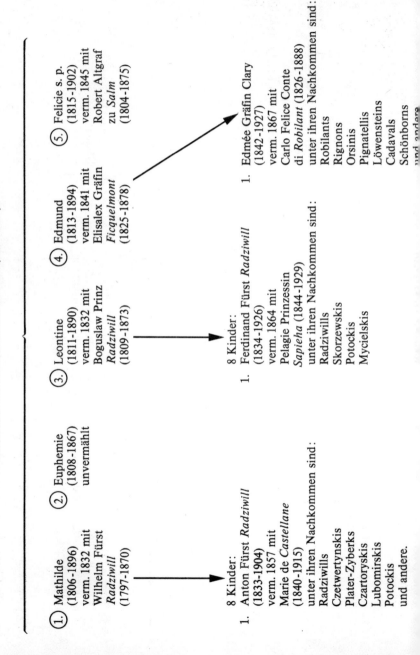

① Mathilde
(1806-1896)
verm. 1832 mit
Wilhelm Fürst
Radziwill
(1797-1870)

② Euphemie
(1808-1867)
unvermählt

③ Leontine
(1811-1890)
verm. 1832 mit
Boguslaw Prinz
Radziwill
(1809-1873)

④ Edmund
(1813-1894)
verm. 1841 mit
Elisalex Gräfin
Ficquelmont
(1825-1878)

⑤ Felicie s. p.
(1815-1902)
verm. 1845 mit
Robert Altgraf
zu *Salm*
(1804-1875)

8 Kinder:

1. Anton Fürst *Radziwill*
(1833-1904)
verm. 1857 mit
Marie de *Castellane*
(1840-1915)
unter ihren Nachkommen sind:
Radziwills
Czetwertynskis
Plater-Zyberks
Czartoryskis
Lubomirskis
Potockis
und andere.

8 Kinder:

1. Ferdinand Fürst *Radziwill*
(1834-1926)
verm. 1864 mit
Pelagie Prinzessin
Sapieha (1844-1929)
unter ihren Nachkommen sind:
Radziwills
Skorzewskis
Potockis
Mycielskis

1. Edmée Gräfin Clary
(1842-1927)
verm. 1867 mit
Carlo Felice Conte
di *Robilant* (1826-1888)
unter ihren Nachkommen sind:
Robilants
Rignons
Orsinis
Pignatellis
Löwensteins
Cadavals
Schönborns
und andere

(1844-1920)
verm. 1873 mit
Felicie Prinzessin Radziwill
(1849-1930)
Kinder:
Marie (1874-1929)
Johannes (1878-1930)

3. Siegfried Fürst von Clary und Aldringen
   (1848-1929)
   verm. 1885 mit
   Therese Gräfin *Kinsky* (1867-1943)

4. Manfred Graf von Clary und Aldringen
   (1852-1928)
   verm. 1884 mit
   Franziska Gräfin *Pejacsevich* (1859-1938)

3. Dorothea (1892-1976)
   Klosterfrau

---

verm. 1873 mit
Catherine Gräfin
Rzewuska (1858-1941)
von diesen stammen
Fürsten und Grafen
Blücher von Wahlstatt ab.

verm. 1873 mit
Carlos Graf, später
Fürst *Clary*

8. Elisabeth Prinzessin
   Radziwill (1850-1931)

2. Marie (geb. 1886)
   verm. 1918 mit
   Joseph Graf Hardegg
   (1876-1945)
   2 Töchter

1. Edmund (1885-1953)
   verm. 1911 mit
   Margarita Gräfin *Lodron*
   1889-1949)

Nachkommen:

Die Clarys von Herrnau-Salzburg

Siegfried Graf (seit 1920) Fürst von *Clary* und *Aldringen* (1848-1929)
verm. 1885 mit Therese Gräfin *Kinsky* (1867-1943)

1. Elisalex (1885-1955)
   verm. 1904 mit
   Henri Comte de *Baillet-Latour*
   (1875-1942)

   Kinder:
   (1.) Guy Comte de *Baillet-Latour*
   (1905-1941)
   verm. 1936 mit
   Marianna *Dunn*
   |
   2 Töchter

   (2.) Therese (geb. 1908)
   verm. 1933 mit
   Harald *Peake*
   |
   1 Sohn

2. Alfons (geb. 1887)
   verm. 1916 mit
   Ludwine Gräfin zu *Eltz*
   (geb. 1894)

   Kinder:
   (1.) Hieronymus (1917-1941)
   (2.) Marcus (geb. 1919)
   (3.) Carl (1921-1944)
   (4.) Elisalex (geb. 1923)

3. Sophie (1891-1

Die Clarys in Böhmen

Hieronymus Graf von *Clary* und *Aldringen* (1610-1671)
verm. 1637 mit Anna Freiin von *Aldringen* (gest. 1665)

Johann Georg Marcus (1638-1700)
verm. 1667 mit Ludmilla Gräfin von *Schönfeld* (gest. 1676)

Franz Carl (1675-1751)
verm. 1697 mit Maria Theresia Gräfin *Künigl* von *Ehrenburg* (1672-1745)

Franz Wenzel Fürst von *Clary* und *Aldringen* (1706-1781)
verm. 1747 mit Maria Josepha Gräfin von *Hohenzollern-Hechingen* (1728-1801)

Johann Nepomuk Fürst von Clary und Aldringen (1753-1826)
verm. 1775 mit Christine Prinzessin de Ligne (1757-1830)

Carl Fürst von Clary und Aldringen (1777-1831)
verm. 1802 mit Louise Gräfin Chotek (1777-1864)

Edmund Fürst von Clary und Aldringen (1813-1894)
verm. 1841 mit Elisalex Gräfin *Ficquelmont* (1825-1878)
Tochter des Grafen Carl Ludwig Ficquelmont und der
Dorothea Gräfin von Tiesenhausen

CIP-Kurztitelaufnahme der Deutschen Bibliothek

Clary-Aldringen, Alfons
Geschichten eines alten Österreichers. – Frankfurt/M.,
Berlin, Wien: Ullstein, 1977.
ISBN 3-550-07474-3